DESVIO DE PODER

Doutrina
Jurisprudência
Aplicação Prática

Galba Velloso

DESVIO DE PODER
Doutrina
Jurisprudência
Aplicação Prática

MALHEIROS EDITORES

DESVIO DE PODER

Doutrina – Jurisprudência – Aplicação Prática

© GALBA VELLOSO

ISBN 978.85.7420.780.3

Direitos reservados desta edição por
MALHEIROS EDITORES LTDA.
Rua Paes de Araújo, 29, conjunto 171
CEP 04531-940 – São Paulo – SP
Tel.: (11) 3078-7205 – Fax: (11) 3168-5495
URL: www.malheiroseditores.com.br
e-mail: malheiroseditores@terra.com.br

Composição
Scripta

Capa
Criação: Vânia Lúcia Amato
Arte: PC Editorial Ltda.

Impresso no Brasil
Printed in Brazil
02-2007

SUMÁRIO

INTRODUÇÃO 9

I – DESVIO DE PODER
1. Conceito 13
2. Evolução 19
3. Precedentes jurisprudenciais 23
4. Legislação
    4.1 Disposições constitucionais 30
    4.2 Legislação infraconstitucional 32
5. Doutrina
    5.1 CAIO TÁCITO 45
    5.2 CELSO ANTÔNIO BANDEIRA DE MELLO 47
    5.3 ALEXANDRE DE MORAES 56
    5.4 DARCY BESSONE 58
6. Parecer AJ-03/1985 da Consultoria-Geral da República 63
7. Pareceres da Advocacia Geral da União
    7.1 PARECER n. AGU/GV-01/2004 81
    7.2 PARECER n. GQ-14 90
    7.3 PARECER n. GQ-64 109
8. Notas da Advocacia-Geral da União
    8.1 NOTA n. AGU/WM-9/2002 120
    8.2 NOTA n. AGU/GV-12/2005 132
9. Informações da Advocacia-Geral da União encaminhadas ao STF
    9.1 INFORMAÇÕES n. AGU/GV-05/2004 142
    9.2 INFORMAÇÕES n. AGU/GV-16/2003 154

10. Jurisprudência do STJ e do STF 165

II – DESVIO DE PODER POR OMISSÃO
11. Doutrina
11.1 HELY LOPES MEIRELLES 189
11.2 ALEXANDRE MORAES 200

III – CONCLUSÃO 205

Para FERNANDO MEGRE VELLOSO e MARIA DO CARMO,
meus pais.
Para SOLANGE e FERNANDO VELLOSO NETO,
minha esposa e meu filho.
A eles devo o apoio e inspiração de que resultou este livro.

INTRODUÇÃO

O *desvio de poder*, como forma de garantia do uso e impedimento do abuso do direito, constitui ao mesmo tempo resultado e láurea de uma das mais sutis formulações da inteligência e da cultura jurídicas.

Na medida em que contém o ilícito pela essência, e não pela forma, esta deixa de constituir-se em álibi ou disfarce, para constituir-se em caracterizadora do abuso.

Se não houver licitude no *animus*, quanto mais cautelas, mais indícios, e o hábil contorcionismo entre as malhas da lei antes aprisiona que liberta, garantindo o flagrante, e não o êxito.

A responsabilidade se busca não nas lacunas da lei, mas nos defeitos da intenção, que só se poderiam ocultar se fosse ela mudada, com o quê se legitimaria o ato ou dele se teria que desistir.

É um dos raros casos em que a malícia favorece a aplicação da lei, ao se pretender substituir a forma rombuda do *excesso* pela meia-luz do *desvio*, que resulta em descaminho, flagrado pela doutrina e jurisprudência, que honram quantos ajudaram a construí-las.

Esgrima e xadrez, o estudo do *détournement de pouvoir* fascina os que fazem da lide sua peleja e sua causa.

GALBA VELLOSO

I
DESVIO DE PODER

1
CONCEITO

O conceito de "desvio de poder" e a aplicação prática do mesmo, há apenas alguns anos sujeitos a controvérsias – e, por isso mesmo, com poucos exemplos concretos, especialmente no Brasil –, encontram-se hoje pacificados nos termos da exposição de Hely Lopes Meirelles, in *Direito Administrativo Brasileiro*, 32ª ed., São Paulo, Malheiros Editores, 2006, pp. 110-115:

4.1 Uso do poder

O *uso do poder* é prerrogativa da autoridade. Mas o poder há que ser usado normalmente, sem abuso. Usar normalmente do poder é empregá-lo segundo as normas legais, a moral da instituição, a finalidade do ato e as exigências do interesse público. Abusar do poder é empregá-lo fora da lei, sem utilidade pública.

O poder é confiado ao administrador público para ser usado em benefício da coletividade administrada, mas usado nos justos limites que o bem-estar social exigir. A utilização desproporcional do poder, o emprego arbitrário da força, a violência contra o administrado, constituem formas abusivas do uso do poder estatal, não toleradas pelo Direito e nulificadoras dos atos que as encerram.

O uso do poder é lícito; o abuso, sempre ilícito. Daí por que todo ato abusivo é nulo, por excesso ou desvio de poder. É o que veremos a seguir.

4.2 Abuso do poder

O *abuso do poder* ocorre quando a autoridade, embora competente para praticar o ato, ultrapassa os limites de suas atribuições ou se desvia das finalidades administrativas.

O abuso do poder, como todo ilícito, reveste as formas mais diversas. Ora se apresenta ostensivo como a truculência, às vezes dissimulado como o estelionato, e não raro encoberto na aparência ilusória dos atos legais. Em qualquer desses aspectos – flagrante ou disfarçado – o abuso do poder é sempre uma ilegalidade invalidadora do ato que o contém. Com base nesse raciocínio, o Conselho de Estado da França passou a anular os atos abusivos das autoridades administrativas, praticados com excesso de poder ou desvio de finalidade, desde o famoso caso *Lesbats* (1864),[83] dando origem à teoria do *excès* ou do *détournement de pouvoir*, hoje aceita e consagrada pelos países democráticos, sob as mais diversas denominações (*déviation de poder*, dos espanhóis; *sviamento di potere*, dos italianos; *abuse of discretion*, dos norte-americanos), para reprimir a ilegalidade pelo mau uso do poder.[84]

[83. No caso *Lesbats*, o Prefeito de Fontainebleau, a pretexto de executar a lei que lhe autorizava regular o estacionamento de ônibus defronte à estação ferroviária, proibiu a recorrente de entrar e estacionar seus carros no pátio daquela estação. Conhecendo do recurso, o Conselho de Estado anulou a decisão do Prefeito, afirmando que houve *détournement de pouvoir*, porque seu ato visava a dar privilégio a outra empresa, quando a lei não lhe concedia esse poder, nem permitia discriminações ente as transportadoras de passageiros naquele local (cf. Sirey, *Refonte*, t. 9, III, p. 46, decisão de 25.2.1864).]

[84. Roger Vidal, *L'Évolution de Détournement de Pouvoir*, Paris 1952.]

"A teoria do abuso do poder – afirma Ripert – foi inteiramente inspirada na moral e a sua penetração no domínio jurídico obedeceu a propósito determinado. Trata-se, com efeito, de desarmar o pretenso titular de um direito subjetivo e, por conseguinte, de encarar de modo diverso direitos objetivamente iguais, pronunciando uma espécie de juízo de caducidade contra o direito que tiver sido imoralmente exercido. O problema não é, pois, de responsabilidade civil, mas de moralidade no exercício dos direitos".[85] Transplantando-se esses conceitos para o campo do direito administrativo, temos que, se o poder foi conferido ao administrador público para realizar determinado fim, por determinados motivos e por determinados meios, toda ação que se apartar dessa conduta, contrariando ou ladeando o desejo da lei, padece do vício de *desvio de poder* ou *de finalidade* e, como todo ato abusivo ou arbitrário, é ilegítima.

[85. Georges Ripert, *La Règle Morale dans les Obligations Civiles*, Paris, 1937, p. 163.]

O ato administrativo – vinculado ou discricionário – há que ser praticado com observância formal e ideológica da lei. Exato na forma e inexato no conteúdo, nos motivos ou nos fins, é sempre inválido. O discricionarismo da Administração não vai ao ponto de encobrir arbitrariedade, capricho, má-fé ou imoralidade administrativa. Daí a justa advertência de Hauriou de que "a

Administração deve agir sempre de boa-fé, porque isto faz parte da sua moralidade".[86]

[86. Maurice Hauriou, *Droit Administratif*, Paris, 1926, p. 197.]

O abuso do poder tanto pode revestir a forma comissiva como a omissiva, porque ambas são capazes de afrontar a lei e causar lesão a direito individual do administrado. "A inércia da autoridade administrativa – observou Caio Tácito –, deixando de executar determinada prestação de serviço a que por lei está obrigada, lesa o patrimônio jurídico individual. É forma omissiva de abuso de poder, quer o ato seja doloso ou culposo".[87]

[87. Caio Tácito, "O abuso do poder administrativo no Brasil", *RDA* 56/1, e "O desvio de poder no controle dos atos administrativos, legislativos e jurisdicionais", *RDA* 188/1. Sobre o mesmo tema, v., entre os autores pátrios: José Cretella Jr., *Do Desvio de Poder*, São Paulo, 1964; Roberto Rosas, *Do Abuso de Poder*, Rio, 1968; Gilberto e Vladimir Passos de Freitas, *Abuso de Autoridade*, Ed. RT, 1991; e o clássico Seabra Fagundes, *O Controle dos Atos Administrativos pelo Poder Judiciário*, Rio, 1967, pp. 271 e ss.]

Entre nós, o *abuso do poder* tem merecido sistemático repúdio da doutrina e da jurisprudência, e para seu combate o constituinte armou-nos com o remédio heróico do *mandado de segurança*, cabível contra ato de qualquer autoridade (CF, art. 5º, LXIX, e Lei 1.533/1951), e assegurou a toda pessoa o *direito de representação* contra abusos de autoridade (art. 5º, XXXIV, "a"), complementando esse sistema de proteção contra os excessos de poder com a Lei 4.898, de 9.12.1965, que pune criminalmente esses mesmos abusos de autoridade.[88]

[88. V. no cap. VII o tópico referente ao *abuso de autoridade* (item 6.8).]

O gênero *abuso de poder* ou *abuso de autoridade* reparte-se em duas espécies bem caracterizadas: o *excesso de poder* e o *desvio de finalidade*.

4.2.1 *Excesso de poder* – O *excesso de poder* ocorre quando a autoridade, embora competente para praticar o ato, vai além do permitido e exorbita no uso de suas faculdades administrativas. Excede, portanto, sua competência legal e, com isso, invalida o ato, porque ninguém pode agir em nome da Administração fora do que a lei lhe permite. O excesso de poder torna o ato arbitrário, ilícito e nulo. É uma forma de *abuso de poder* que retira a legitimidade da conduta do administrador público, colocando-o na ilegalidade e até mesmo no crime de *abuso de autoridade* quando incide nas previsões penais da Lei 4.898, de 9.12.1965, que visa a melhor preservar as liberdades individuais já asseguradas na Constituição (art. 5º).

Essa conduta abusiva, através do excesso de poder, tanto se caracteriza pelo descumprimento frontal da lei, quando a autoridade age claramente além de sua competência, como, também, quando ela contorna dissimuladamente as limitações da lei, para arrogar-se poderes que não lhe são atribuídos legalmente. Em qualquer dos casos há *excesso de poder*, exercido com culpa ou dolo, mas sempre com violação da regra de competência, o que é o bastante para invalidar o ato assim praticado.

4.2.2 *Desvio de finalidade* – O *desvio de finalidade* ou *de poder* verifica-se quando a autoridade, embora atuando nos limites de sua competência, pratica o ato por motivos ou com fins diversos dos objetivados pela lei ou exigidos pelo interesse público. O desvio de finalidade ou de poder é, assim, a violação ideológica da lei, ou, por outras palavras, a violação moral da lei, colimando o administrador público fins não queridos pelo legislador, ou utilizando motivos e meios imorais para a prática de um ato administrativo aparentemente legal. Tais desvios ocorrem, por exemplo, quando a autoridade pública decreta uma desapropriação alegando utilidade pública mas visando, na realidade, a satisfazer interesse pessoal próprio ou favorecer algum particular com a subseqüente transferência do bem expropriado; ou quando outorga uma permissão sem interesse coletivo; quando classifica um concorrente por favoritismo, sem atender aos fins objetivados pela licitação; ou, ainda, quando adquire tipo de veículo com características incompatíveis com a natureza do serviço a que de destinava.[89]

[89. TCU, Processo TC-010.333/1999-1, *DJU* 4.5.2004.]

O ato praticado com desvio de finalidade – como todo ato ilícito ou imoral – ou é consumado às escondidas ou se apresenta disfarçado sob capuz da legalidade e do interesse público. Diante disto, há que ser surpreendido e identificado por *indícios* e *circunstâncias* que revelem a distorção do fim legal, substituído habilidosamente por um fim ilegal ou imoral não desejado pelo legislador. A propósito, já decidiu o STF que: "Indícios vários e concordantes são prova".[90] Dentre os elementos indiciários de desvio de finalidade está a falta de motivo[91] ou a discordância dos motivos com o ato praticado. Tudo isto dificulta a prova do desvio de poder ou de finalidade, mas não a torna impossível se recorrermos aos antecedentes do ato e à sua destinação presente e futura por quem o praticou.

[90. STF, *RTJ* 52/140.]

[91. Constitui abuso de poder a remoção de servidor público sem justificativa das razões de ordem pública para a providência (TJSP, *RT* 664/63).]

A propósito, observou Sayagués Laso, com muita agudeza, que: "La prueba de la desviación de poder se busca generalmente en la documentación que figura en el expediente administrativo o que se incorpora luego al expediente judicial. También se ha admitido la prueba testimonial, así como la prueba indiciaria, pero apreciándolas con criterio restrictivo y exigiendo que las presunciones sean graves, concordantes y precisas. No pueden establecerse reglas generales sobre cuales circunstancias o detalles dan base para afirmar que existe desviación de poder. Pero, indudablemente, uno de los más característicos es la inexactitud o discordancia de los motivos que aparentemente justifican el acto".[92]

[92. Enrique Sayagués Laso, *Tratado de Derecho Administrativo*, Montevidéu, 1953, 1/457.]

A lei regulamentar da ação popular (Lei 4.717, de 29.6.1965) já consigna o *desvio de finalidade* como vício nulificador do ato administrativo lesivo do patrimônio público e o considera caracterizado quando "o agente pratica o ato visando a fim diverso daquele previsto, explícita ou implicitamente, na regra de competência" (art. 2º, "e", e parágrafo único, "e"). Com essa conceituação legal, o *desvio de finalidade* entrou definitivamente para nosso direito positivo como causa de nulidade dos atos da Administração.[93]

[93. V., adiante, o cap. IV, item 6, e o cap. XI, item 6, que cuidam, especificamente, da *anulação do ato administrativo* pela própria Administração e pelo Poder Judiciário.]

4.2.3 *Omissão da Administração* – A *omissão da Administração* pode representar aprovação ou rejeição da pretensão do administrado, tudo dependendo do que dispuser a norma pertinente. Não há, em doutrina, um critério conclusivo sobre a conduta omissiva da autoridade.[94] Quando a norma estabelece que, ultrapassado tal prazo, o silêncio importa aprovação ou denegação do pedido do postulante, assim se deve entender, menos pela omissão administrativa do que pela determinação legal do efeito do silêncio. Quando a norma limita-se a fixar prazo para a prática do ato, sem indicar as conseqüências da omissão administrativa, há que se perquirir, em cada caso, os efeitos do silêncio. O certo, entretanto, é que o administrado jamais perderá seu direito subjetivo enquanto perdurar a omissão da Administração no pronunciamento que lhe compete.[95]

[94. Jean Rivero, *Droit Administratif*, Paris, 1975; Guido Zanobini, *Corso di Diritto Amministrativo*, Milão, 1950, 1/229; Enrique Sayagués Laso, *Tratado de Derecho Administrativo*, Montevidéu, 1953, 1/435; Pedro Guillermo Altamira, *Curso de Derecho Administrativo*, Buenos Aires, 1971, p. 369; Themístocles Brandão Cavalcanti, *Tratado de Direito Administrativo*, Rio, 1943; José Cretella Jr., *Direito Administrativo do Brasil*, São Paulo, 1961, III/156 e ss.; Carlos S. de Barros Jr., "O silêncio como manifestação da vontade da Administração", *RPGE* 2/93.]

[95. STF, *RTJ* 126/433, *RDA* 173/188.]

Quando não houver prazo legal, regulamentar ou regimental para a decisão, deve-se aguardar por um *tempo razoável* a manifestação da autoridade ou do órgão competente, ultrapassado o qual o silêncio da Administração converte-se em *abuso de poder*, corrigível pela via judicial adequada, que tanto pode ser ação ordinária, medida cautelar, mandado de injunção ou mandado de segurança.[96] Em tal hipótese não cabe ao Judiciário praticar o ato omitido pela Administração mas, sim, impor sua prática, ou desde logo suprir seus efeitos, para restaurar ou amparar o direito do postulante, violado pelo silêncio administrativo.

[96. A jurisprudência é pacífica no admitir mandado de segurança contra conduta omissiva: STF, Súmula 429, e mais: *RTJ* 50/154, 53/637; *RDA* 70/19; *RT* 497/247; TFR, *RDPG* 3/241, *RTFR* 31/93; TJPR, *RT* 272/670, 277/773; TJSP, *RT* 278/409, 333/120, 390/124, 447/55; *JSTJ*-Lex 5/88.]

O silêncio não é ato administrativo; é conduta omissiva da Administração que, quando ofende direito individual ou coletivo dos administrados ou de seus servidores, sujeita-se a correção judicial e a reparação decorrente de sua inércia. No direito privado o silêncio é normalmente interpretado como concordância da parte silente em relação à pretensão da outra parte; no direito público, nem sempre, pois pode valer como aceitação ou rejeição do pedido.

A inércia da Administração, retardando ato ou fato que deva praticar, caracteriza, também, *abuso de poder*, que enseja correção judicial e indenização ao prejudicado.[97]

[97. Cf. Caio Tácito, *O Abuso de Poder Administrativo no Brasil*, Ed. DASP, 1959, p. 11; Seabra Fagundes, "Responsabilidade do Estado – Indenização por retardada decisão administrativa", *RDP* 57-58/7; Pierre Montané de la Roque, *L'Inertie des Pouvoirs Publics*, Paris, 1950, pp. 323 e ss.; e Giorghio Alessandro Tomelin, "Silêncio-inadimplemento no processo administrativo", *RDA* 226/281.]

A propósito, o TJSP, em mandado de segurança, chegou a fixar o prazo de trinta dias para que o Executivo decidisse o processo administrativo do impetrante.[98]

[98. TJSP, *RT* 559/67.]

2
EVOLUÇÃO

A evolução até a síntese de Hely Lopes Meirelles é historiada por Darcy Bessone, ao tratar de *desvio de poder* (em trabalho que assinalou ser inédito e produzido em processo no qual foi advogado):

A teoria da relatividade dos direitos, extraída por Josserand da jurisprudência francesa, conduziu à do abuso de direito, que o nosso direito positivo acolheu até em textos constitucionais (art. 35, § 1º, e art. 154 da Constituição).

Dessas concepções derivou a teoria do *détournement de pouvoir*, segundo a qual são ilegítimos os atos da Administração que, embora fiéis à norma, atentem contra o fim inspirador de sua elaboração.

Na caracterização do abuso ou desvio do poder, não importa que o agente haja procedido dentro de sua competência legal e respeitando as formas legais, pois esse tipo de procedimento, aparentemente regular, constitui até elemento conceitual da figura, como bem se pode ver na lição de Raphael Alibert: "Le détournement de pouvoir est le fait de l'agent administratif qui, tout en accomplissant un acte de sa compétence et en respectant les formes imposés par la législation, use de son pouvoir, dans ces cas, pour des motifs et dans des desseins autres qui ceux en vue desquels ce pouvoir lui a été conféré. Le détournement de pouvoir est un abus du droit" (*Le Contrôle Juridictionnel de l'Administration*, p. 236).

Como resulta claro dessa conceituação, o que desvia o ato do fim para que foi autorizado são os motivos e os desígnios que se instalam no agente, repercutindo no seu comportamento funcional, ainda que consiga dar-lhe a melhor aparência de regularidade.

Trata-se, assim, de pesquisar, menos no foro íntimo da autoridade que nos motivos e desígnios que se tenham traduzido em atos (comissivos ou omissivos), o elemento teleológico, que é o fim que inspirou a atribuição do poder a certo organismo ou a certa autoridade. Não é necessário, por isso mesmo, como fez Hauriou, recorrer à idéia de moralidade administrativa ou, como Welter, invocar a consciência da Administração.

Para não tirar os pés do chão jurídico, será mais apropriado, como querem conspícuos administrativistas, manter a questão no terreno da competência ou da legalidade, para partir-se da idéia de que esta não se outorga para a prática de abusos ou de desvios, nem para os caprichos, mas, sim, para a realização de fins inspirados unicamente no interesse público ou nos interesses gerais.

Logo se evidencia que se substitui o critério simplista da aparência de regularidade pelo recurso a um parâmetro mais refinado, em que se busca, através da investigação inteligente, apurar aquilo que o véu se propõe a ocultar.

Chega-se, assim, a uma sofisticação dos processos da análise jurídica.

Entende-se, então, a tese de Duez e Debeyre: "Ce ne sont plus les éléments externes (forme et compétence) – qui sont vérifiés –, ce ne sont plus même seulement les éléments internes relatifs à l'objet de l'acte qui son passés au crible de la critique, c'est la psychologie de l'auteur de l'acte qui va être examinée et appréciée par le juge" (*Traité de Droit Administratif*, n. 581).

Generalizou-se a compreensão de que os instrumentos de análise do comportamento funcional, para a identificação de suas razões não confessadas, devem ser bastante sutis para que possam atingir a própria psicologia do autor do ato, tanto que também Laubadère a formula: "Il amène en effet généralement le juge à rechercher les intentions subjectives de l'agente public, à scruter ses mobiles psychologiques (cf. end droit privé la notion d'*abus de droit*). Cette confrontation est souvent délicate. Elle est en tout cas sensiblement différent de la pure confrontation avec la règle de droit d'éléments tels que la compétence, la forme, le contenu de l'acte" (*Traité Elémentaire de Droit Administratif*, n. 691).

Laubadère complementa a constatação com uma correta distinção entre as causas ou fins determinantes (*mobiles*) e os motivos (*motifs*): "C'est par son caractère subjectif qui le but déterminant ou mobile de l'acte se différencie de ses motifs. Ceux-ci sont les antécédents objectifs qui ont précédé l'accomplissement de l'acte et l'ont provoqué (motifs impulsifs), alors qui le but est la représentation dans l'esprit de l'auteur d'un certain résultat à atteindre" (ob. cit., n. 692).

A pesquisa das causas móveis (*mobiles*) seria impraticável sem a análise da psicologia do autor do ato, erigida agora em elemento decisivo quanto ao fim e, portanto, à própria legalidade que quer traduzi-lo.

Aliás, na apuração da ilicitude dos atos, por culpa ou dolo, tanto no campo do direito privado quanto no do direito penal (a Lei 4.898 define como crime o desvio de poder ou abuso de autoridade), sempre se admitiu, e até se considerou imprescindível, a análise de suas causas, de seus motivos determinantes não-declarados, o que conduz necessariamente ao mundo sutil da psicologia de quem o praticou.

Convém ouvir novamente a voz de Duez e Debeyre, ao definirem três grupos de desvios do poder: a) propósito de satisfazer uma animosidade pessoal; b) ou o de satisfazer não o interesse geral, mas certos interesses privados; c) ou o de satisfazer um interesse geral diferente daquele querido pela lei ao conferir-lhe a função.

Dos três, consideram o mais vil precisamente o primeiro: "Cas où l'auteur de l'acte a agi en vue de satisfaire une animosité personnelle, soit d'origine privé, soit d'origine politique, soit d'origine commerciale. C'est le cas le plus vil de détournement de pouvoir" (ob. cit., n. 580).

Alibert reputa abuso grosseiro aquele que atinge os limites da má-fé, por buscar a realização de um desígnio estranho à Administração (ob. cit., p. 237).

Convém destacar, no texto supra, os seguintes pontos: a) "o interesse público e a finalidade legal constituem limites do chamado poder discricionário da Administração"; b) "não existe no Estado de Direito qualquer poder absoluto, especialmente quando restritivo de direito de terceiros, não sendo legítimo, portanto, o desvirtuamento dos objetivos ou da apreciação técnica"; c) *poderes discricionários* não se confundem com *arbitrários*, sendo certo, ainda, que, "mesmo quanto aos elementos discricionários do ato, há limitações impostas pelos princípios gerais de Direito e pelas regras de boa administração, que, em última análise, são preceitos de moralidade administrativa; d) na caracterização de abuso ou desvio de poder, não importa que o agente haja procedido dentro de sua competência legal e respeitado as formas legais, pois esse tipo de procedimento, aparentemente regular, constitui até elemento conceitual da figura.

Cabe, entretanto, extrair dessas colocações o aspecto mais refinado da teoria do abuso de autoridade ou desvio de poder, que, na lição de Alibert, é o uso do poder "pour des motifs e dans des desseins autres qui ceux en vue desquels ce pouvoir lui a été conféré"; ou na de Duez e Debeyre, que ferem o ponto nevrálgico quando dizem que não são os elementos externos (forma e competência) que se apuram, nem mesmo são os elementos internos que se submetem ao crivo da crítica, pois o que se deve examinar e apreciar é a psicologia do autor do ato.

3
PRECEDENTES JURISPRUDENCIAIS

3.1 A par dessas considerações doutrinárias, cumpre registrar os primeiros casos a integrarem nossa jurisprudência:

3.1.1 O *leading case* da jurisprudência brasileira é o acórdão do Tribunal de Justiça do Rio Grande do Norte, tendo como relator o Desembargador Seabra Fagundes (AC 1.422, Empresa de Transporte Potiguar Ltda. *vs*. Inspetoria Estadual de Trânsito, *RDA* 14/52):

> Poder discricionário da Administração – Abuso desse poder – Mandado de segurança – Direito líquido e certo.
> No que concerne à competência, à finalidade e à forma, o ato discricionário está tão sujeito aos textos legais como qualquer outro.
> O ato que, encobrindo fins de interesse público, deixe à mostra finalidades pessoais poderá cair na apreciação do Poder Judiciário, não obstante originário do exercício de competência livre.
> O "fim legal" dos atos da Administração pode vir expresso ou apenas subentendido na lei.
> O direito, que resulta não da letra da lei, mas do seu espírito, exsurgindo implicitamente do texto, também pode apresentar a liquidez e certeza que se exigem para concessão do mandado de segurança.

Merece destaque o seguinte trecho do voto do Relator:

> Se entre os limites intransponíveis pela autoridade administrativa está o concernente à finalidade (tantas vezes, aliás, como ressalta Roger Bonnard

no seu precioso *Droit Administratif*, p. 34, quase confundida com o motivo), o ato que, encobrindo fins de interesse público, deixe à mostra finalidades pessoais poderá cair na apreciação do Poder Judiciário, não obstante originário do exercício de competência livre.

Não é pois a competência discricionária o bastante, por si só, a afastar o exame jurisdicional de qualquer ato administrativo, e, com aplicação aos autos, o ato do Sr. Inspetor de Trânsito acoimado de ilegal.

Em matéria de fins, doutrina o citado Bonnard, não existe jamais para a Administração um poder discricionário. Porque não lhe é nunca deixado poder de livre apreciação quanto ao fim a alcançar. O fim é sempre imposto pelas leis e regulamentos, seja explícita, seja implicitamente. Assim é que, muitas vezes, o fim é implicado pela natureza do ato no sentido de que, dada a sua natureza, não pode ele objetivar outro fim (ob. cit., p. 228).

O "fim legal", diz Bielsa, em sentido idêntico, pode vir expresso ou apenas "subentendido na lei" (vol. I, p. 122).

Mesmo porque toda vez que a norma legal atribui a um órgão uma função, "fá-lo na pressuposição de que esta função apenas será exercida quando no mundo das realidades certa ou certas situações de fato se verifiquem" (Afonso Rodrigues Queiró, "A teoria do desvio de poder em direito administrativo", *RDA* VI/60).

Duguit chega a entender que não basta proceda a autoridade sob a inspiração de um fim qualquer de interesse público, sendo mister, para a validez do ato, que ao praticá-lo vise à finalidade específica em virtude da qual lhe tenha sido outorgada a competência (*Traité de Droit Constitutionnel*, vol. II, pp. 381-382).

Leonardo White, a cujas reservas pessoais sobre o controle judicial já aludimos, enumera, entre os casos que, nos Estados Unidos, "certamente reclamam correção judicial", aquele em que o funcionário usa a sua autoridade "para prejudicar alguém por motivos de ordem privada" (ob. cit., pp. 581-582).

E, analisando o *mandamus* como meio processual cabível contra atos da Administração, invoca a opinião de Ernest Freund no sentido de seu emprego "para corrigir o abuso da discrição", quando o funcionário decida injustamente, com propósito de favoritismo, e sem levar em conta todos os elementos que devam legitimamente inspirar a sua ação (pp. 583-584).

Essa mesma vinculação aos fins legítimos a assinala Willard Brunce Cowles a propósito da utilização da propriedade privada (*Treatise and Constitutional Law – Property Interferences and Due Process of Law*, p. 55, nota 6).

Idêntico é o critério preconizado por Fleiner: "Não são apenas as limitações extrínsecas que a autoridade tem de respeitar, senão também certas limitações internas que são impostas ao seu poder discricionário: à autoridade é proibido expedir ordens por capricho utilizando a sua competência; ao exercer aquele seu poder discricionário, não pode impor o seu arbítrio em cada caso particular, mas, sim, atender aos fatores que a lei quer que se tenham em consideração. Juridicamente falando, o abuso do poder discricionário equivale a uma exorbitância dos limites legais".

E acentua, noutro passo: "O poder discricionário tem, nem mais nem menos, o escopo de tornar possível à Administração adaptar a sua atividade às exigências das circunstâncias individuais, de sorte que essa resulte sempre a mais eficaz e a mais útil ao fim público de que se trata" (ob. cit., pp. 119 e 96).

Ainda capitulam o desvio de finalidade entre os vícios do ato administrativo discricionário José Gascón y Marin (ob. e vol. cits., p. 214, texto e notas 3 e 4), Gabino Fraga Jr. (ob. cit., p. 396), Marcelo Caetano e Castro Nunes.

O ilustre professor lusitano distingue, com agudeza, "os desígnios pessoais, os cálculos ambiciosos, as previsões que o agente faz de si para si, no momento em que determina a vontade administrativa", sem repercussão positivamente exteriorizada na prática do ato, daqueles que se refletem de modo positivo na sua prática, tornando-o contrário ao espírito da lei, desvirtuando-a na sua finalidade objetiva (ob. cit., pp. 499 e 501).

O nosso Castro Nunes é peremptório: "Se patente a oposição entre a finalidade objetiva *em concreto* e a finalidade *legal* do ato, *indevida* terá sido a aplicação da lei, e, portanto, *ilegal* o ato" (ob. cit., p. 133).

O ato administrativo que fixou horários para as viagens de vinda e ida do terceiro ônibus do impetrante (10 h, 22 h), se depreende do exame conjunto das peças do processo (pedido, informação, contestação e documentos), apesar de praticado no exercício de legítima competência (Código de Trânsito, arts. 56, § 2º, e 51, "c") e de ter objetivo lícito (coordenação dos transportes coletivos entre São José de Mipibu e esta Capital), peca por *desvio de finalidade*, pois, longe de visar, como seria de supor, ao exclusivo interesse público a um serviço de comunicações, o que teve em mira foi cercear a atividade do impetrante, favorecendo o seu concorrente (Serviço de Transporte Mipibuense).

Não visou ao interesse público, que é mister esteja na base de todo ato administrativo (até mesmo os aparentemente individualíssimos, no seu alcance, repercutem sobre o interesse coletivo ou a ele se ligam, ainda que remotamente), carecendo, assim, de um dos elementos essenciais à sua validade (nosso *O Controle dos Atos Administrativos*, pp. 30, 31 e 51).

É sabido que a teoria do *détournement de pouvoir*, hoje definitivamente incorporada no direito administrativo francês, teve origem no caso de um prefeito que, tendo atribuições para regular a circulação e permanência de veículos de passageiros e cargas na proximidade das estações ferroviárias, com o fim de bem ordenar o movimento de interesse público, usou de tal poder para conferir monopólio a certa empresa (H. Berthélemy, *Droit Administratif*, p. 1.137; Oreste Ranelletti, *Le Guarentigie della Giustizia nella Pubblica Amministrazione*, pp. 101-102).

Examinado o assunto pelo Conselho de Estado, este teve o ato como contrário ao Direito, porque através dele se usara a competência outorgada na lei com uma finalidade diversa da prevista.

A teoria de tal forma impressionou pela solidez do seu fundamento capital – à base de todo ato da Administração Pública, porque do Poder Público, há de haver, precipuamente, um interesse público, e não interesse de pessoas ou grupos privados, pois que estes se assistem e protegem em nome daquele e enquanto assim seja possível –, que a acolheu o Direito Italiano (Ranelletti, ob. cit., p. 101).

No Brasil a pobreza da jurisprudência em matéria administrativa e, por outro lado, a timidez que o Judiciário, salvo casos isolados, guarda em intensidade na apreciação dos atos administrativos não ensejam proclamar-lhe a aceitação como fato constatado, mas também não lhe excluem o acolhimento, ainda que tardio, quando circunstâncias imperativas venham demonstrar azado o momento para fazê-lo.

3.1.2 Do antigo Tribunal de Alçada do Estado de São Paulo, tendo como relator o Juiz José Geraldo Rodrigues de Alckmin (AC 42.107, Lázaro Antônio Nogueira *vs.* Prefeitura de Sorocaba, *RDA* 70/172):

Funcionário público – Demissão – Desvio de poder. É nula a demissão de funcionário praticada com desvio de poder.

O poder de exonerar e de nomear funcionários não é dado, aos administradores, para satisfação de interesses particulares ou simpatias ideológicas ou partidárias.

O autor foi nomeado, em 31.12.1958, em caráter efetivo, para cargo de Auxiliar-Padrão "J". Em 31 de janeiro do ano seguinte foi nomeado, ainda em caráter efetivo, para o cargo de Encarregado de Serviço-Padrão "P".

E pelo Decreto n. 309, de 2.2.1959, foi demitido, a pretexto de que as finanças municipais periclitavam com o excessivo número de servidores. Entretanto, pelo Decreto n. 317, de 26 do mesmo mês e ano, eram nomeados, em caráter efetivo, dezenas de funcionários, inclusive dois, para cargos de Encarregados de Serviços-Padrão "P".

O Tribunal entendeu que o ato apresentou comprovado desvio de poder. No ato administrativo se distinguem, como seus elementos, a manifestação da vontade, o motivo, o objeto, a finalidade e a forma. No tocante à finalidade, pondera Seabra Fagundes (*O Controle dos Atos Administrativos pelo Poder Judiciário*, n. 35): "A atividade administrativa sendo condicionada pela lei à obtenção de determinados resultados, não pode a Administração Pública deles se desviar, demandando resultados diversos dos visados pelo legislador. Os atos administrativos devem procurar atingir as conseqüências que a lei teve em vista quando autorizou a sua prática, sob pena de nulidade. E a nulidade decorre de ter ocorrido desvio de poder, ou prática do ato com finalidade diversa da prevista em lei". Nem mesmo a natureza discricionária do ato "exime o agente administrativo da fidelidade aos fins explícita ou implicitamente previstos na lei". Entende Roger Bonnard que, a propósito da finalidade, não existe jamais para a Administração um poder discricionário. Não lhe é deixado "poder de livre apreciação quanto ao fim a alcançar". Este será "sempre imposto pelas leis e regulamentos", de sorte que, se não vier explícito, "decorrerá da natureza do ato, no sentido de que, dada a sua natureza, não pode ele objetivar outro fim" (*Droit Administratif*, p. 228). Também a Rafael Bielsa se afigura que existirá sempre um fim legal a considerar (*Derecho Administrativo*, vol. I, p. 122).

Ora, no caso dos autos, a finalidade do ato demissório do autor – e finalidade é "o resultado prático que se procura alcançar pela modificação trazida à ordem jurídica" (Seabra Fagundes) ou "o resultado final a que deve atingir o objeto do ato" (Bonnard) – seria, consoante declarado no Decreto n. 309, aliviar a difícil situação financeira da Prefeitura, agravada pelo excessivo número de funcionários.

Entretanto, a finalidade real era outra – a de proporcionar oportunidade para nomeação de outras pessoas, pois, 24 dias passados, o Decreto n. 317 acarretava dezenas de nomeações.

Logo, tipicamente ocorreu desvio de poder, com conseqüente nulidade do ato demissório.

Suposto estivesse autorizado, o Prefeito, a exonerar os servidores (entre os quais o autor) sem necessidade de comprovação de pressupostos legais através de processo ou sindicância, ainda assim somente poderia fazê-lo desde que declarados o motivo e a finalidade do ato demissório, se a finalidade fosse verdadeira.

O poder de exonerar e nomear não é dado aos administradores para que satisfaçam a interesses particulares ou a simpatias ideológicas ou partidárias. Devem visar ao interesse público. E se não existe interesse público algum em que se exonere determinado funcionário (porque a finalidade visada com a exoneração não corresponde àquele interesse) para que se nomeie outro, a exoneração não se legitima. Ocorre, em tal caso, inegável desvio do poder, porque o interesse pessoal que o inspira não é o fim visado pela lei.

Na espécie, demitido o autor por força de ato que teria como finalidade a economia dos cofres públicos, outras pessoas foram nomeadas para cargos idênticos. Houve, pois, desvio de poder.

O ato demissório, assim, por mais esse fundamento, deve ser considerado nulo, impondo-se, como conseqüência, a procedência da ação.

3.1.3 Destaque-se quanto à nulidade, conseqüência do *desvio de poder* (STF, RMS 2.206-DF, recorrente: Empresa Colbert de Anúncios Ltda./ECAL, rel. Min. Hahnemann Guimarães):

Ementa: Autoridade administrativa não pode revogar o contrato perfeito, mas deve negar execução ao contrato nulo. Não sendo evidente a validade de contrato, a pretensão da autora não pode ser protegida pelo mandado de segurança.

A Empresa Colbert de Anúncios Ltda. (ECAL) requereu ao Juiz da 3ª Vara da Fazenda Pública mandado de segurança contra o ato do Diretor da Estrada de Ferro Central do Brasil, que cancelou o contrato de publicidade em cartazes, celebrado com a requerente, a pretexto de falta de autoridade legal por parte dos que assinaram o contrato em nome da Central, e de falta de prévia concorrência pública.

Sustentou a requerente que o contrato foi assinado por autoridades competentes, o Chefe da Seção Comercial e o do Serviço de Publicidade, como se reconheceu no Decreto n. 24.868, de 24.4.1948, art. 30.

Ainda que não se houvessem observado as normas de competência, o contrato não seria nulo ipso iure, e foi confirmado ou ratificado pela execução. Quanto à concorrência pública, não é requisito dos contratos celebrados pelas autarquias. Por fim, a Central não podia, por ato sumário e unilateral, cancelar o contrato.

Em seu voto, assinala o Relator:

A recorrente funda sua impugnação em acórdão deste Tribunal que não admitiu revogasse a autoridade administrativa o ato jurídico que se tornou perfeito pela constituição de vínculo para a Fazenda Pública (*RDA* 20/40).

Distingue-se, porém, a revogação da ineficácia pela nulidade do ato. A autoridade administrativa não pode revogar o contrato perfeito, mas deve negar execução ao contrato nulo.

No caso, a Estrada não quer cumprir o contrato, porque a oferta não foi apresentada em concorrência pública (Decreto n. 15.783, de 8.11.1922, art. 765), nem o contrato celebrado pelo Diretor (Decreto n. 24.868, art. 10, I).

Sustenta a recorrente que o contrato é válido, ficando sanados, com a execução, os defeitos por acaso existentes.

O direito da autora pressupõe a validade de contrato, e, não sendo esta evidente, não pode aquele ser protegido por mandado de segurança.

Nego provimento ao recurso.

3.2 Súmulas do STF

Súmula n. 346. A Administração Pública pode declarar a nulidade dos seus próprios atos.

Legislação: CC, arts. 145 e 147.

Julgados: RE 9.830, 13.7.1948 (*RDA* 20/40 e *DJU* 18.1.1950); RMS 1.135, 5.7.1950 (*RDA* 30/262); AC 7.704, 19.1.1943 (*RDA* 1/174 e *DJU* 10.8.1943); RMS 7.983, 5.4.1961; RMS 8.731, 4.4.1962; RMS 9.460, 20.8.1962; RMS 9.217, 14.5.1962; RE 26.565, 5.11.1957 (*RTJ* 3/655 e *DJU* 12.5.1958); MS 4.609, 11.11.1957 (*RTJ* 3/651 e *DJU* 10.3.1958).

Súmula n. 473. A Administração pode anular seus próprios atos quando eivados de vícios que os tornam ilegais, porque deles não se originam direitos; ou revogá-los, por motivo de conveniência ou oportunidade, respeitados os direitos adquiridos e ressalvadas, em todos os casos, a apreciação judicial.

Legislação: CF/1967, art. 150, §§ 2º e 3º; Decreto 52.379/1963; Decreto 53.410/1964; CF/1969, art. 153, §§ 2º e 3º.

Julgados: MS 12.512, 22.7.1964 (*RF* 212/98); MS 13.942, 31.7.1964 (*RF* 212/91); RE 27.031, 20.6.1955 (*AJ* 117/108); RMS 16.935, 6.3.1968 (*DJU* 24.5.1968).

4
LEGISLAÇÃO

4.1 Disposições constitucionais

A Constituição Federal aborda a matéria nos seguintes dispositivos, todos contra o *abuso de direito*, de que o desvio de finalidade é uma das formas, inclusive quando ocorre através de *omissão*:

Art. 5º. (...):
LXVIII – conceder-se-á *habeas corpus* sempre que alguém sofrer ou se achar ameaçado de sofrer violência ou coação em sua liberdade de locomoção, por ilegalidade ou abuso de poder;
LXIX – conceder-se-á mandado de segurança para proteger direito líquido e certo, não amparado por *habeas corpus* ou *habeas data*, quando o responsável pela ilegalidade ou abuso de poder for autoridade pública ou agente de pessoa jurídica no exercício de atribuições do Poder Público; (...);
LXXI – conceder-se-á mandado de injunção sempre que a falta de norma regulamentadora torne inviável o exercício dos direitos e liberdades constitucionais e das prerrogativas inerentes à nacionalidade, à soberania e à cidadania;
LXXII – conceder-se-á *habeas data*: a) para assegurar o conhecimento de informações relativas à pessoa do impetrante, constantes de registros ou bancos de dados de entidades governamentais ou de caráter público; b) para a retificação de dados, quando não se prefira fazê-lo por processo sigiloso, judicial ou administrativo;
LXXIII – qualquer cidadão é parte legítima para propor ação popular que vise a anular ato lesivo ao patrimônio público ou de entidade de que o

Estado participe, à moralidade administrativa, ao meio ambiente e ao patrimônio histórico e cultural, ficando o autor, salvo comprovada má-fé, isento de custas judiciais e do ônus da sucumbência; (...).

Os *princípios da Administração* são enumerados no art. 37:

Art. 37. A Administração Pública direta e indireta de qualquer dos Poderes da União, dos Estados, do Distrito Federal e dos Municípios obedecerá aos princípios de legalidade, impessoalidade, moralidade, publicidade e eficiência e, também, ao seguinte:

I – os cargos, empregos e funções públicas são acessíveis aos brasileiros que preencham os requisitos estabelecidos em lei, assim como aos estrangeiros, na forma da lei;

II – a investidura em cargo ou emprego público depende de aprovação prévia em concurso público de provas ou de provas e títulos, de acordo com a natureza e a complexidade do cargo ou emprego, na forma prevista em lei, ressalvadas as nomeações para cargo em comissão declarado em lei de livre nomeação e exoneração;

III – o prazo de validade do concurso público será de até dois anos, prorrogável uma vez, por igual período;

IV – durante o prazo improrrogável previsto no edital de convocação, aquele aprovado em concurso público de provas ou de provas e títulos será convocado com prioridade sobre novos concursados para assumir cargo ou emprego, na carreira;

V – as funções de confiança, exercidas exclusivamente por servidores ocupantes de cargo efetivo, e os cargos em comissão, a serem preenchidos por servidores de carreira nos casos, condições e percentuais mínimos previstos em lei, destinam-se apenas às atribuições de direção, chefia e assessoramento;

VI – é garantido ao servidor público civil o direito à livre associação sindical;

VII – o direito de greve será exercido nos termos e nos limites definidos em lei específica; *[Obs.: Também aí se coíbe o abuso.]* (...).

(...).

§ 3º. A lei disciplinará as formas de participação do usuário na Administração Pública direta e indireta, regulando especialmente: I – as reclamações relativas à prestação dos serviços públicos em geral, asseguradas a manutenção de serviços de atendimento ao usuário e a avaliação periódica, externa e interna, da qualidade dos serviços; II – o acesso dos usuários a registros administrativos e a informações sobre atos de governo, observado o disposto no art. 5º, X e XXXIII; III – a disciplina da representação contra o exercício negligente ou abusivo de cargo, emprego ou função na Administração Pública.

§ 4º. Os atos de improbidade administrativa importarão a suspensão dos direitos políticos, a perda da função pública, a indisponibilidade dos bens e o ressarcimento ao erário, na forma e gradação previstas em lei, sem prejuízo da ação penal cabível.

§ 5º. A lei estabelecerá os prazos de prescrição para ilícitos praticados por qualquer agente, servidor ou não, que causem prejuízos ao erário, ressalvadas as respectivas ações de ressarcimento.

§ 6º. As pessoas jurídicas de direito público e as de direito privado prestadoras de serviços públicos responderão pelos danos que seus agentes, nessa qualidade, causarem a terceiros, assegurado o direito de regresso contra o responsável nos casos de dolo ou culpa.

(...).

Pelo dispositivo do art. 93, incs. IX e X, vê-se que os atos judiciais também devem estar fundamentados:

Art. 93. (...):
IX – todos os julgamentos dos órgãos do Poder Judiciário serão públicos, e *fundamentadas todas as decisões, sob pena de nulidade*, podendo a lei limitar a presença, em determinados atos, às próprias partes e a seus advogados, ou somente a estes, em casos nos quais a preservação do direito à intimidade do interessado no sigilo não prejudique o interesse público à informação;
X – *as decisões administrativas dos tribunais serão motivadas* e em sessão pública, sendo as disciplinares tomadas pelo voto da maioria absoluta de seus membros; (...).

4.2 Legislação infraconstitucional

Já tendo examinado as disposições constitucionais, são as seguintes as disposições atinentes à espécie, na legislação ordinária:

4.2.1 *Lei n. 4.898, de 9 de dezembro de 1965 – Regula o direito de representação e o processo de responsabilidade administrativa civil e penal, nos casos de abuso de autoridade.*

Art. 1º. O direito de representação e o processo de responsabilidade administrativa civil e penal, contra as autoridades que, no exercício de suas funções, cometerem abusos, são regulados pela presente Lei.

Art. 2º. O direito de representação será exercido por meio de petição:

a) dirigida à autoridade superior que tiver competência legal para aplicar, à autoridade civil ou militar culpada, a respectiva sanção;

b) dirigida ao órgão do Ministério Público que tiver competência para iniciar processo crime contra a autoridade culpada.

Parágrafo único. A representação será feita em duas vias e conterá a exposição do fato constitutivo do abuso de autoridade, com todas as suas circunstâncias, a qualificação do acusado e o rol de testemunhas, no máximo de três, se as houver.

Art. 3º. Constitui abuso de autoridade qualquer atentado:

a) à liberdade de locomoção;

b) à inviolabilidade do domicílio;

c) ao sigilo da correspondência;

d) à liberdade de consciência e de crença;

e) ao livre exercício do culto religioso;

f) à liberdade de associação;

g) aos direitos e garantias legais assegurados ao exercício do voto;

h) ao direito de reunião;

i) à incolumidade física do indivíduo;

j) aos direitos e garantias legais assegurados ao exercício profissional. *[Incluído pela Lei n. 6.657, de 5.6.1979]*

Art. 4º. Constitui também abuso de autoridade:

a) ordenar ou executar medida privativa da liberdade individual, sem as formalidades legais ou com abuso de poder;

b) submeter pessoa sob sua guarda ou custódia a vexame ou a constrangimento não autorizado em lei;

c) deixar de comunicar, imediatamente, ao juiz competente a prisão ou detenção de qualquer pessoa;

d) deixar o juiz de ordenar o relaxamento de prisão ou detenção ilegal que lhe seja comunicada;

e) levar à prisão e nela deter quem quer que se proponha a prestar fiança, permitida em lei;

f) cobrar o carcereiro ou agente de autoridade policial carceragem, custas, emolumentos ou qualquer outra despesa, desde que a cobrança não tenha apoio em lei, quer quanto à espécie, quer quanto ao seu valor;

g) recusar o carcereiro ou agente de autoridade policial recibo de importância recebida a título de carceragem, custas, emolumentos ou de qualquer outra despesa;

h) o ato lesivo da honra ou do patrimônio de pessoa natural ou jurídica, quando praticado com abuso ou desvio de poder ou sem competência legal;

i) prolongar a execução de prisão temporária, de pena ou de medida de segurança, deixando de expedir em tempo oportuno ou de cumprir imediatamente ordem de liberdade. *[Incluído pela Lei n. 7.960, de 21.12.1989]*

Art. 5º. Considera-se autoridade, para os efeitos desta Lei, quem exerce cargo, emprego ou função pública, de natureza civil ou militar, ainda que transitoriamente e sem remuneração.

Art. 6º. O abuso de autoridade sujeitará o seu autor a sanção administrativa civil e penal.

§ 1º. A sanção administrativa será aplicada de acordo com a gravidade do abuso cometido e consistirá em:

a) advertência;

b) repreensão;

c) suspensão do cargo, função ou posto por prazo de cinco a cento e oitenta dias, com perda de vencimentos e vantagens;

d) destituição de função;

e) demissão;

f) demissão, a bem do serviço público.

§ 2º. A sanção civil, caso não seja possível fixar o valor do dano, consistirá no pagamento de uma indenização de quinhentos a dez mil cruzeiros.

§ 3º. A sanção penal será aplicada de acordo com as regras dos arts. 42 a 56 do Código Penal e consistirá em:

a) multa de cem a cinco mil cruzeiros;

b) detenção por dez dias a seis meses;

c) perda do cargo e a inabilitação para o exercício de qualquer outra função pública por prazo até três anos.

§ 4º. As penas previstas no parágrafo anterior poderão ser aplicadas autônoma ou cumulativamente.

§ 5º. Quando o abuso for cometido por agente de autoridade policial, civil ou militar, de qualquer categoria, poderá ser cominada a pena autônoma ou acessória de não poder o acusado exercer funções de natureza policial ou militar no Município da culpa, por prazo de um a cinco anos.

Art. 7º. Recebida a representação em que for solicitada a aplicação de sanção administrativa, a autoridade civil ou militar competente determinará a instauração de inquérito para apurar o fato.

§ 1º. O inquérito administrativo obedecerá às normas estabelecidas nas leis municipais, estaduais ou federais, civis ou militares, que estabeleçam o respectivo processo.

§ 2º. Não existindo no Município, no Estado ou na legislação militar normas reguladoras do inquérito administrativo serão aplicadas, supletivamente, as disposições dos arts. 219 a 225 da Lei n. 1.711, de 28 de outubro de 1952 (Estatuto dos Funcionários Públicos Civis da União).

§ 3º. O processo administrativo não poderá ser sobrestado para o fim de aguardar a decisão da ação penal ou civil.

Art. 8º. A sanção aplicada será anotada na ficha funcional da autoridade civil ou militar.

Art. 9º. Simultaneamente com a representação dirigida à autoridade administrativa ou independentemente dela, poderá ser promovida pela vítima do abuso a responsabilidade civil ou penal, ou ambas, da autoridade culpada.

Art. 10. *(Vetado)*

Art. 11. À ação civil serão aplicáveis as normas do Código de Processo Civil.

Art. 12. A ação penal será iniciada, independentemente de inquérito policial ou justificação, por denúncia do Ministério Público, instruída com a representação da vítima do abuso.

Art. 13. Apresentada ao Ministério Público a representação da vítima, aquele, no prazo de quarenta e oito horas, denunciará o réu, desde que o fato narrado constitua abuso de autoridade, e requererá ao juiz a sua citação, e, bem assim, a designação de audiência de instrução e julgamento.

§ 1º. A denúncia do Ministério Público será apresentada em duas vias.

Art. 14. Se o ato ou fato constitutivo do abuso de autoridade houver deixado vestígios o ofendido ou o acusado poderá:

a) promover a comprovação da existência de tais vestígios, por meio de duas testemunhas qualificadas;

b) requerer ao juiz, até setenta e duas horas antes da audiência de instrução e julgamento, a designação de um perito para fazer as verificações necessárias.

§ 1º. O perito ou as testemunhas farão o seu relatório e prestarão seus depoimentos verbalmente, ou o apresentarão por escrito, querendo, na audiência de instrução e julgamento.

§ 2º. No caso previsto na letra "a" deste artigo a representação poderá conter a indicação de mais duas testemunhas.

Art. 15. Se o órgão do Ministério Público, ao invés de apresentar a denúncia, requerer o arquivamento da representação, o juiz, no caso de considerar improcedentes as razões invocadas, fará remessa da representação ao Procurador-Geral e este oferecerá a denúncia, ou designará outro órgão do Ministério Público para oferecê-la, ou insistirá no arquivamento, ao qual só então deverá o juiz atender.

Art. 16. Se o órgão do Ministério Público não oferecer a denúncia no prazo fixado nesta Lei, será admitida ação privada. O órgão do Ministério Público poderá, porém, aditar a queixa, repudiá-la e oferecer denúncia substitutiva e intervir em todos os termos do processo, interpor recursos e, a todo tempo, no caso de negligência do querelante, retomar a ação como parte principal.

Art. 17. Recebidos os autos, o juiz, dentro do prazo de quarenta e oito horas, proferirá despacho, recebendo ou rejeitando a denúncia.

§ 1º. No despacho em que receber a denúncia, o juiz designará, desde logo, dia e hora para a audiência de instrução e julgamento, que deverá ser realizada, improrrogavelmente, dentro de cinco dias.

§ 2º. A citação do réu para se ver processar, até julgamento final, e para comparecer à audiência de instrução e julgamento será feita por mandado sucinto, que será acompanhado da segunda via da representação e da denúncia.

Art. 18. As testemunhas de acusação e defesa poderão ser apresentadas em juízo independentemente de intimação.

Parágrafo único. Não serão deferidos pedidos de precatória para a audiência ou a intimação de testemunhas ou, salvo o caso previsto no art. 14, letra "b", requerimentos para a realização de diligências, perícias ou exames, a não ser que o juiz, em despacho motivado, considere indispensáveis tais providências.

Art. 19. À hora marcada, o juiz mandará que o porteiro dos auditórios ou o oficial de justiça declare aberta a audiência, apregoando em seguida o réu, as testemunhas, o perito, o representante do Ministério Público ou o advogado que tenha subscrito a queixa e o advogado ou defensor do réu.

Parágrafo único. A audiência somente deixará de realizar-se se ausente o juiz.

Art. 20. Se até meia hora depois da hora marcada o juiz não houver comparecido, os presentes poderão retirar-se, devendo o ocorrido constar do livro de termos de audiência.

Art. 21. A audiência de instrução e julgamento será pública, se contrariamente não dispuser o juiz, e realizar-se-á em dia útil, entre dez e dezoito horas, na sede do juízo ou, excepcionalmente, no local que o juiz designar.

Art. 22. Aberta a audiência, o juiz fará a qualificação e o interrogatório do réu, se estiver presente.

Parágrafo único. Não comparecendo o réu nem seu advogado, o juiz nomeará imediatamente defensor para funcionar na audiência e nos ulteriores termos do processo.

Art. 23. Depois de ouvidas as testemunhas e o perito, o juiz dará a palavra, sucessivamente, ao Ministério Público ou ao advogado que houver subscrito a queixa e ao advogado ou defensor do réu, pelo prazo de quinze minutos para cada um, prorrogável por mais dez, a critério do juiz.

Art. 24. Encerrado o debate, o juiz proferirá imediatamente a sentença.

Art. 25. Do ocorrido na audiência o escrivão lavrará no livro próprio, ditado pelo juiz, termo que conterá, em resumo, os depoimentos e as alegações da acusação e da defesa, os requerimentos e, por extenso, os despachos e a sentença.

Art. 26. Subscreverão o termo o juiz, o representante do Ministério Público ou o advogado que houver subscrito a queixa, o advogado ou defensor do réu e o escrivão.

Art. 27. Nas comarcas onde os meios de transporte forem difíceis e não permitirem a observância dos prazos fixados nesta Lei, o juiz poderá aumentá-los, sempre motivadamente, até o dobro.

Art. 28. Nos casos omissos, serão aplicáveis as normas do Código de Processo Penal, sempre que compatíveis com o sistema de instrução e julgamento regulado por esta Lei.

Parágrafo único. Das decisões, despachos e sentenças caberão os recursos e apelações previstos no Código de Processo Penal.

Art. 29. Revogam-se as disposições em contrário.

4.2.2 Lei n. 4.717, de 29 de junho de 1965 – Regula a ação popular.

Art. 1º. Qualquer cidadão será parte legítima para pleitear a anulação ou a declaração de nulidade de atos lesivos ao patrimônio da União, do Distrito Federal, dos Estados, dos Municípios, de entidades autárquicas, de sociedades de economia mista (Constituição, art. 141, § 38), de sociedades mútuas de seguro nas quais a União represente os segurados ausentes, de empresas públicas, de serviços sociais autônomos, de instituições ou fundações para cuja criação ou custeio o Tesouro Público haja concorrido ou concorra com mais de cinqüenta por cento do patrimônio ou da receita ânua, de empresas incorporadas ao patrimônio da União, do Distrito Federal, dos Estados e dos Municípios, e de quaisquer pessoas jurídicas ou entidades subvencionadas pelos cofres públicos.

§ 1º. Consideram-se patrimônio público, para os fins referidos neste artigo, os bens e direitos de valor econômico, artístico, estético, histórico ou turístico. *[Redação dada pela Lei n. 6.513/1977]*

§ 2º. Em se tratando de instituições ou fundações, para cuja criação ou custeio o Tesouro Público concorra com menos de cinqüenta por cento do patrimônio ou da receita ânua, bem como de pessoas jurídicas ou entidades subvencionadas, as conseqüências patrimoniais da invalidez dos atos lesivos terão por limite a repercussão deles sobre a contribuição dos cofres públicos.

§ 3º. A prova da cidadania, para ingresso em juízo, será feita com o título eleitoral, ou com documento que a ele corresponda.

§ 4º. Para instruir a inicial, o cidadão poderá requerer às entidades, a que se refere este artigo, as certidões e informações que julgar necessárias, bastando para isso indicar a finalidade das mesmas.

§ 5º. As certidões e informações, a que se refere o parágrafo anterior, deverão ser fornecidas dentro de quinze dias da entrega, sob recibo, dos respectivos requerimentos, e só poderão ser utilizadas para a instrução de ação popular.

§ 6º. Somente nos casos em que o interesse público, devidamente justificado, imposer sigilo, poderá ser negada certidão ou informação.

§ 7º. Ocorrendo a hipótese do parágrafo anterior, a ação poderá ser proposta desacompanhada das certidões ou informações negadas, cabendo ao juiz, após apreciar os motivos do indeferimento, e salvo em se tratando de razão de segurança nacional, requisitar umas e outras; feita a requisição, o processo correrá em segredo de justiça, que cessará com o trânsito em julgado de sentença condenatória.

Art. 2º. São nulos os atos lesivos ao patrimônio das entidades mencionadas no artigo anterior, nos casos de:

a) incompetência;

b) vício de forma;

c) ilegalidade do objeto;

d) inexistência dos motivos;

e) desvio de finalidade.

Parágrafo único. Para a conceituação dos casos de nulidade observar-se-ão as seguintes normas:

a) a incompetência fica caracterizada quando o ato não se incluir nas atribuições legais do agente que o praticou;

b) o vício de forma consiste na omissão ou na observância incompleta ou irregular de formalidades indispensáveis à existência ou seriedade do ato;

c) a ilegalidade do objeto ocorre quando o resultado do ato importa em violação de lei, regulamento ou outro ato normativo;

d) a inexistência dos motivos se verifica quando a matéria de fato ou de direito, em que se fundamenta o ato, é materialmente inexistente ou juridicamente inadequada ao resultado obtido;

e) o desvio de finalidade se verifica quando o agente pratica o ato visando a fim diverso daquele previsto, explícita ou implicitamente, na regra de competência.

Art. 3º. Os atos lesivos ao patrimônio das pessoas de direito público ou privado, ou das entidades mencionadas no art. 1º, cujos vícios não se compreendam nas especificações do artigo anterior, serão anuláveis, segundo as prescrições legais, enquanto compatíveis com a natureza deles.

Art. 4º. São também nulos os seguintes atos ou contratos, praticados ou celebrados por quaisquer das pessoas ou entidades referidas no art. 1º:

I – A admissão ao serviço público remunerado com desobediência, quanto às condições de habilitação, das normas legais, regulamentares ou constantes de instruções gerais.

II – A operação bancária ou de crédito real, quando:

a) for realizada com desobediência a normas legais, regulamentares, estatutárias, regimentais ou internas;

b) o valor real do bem dado em hipoteca ou penhor for inferior ao constante de escritura, contrato ou avaliação.

III – A empreitada, a tarefa e a concessão do serviço público, quando:

a) o respectivo contrato houver sido celebrado sem prévia concorrência pública ou administrativa, sem que essa condição seja estabelecida em lei, regulamento ou norma geral;

b) no edital de concorrência forem incluídas cláusulas ou condições que comprometam o seu caráter competitivo;

c) a concorrência administrativa for processada em condições que impliquem na limitação das possibilidades normais de competição.

IV – As modificações ou vantagens, inclusive prorrogações que forem admitidas, em favor do adjudicatário, durante a execução dos contratos de empreitada, tarefa e concessão de serviço público, sem que estejam previstas em lei ou nos respectivos instrumentos.

V – A compra e venda de bens móveis ou imóveis, nos casos em que não cabível concorrência pública ou administrativa, quando:

a) for realizada com desobediência a normas legais, regulamentares, ou constantes de instruções gerais;

b) o preço de compra dos bens for superior ao corrente no mercado, na época da operação;

c) o preço de venda dos bens for inferior ao corrente no mercado, na época da operação.

VI – A concessão de licença de exportação ou importação, qualquer que seja a sua modalidade, quando:

a) houver sido praticada com violação das normas legais e regulamentares ou de instruções e ordens de serviço;

b) resultar em exceção ou privilégio, em favor de exportador ou importador.

VII – A operação de redesconto quando sob qualquer aspecto, inclusive o limite de valor, desobedecer a normas legais, regulamentares ou constantes de instruções gerais.

VIII – O empréstimo concedido pelo Banco Central da República, quando:

a) concedido com desobediência de quaisquer normas legais, regulamentares, regimentais ou constantes de instruções gerais;

b) o valor dos bens dados em garantia, na época da operação, for inferior ao da avaliação.

IX – A emissão, quando efetuada sem observância das normas constitucionais, legais e regulamentadoras que regem a espécie.

Da Competência

Art. 5º. Conforme a origem do ato impugnado, é competente para conhecer da ação, processá-la e julgá-la o juiz que, de acordo com a organização judiciária de cada Estado, o for para as causas que interessem à União, ao Distrito Federal, ao Estado ou ao Município.

§ 1º. Para fins de competência, equiparam-se aos atos da União, do Distrito Federal, do Estado ou dos Municípios os atos das pessoas criadas ou mantidas por essas pessoas jurídicas de direito público, bem como os atos das sociedades de que elas sejam acionistas e os das pessoas ou entidades por elas subvencionadas ou em relação às quais tenham interesse patrimonial.

§ 2º. Quando o pleito interessar simultaneamente à União e a qualquer outra pessoa ou entidade, será competente o juiz das causas da União, se houver; quando interessar simultaneamente ao Estado e ao Município, será competente o juiz das causas do Estado, se houver.

§ 3º. A propositura da ação prevenirá a jurisdição do juízo para todas as ações que forem posteriormente intentadas contra as mesmas partes e sob os mesmos fundamentos.

§ 4º. Na defesa do patrimônio público caberá a suspensão liminar do ato lesivo impugnado. *[Incluído pela Lei n. 6.513/1977]*

Dos Sujeitos Passivos da Ação e Dos Assistentes

Art. 6º. A ação será proposta contra as pessoas públicas ou privadas e as entidades referidas no art. 1º, contra as autoridades, funcionários ou administradores que houverem autorizado, aprovado, ratificado ou praticado o ato impugnado, ou que, por omissas, tiverem dado oportunidade à lesão, e contra os beneficiários diretos do mesmo.

§ 1º. Se não houver benefício direto do ato lesivo, ou se for ele indeterminado ou desconhecido, a ação será proposta somente contra as outras pessoas indicadas neste artigo.

§ 2º. No caso de que trata o inciso II, item "b", do art. 4º, quando o valor real do bem for inferior ao da avaliação, citar-se-ão como réus, além das pessoas públicas ou privadas e entidades referidas no art. 1º, apenas os responsáveis pela avaliação inexata e os beneficiários da mesma.

§ 3º. A pessoa jurídica de direito público ou de direito privado, cujo ato seja objeto de impugnação, poderá abster-se de contestar o pedido, ou poderá atuar ao lado do autor, desde que isso se afigure útil ao interesse público, a juízo do respectivo representante legal ou dirigente.

§ 4º. O Ministério Público acompanhará a ação, cabendo-lhe apressar a produção da prova e promover a responsabilidade, civil ou criminal, dos que nela incidirem, sendo-lhe vedado, em qualquer hipótese, assumir a defesa do ato impugnado ou dos seus autores.

§ 5º. É facultado a qualquer cidadão habilitar-se como litisconsorte ou assistente do autor da ação popular.

Do Processo

Art. 7º. A ação obedecerá ao procedimento ordinário, previsto no Código de Processo Civil, observadas as seguintes normas modificativas:

I – Ao despachar a inicial, o juiz ordenará:

a) além da citação dos réus, a intimação do representante do Ministério Público;

b) a requisição, às entidades indicadas na petição inicial, dos documentos que tiverem sido referidos pelo autor (art. 1º, § 6º), bem como a de outros que se lhe afigurem necessários ao esclarecimento dos fatos, fixando prazos de quinze a trinta dias para o atendimento.

§ 1º. O representante do Ministério Público providenciará para que as requisições, a que se refere o inciso anterior, sejam atendidas dentro dos prazos fixados pelo juiz.

§ 2º. Se os documentos e informações não puderem ser oferecidos nos prazos assinalados, o juiz poderá autorizar prorrogação dos mesmos, por prazo razoável.

II – Quando o autor o preferir, a citação dos beneficiários far-se-á por edital com o prazo de trinta dias, afixado na sede do juízo e publicado três vezes no jornal oficial do Distrito Federal, ou da Capital do Estado ou Território em que seja ajuizada a ação. A publicação será gratuita e deverá iniciar-se no máximo três dias após a entrega, na repartição competente, sob protocolo, de uma via autenticada do mandado.

III – Qualquer pessoa, beneficiada ou responsável pelo ato impugnado, cuja existência ou identidade se torne conhecida no curso do processo e antes de proferida a sentença final de primeira instância, deverá ser citada para a integração do contraditório, sendo-lhe restituído o prazo para contestação e produção de provas, salvo, quanto a beneficiário, se a citação se houver feito na forma do inciso anterior.

IV – O prazo de contestação é de vinte dias, prorrogáveis por mais vinte, a requerimento do interessado, se particularmente difícil a produção de prova documental, e será comum a todos os interessados, correndo da entrega em cartório do mandado cumprido, ou, quando for o caso, do decurso do prazo assinado em edital.

V – Caso não requerida, até o despacho saneador, a produção de prova testemunhal ou pericial, o juiz ordenará vista às partes por dez dias, para alegações, sendo-lhe os autos conclusos, para sentença, quarenta e oito horas após a expiração desse prazo; havendo requerimento de prova, o processo tomará o rito ordinário.

VI – A sentença, quando não prolatada em audiência de instrução e julgamento, deverá ser proferida dentro de quinze dias do recebimento dos autos pelo juiz.

Parágrafo único. O proferimento da sentença além do prazo estabelecido privará o juiz da inclusão em lista de merecimento para promoção, durante dois anos, e acarretará a perda, para efeito de promoção por antigüidade, de tantos dias quantos forem os do retardamento, salvo motivo justo, declinado nos autos e comprovado perante o órgão disciplinar competente.

Art. 8º. Ficará sujeita à pena de desobediência, salvo motivo justo devidamente comprovado, a autoridade, o administrador ou o dirigente que deixar de fornecer, no prazo fixado no art. 1º, § 5º, ou naquele que tiver sido estipulado pelo juiz (art. 7º, n. I, letra "b"), informações e certidão ou fotocópia de documento necessários à instrução da causa.

Parágrafo único. O prazo contar-se-á do dia em que entregue, sob recibo, o requerimento do interessado ou o ofício de requisição (art. 1º, § 5º, e art. 7º, n. I, letra "b").

Art. 9º. Se o autor desistir da ação ou der motivo à absolvição da instância, serão publicados editais nos prazos e condições previstos no art. 7º, inciso II, ficando assegurado a qualquer cidadão, bem como ao representante do Ministério Público, dentro do prazo de noventa dias da última publicação feita, promover o prosseguimento da ação.

Art. 10. As partes só pagarão custas e preparo a final.

Art. 11. A sentença que, julgando procedente a ação popular, decretar a invalidade do ato impugnado, condenará ao pagamento de perdas e danos os responsáveis pela sua prática e os beneficiários dele, ressalvada a ação regressiva contra os funcionários causadores de dano, quando incorrerem em culpa.

Art. 12. A sentença incluirá sempre, na condenação dos réus, o pagamento, ao autor, das custas e demais despesas, judiciais e extrajudiciais, diretamente relacionadas com a ação e comprovadas, bem como o dos honorários de advogado.

Art. 13. A sentença que, apreciando o fundamento de direito do pedido, julgar a lide manifestamente temerária, condenará o autor ao pagamento do décuplo das custas.

Art. 14. Se o valor da lesão ficar provado no curso da causa, será indicado na sentença; se depender de avaliação ou perícia, será apurado na execução.

§ 1º. Quando a lesão resultar da falta ou isenção de qualquer pagamento, a condenação imporá o pagamento devido, com acréscimo de juros de mora e multa legal ou contratual, se houver.

§ 2º. Quando a lesão resultar da execução fraudulenta, simulada ou irreal de contratos, a condenação versará sobre a reposição do débito, com juros de mora.

§ 3º. Quando o réu condenado perceber dos cofres públicos, a execução far-se-á por desconto em folha até o integral ressarcimento do dano causado, se assim mais convier ao interesse público.

§ 4º. A parte condenada a restituir bens ou valores ficará sujeita a seqüestro e penhora, desde a prolação da sentença condenatória.

Art. 15. Se, no curso da ação, ficar provada a infringência da lei penal ou a prática de falta disciplinar a que a lei comine a pena de demissão ou a de rescisão de contrato de trabalho, o juiz, *ex officio*, determinará a remessa de cópia autenticada das peças necessárias às autoridades ou aos administradores a quem competir aplicar a sanção.

Art. 16. Caso decorridos sessenta dias da publicação da sentença condenatória de segunda instância, sem que o autor ou terceiro promova a respectiva execução, o representante do Ministério Público a promoverá nos trinta dias seguintes, sob pena de falta grave.

Art. 17. É sempre permitido às pessoas ou entidades referidas no art. 1º, ainda que hajam contestado a ação, promover, em qualquer tempo, e no que as beneficiar, a execução da sentença contra os demais réus.

Art. 18. A sentença terá eficácia de coisa julgada oponível *erga omnes*, exceto no caso de haver sido a ação julgada improcedente por deficiência de prova; neste caso, qualquer cidadão poderá intentar outra ação com idêntico fundamento, valendo-se de nova prova.

Art. 19. A sentença que concluir pela carência ou pela improcedência da ação está sujeita ao duplo grau de jurisdição, não produzindo efeito senão depois de confirmada pelo tribunal; da que julgar a ação procedente caberá apelação, com efeito suspensivo. *[Redação dada pela Lei n. 6.014/1973]*

§ 1º. Das decisões interlocutórias cabe agravo de instrumento. *[Redação dada pela Lei n. 6.014/1973]*

§ 2º. Das sentenças e decisões proferidas contra o autor da ação e suscetíveis de recurso poderá recorrer qualquer cidadão e também o Ministério Público. *[Redação dada pela Lei n. 6.014/1973]*

Disposições Gerais

Art. 20. Para os fins desta Lei, consideram-se entidades autárquicas:

a) o serviço estatal descentralizado com personalidade jurídica, custeado mediante orçamento próprio, independente do orçamento geral;

b) as pessoas jurídicas especialmente instituídas por lei para a execução de serviços de interesse público ou social, custeados por tributos de qualquer natureza ou por outros recursos oriundos do Tesouro Público;

c) as entidades de direito público ou privado a que a lei tiver atribuído competência para receber e aplicar contribuições parafiscais.

Art. 21. A ação prevista nesta Lei prescreve em cinco anos.

Art. 22. Aplicam-se à ação popular as regras do Código de Processo Civil, naquilo em que não contrariem os dispositivos desta Lei, nem a natureza específica da ação.

5

DOUTRINA

5.1 CAIO TÁCITO

Sobre a matéria em análise, assim discorre Caio Tácito, no artigo "Desvio de Poder na Jurisprudência Brasileira" (na *Revista de Direito Administrativo* 179-180/299):

(...). Não se confina apenas ao campo doutrinário a naturalização, entre nós, do *détournement de pouvoir*.

Na jurisprudência de nossos Tribunais afloram casos expressivos em que essa figura teórica lastreou a anulação de atos administrativos viciados pelo uso da competência legítima para obtenção de resultado que se não compadece com a finalidade legal específica.

A decisão mais clara e precisa na invocação da teoria do desvio de poder foi a que proferiu o TJRN, em 28.7.1948, calcada com notável voto, denso de substância doutrinária, da lavra do então Desembargador Seabra Fagundes. O acórdão, que mereceu comentário de Vítor Nunes Leal (*RDA* 14/52-82), é o *leading case* na jurisprudência brasileira na matéria e se aproxima, de forma singular, da hipótese do caso *Lesbats*, que, como vimos, é a decisão pioneira do Direito Francês.

Tratava-se do julgamento de legalidade do ato da Inspetoria Estadual de Trânsito que estabelecera, no uso de poder discricionário, o horário de funcionamento de empresa de transporte coletivo entre a Capital e cidades vizinhas. A anulação do ato fundou-se na prova de que em verdade a determinação dos horários visara a favorecer outra empresa, assegurando-lhe a clientela nas horas nobres da locomoção de passageiros entre as localidades, em detrimento do concorrente.

Tive ocasião de arrolar outros precedentes judiciais, na minha citada tese, da qual se encontra publicado em excerto, como verbete, no *Dicionário Enciclopédico de Direito Brasileiro* (vol. 16, pp. 93-107).

Em acórdão de 22.2.1946, o TJPE, invocando a teoria dos motivos determinantes, anulou ato de demissão do servidor público que comprovadamente atendera a fins pessoais de retaliação, e não à preservação da disciplina ou da moralidade administrativa. Através do exame dos motivos, caracterizou-se, em suma, o desvio de finalidade do ato (*RDA* 9/173-183).

O TFR, em acórdão de 25.9.1950, anulou pena disciplinar aplicada a servidor autárquico por motivos comprovadamente políticos (*RDA* 24/153).

O conceito do desvio de finalidade surge, ainda, como razão de decidir em voto vencido do Min. Rocha Lagoa em decisão de 24.5.1950 do Tribunal de Recursos (*DJU* 22.1.1951, pp. 182-183) e em longo e erudito voto do Min. Philadelpho de Azevedo em acórdão de 16.4.1945, do STF (*RDA* 3/199-234, especialmente a partir da p. 225). Também João Castelo Branco, como 1º Subprocurador do antigo Distrito Federal, sustentou a nulidade de ato administrativo por vício de desvio de poder (*RDA* 25/429) e, como Desembargador-Relator, em acórdão de 22.9.1958, fundamentou a anulação de ato revocatório da licença de obras no fato de que sua finalidade visava efetivamente à solução de litígio privado entre condôminos do imóvel (*DJ* 5.3.1959, p. 998).

Em diversas outras oportunidades, a Justiça Brasileira, ora manifestamente, ora pela substância dos julgados, concluiu pela anulação de atos administrativos em que o endereço da manifestação de vontade contemplava finalidade estranha à que a lei prestigiava.

Sem pretensão a esgotar o inventário dos precedentes judiciais, indicaremos a seguir alguns outros que se podem filiar diretamente à aplicação prática da teoria do desvio de poder.

Em decisões de 7.7.1953 e 24.8.1954 do Tribunal de Justiça do então Distrito Federal, o Des. Martinho Garcez Neto, como Relator, invocou expressamente a teoria do desvio de poder, honrando-me com a citação de minha tese de concurso (*DJ* 7.10.1954 e 17.2.1955).

Também o Min. Nonato, em decisão de 17.6.1952, que tive ensejo de comentar (*RDA* 38/350), trouxe à colação a doutrina do *détournement de pouvoir*.

Em acórdão de 9.4.1953, o TJSP adotou o princípio de que, "ainda que discricionário, o ato administrativo deve conformar-se à finalidade legal", para confirmar sentença de anulação de ato disciplinar com explícito apoio na teoria do desvio de poder (*RDA* 36/121-128).

O mesmo TJSP anulou ato de demissão de funcionário público, a título de economia, porque "a finalidade real era outra, a de proporcionar oportunidade para nomeação de outras pessoas", entendendo que "tipicamente ocorreu desvio de poder, com conseqüente nulidade do ato demissório" (*RDA* 70/172).

A propósito da anulação de leis, que caracterizavam os chamados testamentos políticos, tive oportunidade de destacar, em comentário à decisão de 20.1.1960 do STF, a existência de um desvio de poder legislativo quando ao fim de promoção do interesse geral se substituía o ostensivo favorecimento de facções políticas na iminência da despedida do poder (v. "Anulação de leis inconstitucionais", *RDA* 59/347).

A tese de que a noção do desvio de poder pode excepcionalmente se estender ao exame da legitimidade de atos legislativos foi amplamente debatida no STF, em sessão de 31.8.1967, no julgamento de matéria constitucional, e teve adesão expressa do Min. Aliomar Baleeiro (v. acórdão no RMS 61.912, *RTJ* 45/530).

Em casos de permissões para exploração de linhas de ônibus, o STF apreciou a incidência de desvio de poder, admitindo, em tese, a aplicação do conceito (v. acórdão de 7.11.1968, in *Revista de Jurisprudência* 47/650 e 48/165).

5.2 CELSO ANTÔNIO BANDEIRA DE MELLO

5.2.1 Corroborando a doutrina, interessante acrescer aos ensinamentos já transcritos estas lições de Celso Antônio Bandeira de Mello (*Curso de Direito Administrativo*, 21ª ed., São Paulo, Malheiros Editores, 2006, pp. 103-105):

3ª) Princípio da finalidade

11. Por força dele a Administração subjuga-se ao dever de alvejar sempre a finalidade normativa, adscrevendo-se a ela. O nunca assaz citado Afonso Queiró averbou que "o fim da lei é o mesmo que o seu espírito e o espírito da lei faz parte de da lei mesma". Daí haver colacionado as seguintes excelentes observações, colhidas em Magalhães Colaço: "o espírito da lei, o fim da lei, forma com o seu texto um todo harmônico e indestrutível, e a tal ponto, que nunca poderemos estar seguros do alcance da norma, se não interpretarmos o texto da lei de acordo com o espírito da lei".[11]

[11. *Reflexões sobre a Teoria* ..., cit., p. 72.]

Em rigor, o princípio da finalidade não é uma decorrência do princípio da legalidade. É mais que isto: é uma inerência dele; está nele contido, pois corresponde à aplicação da lei tal qual é; ou seja, na conformidade de sua razão de ser, do objetivo em vista do qual foi editada. Por isso se pode dizer que tomar uma lei como suporte para a prática de ato desconforme com sua finalidade não é aplicar a lei; é desvirtuá-la; é burlar a lei sob pretexto de cumpri-la. Daí por que os atos incursos neste vício – denominado "desvio de poder" ou "desvio de finalidade" – são nulos. Quem desatende ao fim legal desatende à *própria lei*.

O que explica, justifica e confere sentido a uma norma é precisamente a finalidade que a anima. A partir dela é que se compreende a racionalidade que lhe presidiu a edição. Logo, é na finalidade da lei que reside o critério norteador de sua correta aplicação, pois é em nome de um dado objetivo que se confere competência aos agentes da Administração. Bem por isso Caio Tácito apostilou, com louvável exatidão: "A destinação da competência do agente precede a sua investidura. A lei não concede autorização de agir sem um objetivo próprio. A obrigação jurídica não é uma obrigação inconseqüente; ela visa a um fim especial, presume um endereço, antecipa um alcance, predetermina o próprio alvo".[12] Cirne Lima, avisadamente, já advertira que é traço característico da atividade administrativa "estar vinculada a um fim alheio à pessoa e aos interesses particulares do agente ou do órgão que a exercita".[13] De resto, aduziu ainda: "A relação de administração somente se nos depara no plano das relações jurídicas, quando a finalidade, que a atividade de administração se propõe, nos aparece defendida e protegida pela ordem jurídica contra o próprio agente e contra terceiros".[14]

[12. *Direito Administrativo*, São Paulo, Saraiva, 1975, pp. 80 e 81.]

[13. Ob. cit., p. 21.]

[14. Ob. cit., p. 52.]

Assim, o princípio da finalidade impõe que o administrador, ao manejar as competências postas a seu encargo, atue com rigorosa obediência à finalidade de cada qual. Isto é, cumpre-lhe cingir-se não apenas à finalidade própria de todas as leis, que é o interesse público, mas também à finalidade *específica* abrigada na lei a que esteja dando execução. Assim, há desvio de poder e, em conseqüência, nulidade do ato, por violação da *finalidade legal*, tanto nos casos em que a atuação administrativa é estranha a qualquer finalidade pública quanto naqueles em que "o fim perseguido, se bem que de interesse público, não é o fim preciso que a lei assinalava para tal ato".[15] É que a lei, ao habilitar uma dada conduta, o faz em vista de um certo escopo. Não lhe é indiferente que se use, para perseguir dado objetivo, uma ou outra competência, que se estribe em uma ou outra atribuição conferida pela lei, pois, na imagem feliz do precitado Caio Tácito: "A regra de competência não é um cheque em branco".[16]

[15. Cf. Jean Rivero, *Droit Administratif*, 2ª ed., Paris, Dalloz, 1962, p. 255, n. 260.]

[16. Ob. cit., p. 5.]

Em suma: a finalidade legal é um elemento da própria lei, é justamente o fator que proporciona compreendê-la. Por isso não se pode conceber o princípio da legalidade sem encarecer a finalidade quer de tal princípio em si mesmo, quer das distintas leis em que se expressa.

12. Pelo quanto se disse, já se nota que a raiz constitucional do princípio da finalidade encontra-se na própria consagração do princípio da legalidade, estampado no art. 37 da Lei Magna. Na verdade, só se erige o princípio da finalidade em princípio autônomo pela necessidade de alertar contra o risco de exegeses toscas, demasiadamente superficiais ou mesmo ritualísticas, que geralmente ocorrem por conveniência e não por descuido do intérprete. Pode-se dizer, contudo, que há outro dispositivo constitucional que lhe serviria de referência específica, embora implícita. É o art. 5º, LXIX, no qual se prevê o mandado de segurança. Ali se diz cabível sua concessão contra ilegalidade ou "abuso de poder". Abuso de poder é o uso do poder além de seus limites. Ora, um dos limites do poder é justamente a finalidade em vista da qual caberia ser utilizado. Donde, o exercício do poder com desvirtuamento da finalidade legal que o ensancharia está previsto como censurável pela via do mandado de segurança.

5.2.2 Leciona ainda Celso Antônio Bandeira de Mello (*Curso de Direito Administrativo*, 21ª ed., São Paulo, Malheiros Editores, 2006, pp. 385-386):

D) Finalidade (pressuposto teleológico)

44. Finalidade é o bem jurídico objetivado pelo ato. Vale dizer, é o resultado previsto legalmente como o correspondente à tipologia do ato administrativo, consistindo no alcance dos objetivos por ele *comportados*. Em outras palavras: é o objetivo inerente à categoria do ato. "Para cada finalidade que a Administração pretende alcançar existe um ato definido em lei", pois o ato administrativo caracteriza-se por sua tipicidade, que é "o atributo pelo qual o ato administrativo deve corresponder às figuras definidas previamente em lei como aptas a produzir determinado resultado", conforme ensinamentos de Maria Sylvia Zanella Di Pietro.[37]

[37. *Direito Administrativo*, 3ª ed., São Paulo, Atlas, 1992, p. 453.]

Consideremos os mesmos exemplos trazidos à colação a propósito dos motivos, nos casos mencionados no n. 32, agora para localizar a finalidade amparada.

A finalidade do ato que dissolve passeata tumultuosa é a proteção da ordem pública, da paz pública. A finalidade do ato que interdita fábrica poluidora da atmosfera é a proteção da salubridade pública.

45. Não se pode buscar através de um dado ato a proteção de bem jurídico cuja satisfação deveria ser, em face da lei, obtida por outro tipo ou categoria de ato. Ou seja: cada ato tem a finalidade em vista da qual a lei o concebeu. Por isso, por via dele só se pode buscar a finalidade que lhe é correspondente, segundo o modelo legal. Com efeito, bem o disse Eduardo García de Enterría, com a habitual proficiência, que "os poderes administrativos não são abstratos, utilizáveis para qualquer finalidade; são poderes funcionais, outorgados pelo ordenamento em vista de um fim específico, com o quê apartar-se do mesmo obscurece sua fonte de legitimidade".[38]

[38. Eduardo García de Enterría e Tomás-Ramón Fernández, *Curso de Derecho Administrativo*, 4ª ed., t. I, Madri, Civitas, 1983, p. 442.]

Então, se o agente dispõe de competências distintas para a prática de atos distintos, não pode, sob pena de invalidade, valer-se de uma competência expressada pelo ato "x" com o fito de alcançar a finalidade "z" que deveria ser atingida por meio do ato "y".

Por exemplo: se o agente tem competência para remover um funcionário e possui também competência para suspendê-lo, não pode removê-lo *com a finalidade de puni-lo*, pois o ato de remoção não tem finalidade punitiva.

Se quiser punir, deverá valer-se de um ato previsto no sistema legal como punitivo.

A propósito do uso de um ato para alcançar finalidade diversa da que lhe é própria, costuma-se falar em "desvio de poder" ou "desvio de finalidade".

5.2.3 E Celso Antônio Bandeira de Mello (*Curso de Direito Administrativo*, 21ª ed., São Paulo, Malheiros Editores, 2006, pp. 386-388) formula, em seqüência, a "teoria do desvio de poder":

46. Ocorre desvio de poder, e, portanto, invalidade, quando o agente se serve de um ato para satisfazer finalidade alheia à natureza do ato utilizado.[39]

[39. A decisão que, entre nós, deve ser considerada autêntico *leading case* é o acórdão do TJRN publicado na *RDA* 14 e comentado pelo eminente publicista Víctor Nunes Leal. O Relator do acórdão, responsável pelo voto magistral, foi Seabra Fagundes, jurista excepcional e verdadeiro paradigma de cidadão virtuoso.]

Há, em conseqüência, um *mau uso da competência* que o agente possui para praticar atos administrativos, traduzido na busca de uma *finalidade* que simplesmente não pode ser buscada ou, quando possa, não pode sê-lo através do ato utilizado. É que sua competência, na lição elegante e precisa de Caio Tácito: "visa a um fim especial, presume um endereço, antecipa um alcance, predetermina o próprio alvo. Não é facultado à autoridade suprimir essa continuidade, substituindo uma finalidade legal do poder com que foi investido, embora pretendendo um resultado materialmente lícito".[40]

[40. *Direito Administrativo*, São Paulo Saraiva, 1975, pp. 80 e 81.]

47. Sucintamente, mas de modo preciso, pode-se dizer que ocorre desvio de poder quando um agente exerce uma competência que possuía (em abstrato) para alcançar uma finalidade diversa daquela em função da qual lhe foi atribuída a competência exercida.

48. De dois modos pode manifestar-se o desvio de poder:

a) quando o agente busca uma finalidade *alheia ao interesse público*. Isto sucede ao pretender usar de seus poderes para prejudicar um inimigo ou para beneficiar a si próprio ou amigo;

b) quando o agente busca uma finalidade – ainda que de interesse público – alheia à "categoria" do ato que utilizou. Deveras, consoante advertiu o preclaro Seabra Fagundes: "Nada importa que a diferente finalidade com que tenha agido seja moralmente lícita. Mesmo moralizada e justa, o ato será inválido por divergir da orientação legal".[41]

[41. Miguel Seabra Fagundes, *O Controle dos Atos Administrativos pelo Poder Judiciário*, 5ª ed., Rio de Janeiro, Forense, pp. 72-73.]

Exemplo da primeira hipótese tem-se no caso de um superior que remove um funcionário para local afastado sem nenhum fundamento de fato que requeresse o ato, mas apenas para prejudicá-lo em razão de sua inimizade por ele.

Exemplo da segunda hipótese ocorre quando o agente remove um funcionário – que merecia uma punição – a fim de castigá-lo. Ora, a remoção não é ato de categoria punitiva.

O desvio de poder não é mácula jurídica privativa dos atos administrativos. Pode se apresentar, igualmente, por ocasião do exercício de atividade legislativa ou jurisdicional. Ou seja: *leis* e *decisões judiciais* são igualmente suscetíveis de incorrer no aludido vício, porquanto umas e outras são, também, emanações das competências públicas, as quais impõem fidelidade às finalidades que as presidem. Assim, se o legislador ou o juiz delas fizerem uso impróprio, a dizer, divorciado do sentido e direcionamento que lhes concernem, haverão traído as competências que os habilitavam e os atos que produzirem resultarão enodoados pela indelével jaça do desvio de poder. Sobre isto melhor se falará em outro tópico (Capítulo XIX, n. 48).

49. No desvio de poder, ao contrário do que habitualmente se afirma e do que nós mesmos vínhamos sustentando,[42] nem sempre há um "móvel", isto é, uma intenção inadequada. Com efeito, o agente pode, equivocadamente, supor que uma dada competência era prestante, de direito, para a busca de um dado resultado e por isto haver praticado o ato almejando alcançá-lo pela via utilizada. Neste caso não haverá intenção viciada.

[42. Até a 4ª ed. deste livro.]

É certo, entretanto, que o freqüente, o comum, é que exista vício de intenção, o qual poderá ou não corresponder ao desejo de satisfazer um apetite pessoal. Contudo, o ato será sempre viciado por não manter relação adequada com a finalidade em vista da qual poderia ser praticado. O que vicia, portanto, não é o defeito de intenção, quando existente – ainda que através disto se possa, muitas vezes, perceber o vício –, mas o desacordo objetivo entre a finalidade do ato e a finalidade da competência.

5.2.4 Celso Antônio Bandeira de Mello (*Curso de Direito Administrativo*, 21ª ed., São Paulo, Malheiros Editores, 2006, pp. 933-934) prossegue, discorrendo sobre:

b) Exame da finalidade: o desvio de poder

46. Tanto como no exame dos motivos, também na perquirição da finalidade o Judiciário comparece a fim de controlar a legitimidade da atuação administrativa.

Foi sobretudo a ação do Conselho de Estado Francês que, ao construir a teoria do desvio de poder, desenvolveu este controle. Trata-se, hoje, de noção corrente, utilizada a cotio pelos tribunais, aqui como alhures. Entre nós, como é sabido, encorpou-se a partir de voto magistral de Seabra Fagundes, vulto modelar de homem e jurista, proferido no TJRN, em 1948, ao apreciar a AC 1.422.[27]

[27. In *RDA* 14/52 a 82.]

Segundo sua conceituação clássica, desvio de poder é o manejo de uma competência em descompasso com a finalidade em vista da qual foi instituída.[28]

[28. Cf., entre tantos, André de Laubadère, *Traité de Droit Administratif*, 5ª ed., t. I, Paris, LGDJ, 1970, p. 502, n. 894.]

No desvio de poder o agente, ao manipular um plexo de poderes, evade-se do escopo que lhe é próprio, ou seja, extravia-se da finalidade cabível em face da regra em que se calça. Em suma: o ato maculado deste vício direciona-se a um resultado diverso daquele ao qual teria de aportar ante o objetivo da norma habilitante. Há, então, um desvirtuamento do poder, pois o Poder Público, como de outra feita averbamos,[29] falseia, deliberadamente ou não, com intuitos subalternos ou não, aquele seu dever de operar o estrito cumprimento do que se configuraria, ante o sentido da norma aplicanda, como o objetivo prezável e atingível pelo ato. Trata-se pois, de um vício *objetivo*, pois o que importa *não é se o agente pretendeu ou não discrepar da finalidade legal, mas se efetivamente dele discrepou.*

[29. *Discricionariedade e Controle Jurisdicional*, 2ª ed., 7ª tir., São Paulo, Malheiros Editores, 2006, p. 57.]

Pode dar-se que em muitos casos, quiçá na maioria deles, só se possa surpreender tal vício pelo reconhecimento da intenção viciada, mas, em tal caso, como buscamos aclarar em nosso trabalho precitado, dita intenção é reveladora do vício, mas não é ela que o determina, pois o que faz com que o ato seja juridicamente inidôneo é a circunstância de se encontrar em desacordo com o exigido pela regra que o presidia.

Ademais, a irrupção de tal patologia jurídica acode – como se sabe – pela mera divergência, pelo simples descompasso, entre o fim legal e o fim a que o ato aporta. Para caracterizar-lhe a compostura é prescindível que exista uma verdadeira antinomia, uma antítese, entre a finalidade da lei e a do ato praticado, bastando o singelo desacordo entre ambos. Ato maculado de desvio de poder é sabidamente nulo.

47. Georges Vedel discrimina modalidades de desvio de poder, admitindo as seguintes hipóteses: caso em que o agente não perseguiu um interesse público. Ocorre quando, alimentado por um interesse pessoal de favorecimento ou perseguição, pratica o ato por razões pessoais, alheias à finalidade pública; caso em que persegue um fim de interesse público, porém estranho à categoria de interesses comportados em suas competências; caso em que se vale de uma via jurídica para alcançar fins públicos implementáveis através de outra via jurídica.[30]

[30. *Droit Administratif*, 3ª ed., Paris, Presses Universitaires de France, 1964, pp. 458 e 462.]

O certo é que, nas diferentes hipóteses, toma-se como referencial a finalidade normativa, isto é, seu alcance, seu significado em Direito, e confronta-se com ela o ato administrativo, fulminando-o se foi praticado em desacordo como objetivo legal.

5.2.5 Relevante o destaque que Celso Antônio Bandeira de Mello (*Curso de Direito Administrativo*, 21ª ed., São Paulo, Malheiros Editores, 2006, pp. 935-936) faz de que:

48. Tanto pode existir desvio de poder em ato administrativo quanto em ato legislativo ou jurisdicional.

Assim como o ato administrativo está assujeitado à lei, às finalidades nela prestigiadas, a lei está assujeitada à Constituição, aos desideratos ali consagrados e aos valores encarecidos neste plano superior.

Demais disto, assim como um ato administrativo não pode buscar escopo distinto do que seja *específico* à *específica* norma legal que lhe sirva de arrimo, também não pode a lei buscar objetivo diverso do que seja inerente ao específico dispositivo constitucional a que esteja atrelada a disposição legiferante expedida. Ou seja, se a Constituição habilita legislar em vista de dado escopo, a lei não pode ser produzida com traição a ele.

É certamente verdadeiro que o desvio de poder poderá muito mais freqüentemente encontrar espaço para irromper em atos administrativos do que em leis. A razão disto demora em que a margem de discrição dos primeiros em relação à lei será (de regra, ao menos) muito menor do que a margem de descrição da lei em relação à Constituição. Sem embargo, isto não interfere com o reconhecimento de que em ambas as hipóteses a compostura do vício é a mesma: consiste sempre no desencontro da providência tomada com a norma superior a que deve obséquio; a saber: no primeiro caso, à lei, e, no segundo, à Constituição.

Caio Tácito, em precioso artigo intitulado "O desvio de poder no controle dos atos administrativos, legislativos e jurisdicionais",[31] enumera decisões do STF, algumas até mesmo antigas, nas quais o desvio de poder é explicitamente reconhecido como vício suscetível de macular a produção legislativa.

[31. In *RDA* 188/1 e ss.]

Casos há em que o legislador simplesmente fez uso desatado de sua competência legislativa, de maneira a desbordar o sentido da norma constitucional habilitante – desviando-se assim, de sua razão de ser –, como ocorreu em lei na qual o poder de tributar foi normativamente disciplinado de maneira a produzir tratamento escorchante sobre o contribuinte. Ao respeito, no RE 18.331, conforme referido no mencionado artigo do eminente jurista citado, o relator, Min. Orozimbo Nonato, salientou: "É um poder cujo exercício não deve ir até o abuso, o excesso, o desvio, sendo aplicável, ainda aqui, a doutrina fecunda do *détournement de pouvoir*".

Outras decisões, recolhidas na mesma fonte, exemplificam hipóteses em que o desvio de poder é surpreendido no fato de a lei buscar finalidade visivelmente distinta daquela inerente ao objetivo próprio da competência legislativa exercida; ou seja: haver autorizado providência administrativa restritiva de direitos com o fito de forçar o contribuinte a satisfazer pretensões tributárias: "é inadmissível a interdição de estabelecimento ou a apreensão de mercadorias como meio coercitivo para cobrança de tributo (Súmulas ns. 70 e 323)". Idem quanto à fulminação dos Decretos-leis 5 e 42, de 1937. Como explica o mestre Caio Tácito, a Suprema Corte, "dilatando o princípio à inconstitucionalidade dos Decretos-leis ns. 5 e 42, de 1937 – que restringiam indiretamente a atividade comercial de empresas em débito, impedindo-as de comprar selos ou despachar mercadoria –, implicitamente configurou o abuso de poder legislativo (Súmula n. 547 e acórdão no RE n. 63.026, *RDA* 10/209)".[32]

[32. *RDA* 188/7.]

O mesmo autor, colacionando referências doutrinárias, menciona que o publicista luso J. J Canotilho, em seu *Direito Constitucional*, "adverte que a lei é vinculada ao fim constitucional fixado e ao princípio da razoabilidade", de sorte a fundamentar, nas expressões do renomado jurista português, a "transferência para os domínios da atividade legislativa da figura do desvio de poder dos atos administrativos".[33]

[33. *RDA* 188/9.]

O desvio de poder, como dito, também pode ocorrer em atos jurisdicionais. Ao respeito, de outra feita, trouxemos à colação "comportamento de juiz de tribunal que, não tendo seu voto acompanhado pelo terceiro julgador, ao perceber a inutilidade para fins de decidir o pleito no sentido de seu pronunciamento, resolve reconsiderá-lo e adere aos dois outros com o objetivo específico de obstar à interposição de embargo".[34] Curiosamente, o magistrado, na oportunidade, deixou explícito ser esta a razão pela qual decidia alterar seu voto.

[34. *Discricionariedade*, cit., p. 77.]

5.3 ALEXANDRE DE MORAES

O tema merece tratamento constitucional, cabendo referir os comentários de Alexandre de Moraes (*Constituição do Brasil Interpretada e Legislação Constitucional*, 3ª ed., São Paulo, Atlas, 2003, pp. 288-290):

"Art. 5º. Todos são iguais perante a lei, sem distinção de qualquer natureza, garantindo-se aos brasileiros e aos estrangeiros residentes no país a inviolabilidade do direito à vida, à liberdade, à igualdade, à segurança e à propriedade, nos termos seguintes: (...) XXXIV – são a todos assegurados, independentemente do pagamento de taxas: a) *o direito de petição aos Poderes Públicos em defesa de direito ou contra ilegalidade ou abuso de poder*; b) *a obtenção de certidões em repartições públicas, para defesa de direitos e esclarecimento de situações de interesse pessoal*; (...)."

Artigo constitucional conexo: art. 5º, LXXIV, LXXVI e LXXVII.

Legislação infraconstitucional: art. 1º da Lei 4.898/1965 (Lei de Abuso de Autoridade); Lei 9.051/95 (disciplina o prazo para expedição de certidões).

5.58 Direito de petição

Historicamente, o direito de petição nasceu na Inglaterra, durante a Idade Média, por meio do *right of petition*, consolidando-se no *Bill of Rights* de 1689, que permitiu aos súditos que dirigissem petições ao rei. Igualmente, foi previsto nas clássicas Declarações de Direitos, como a da Pensilvânia de 1776 (art. 16), e também na Constituição Francesa de 1791 (art. 3º).

Pode ser definido como o direito que pertence a uma pessoa de invocar a atenção dos Poderes Públicos sobre uma questão ou uma situação.

A CF consagra no art. 5º, XXXIV, o direito de petição aos Poderes Públicos, assegurando-o a todos, independentemente do pagamento de taxas, em defesa de direitos ou contra ilegalidade ou abuso de poder. A Constituição Federal de 1988 não obsta ao exercício do direito de petição coletiva ou conjunta, por meio da interposição de petições, representações ou reclamações efetuadas conjuntamente por mais de uma pessoa. Observemos que essa modalidade não se confunde com as petições em nome coletivo, que são aquelas apresentadas por uma pessoa jurídica em representação dos respectivos membros.

O direito em análise constitui uma prerrogativa democrática, de caráter essencialmente informal, apesar de sua forma escrita, e independe do pagamento de taxas.

Dessa forma, como instrumento de participação político-fiscalizatório dos negócios do Estado que tem por finalidade a defesa da legalidade constitucional e do interesse público geral, seu exercício está desvinculado da comprovação da existência de qualquer lesão a interesses próprios do peticionário.

Acentuemos que, pela Constituição Brasileira, apesar de o direito de representação possuir objeto distinto do direito de petição, instrumentaliza-se por meio deste.

A Constituição Federal assegura a qualquer pessoa, física ou jurídica, nacional ou estrangeira, o direito de apresentar reclamações aos Poderes Públicos, Legislativo, Executivo e Judiciário, bem como ao Ministério Público, contra ilegalidade ou abuso de poder.

A finalidade do direito de petição é dar notícia do fato ilegal ou abusivo ao Poder Público, para que providencie as medidas adequadas. O exercício do direito de petição não exige seu endereçamento ao órgão competente para tomada de providências, devendo, pois, quem recebê-la, encaminhá-la à autoridade competente.

Na legislação ordinária, exemplo de exercício do direito de petição vem expresso na Lei 4.898/1965 (Lei de Abuso de Autoridade), que prevê, em seu art. 1º: "O direito de representação e o processo de responsabilidade administrativa, civil e penal, contra as autoridades que, no exercício de suas funções, cometerem abusos, são regulados pela presente Lei".

O direito de petição possui eficácia constitucional, obrigando as autoridades públicas endereçadas ao recebimento, ao exame e, se necessário for, à resposta em prazo razoável, sob pena de configurar-se violação ao direito líquido e certo do peticionário, sanável por intermédio de mandado de segurança. Notemos que, apesar da impossibilidade de obrigar-se o Poder Público competente à adoção de medidas para sanar eventuais ilegalidades ou abusos de poder, haverá possibilidade, posterior, de responsabilizar o servidor público omisso, civil, administrativa e penalmente.

5.4 DARCY BESSONE

A teoria do abuso do direito, no âmbito privado, de que decorreu o conceito de *desvio de poder*, é assim abordado por Darcy Bessone de Oliveira Andrade em seu livro *Do Contrato* (Rio de Janeiro, Forense, 1959, pp. 299-305):

> A lei não contém todo o Direito. O legislador, formulando textos rígidos e universais, estabelece normas esquemáticas, sem a previsão exata dos atos e fatos particulares que, no futuro, cairão sob o seu domínio. Por isso mesmo, as disposições normativas nem sempre se mostram adequadas, especialmente em relação aos casos anormais.
>
> O juiz, diversamente, atua em face de acontecimentos consumados. Verifica, freqüentemente, que as normas, em si mesmas, não bastam para dirimir os conflitos, variados e diferençados, que, dia a dia, se submetem à sua decisão. Convence-se de que os preceitos teriam sido diversos se o legislador decidisse para cada caso, de posse do rico filão proporcionado à experiência judiciária. Então, sente que só fará justiça se puder tornar flexível o Direito rígido, fornecido pela lei. Insurge-se, pois, contra o Direito escrito, por considerá-lo insuficiente, e *recorre a considerações mais altas, em um processo de complementação do Direito aplicável e certo de que o próprio legislador as atenderia se fosse colocado em sua posição.*
>
> Foi nesse constante trabalho de afeiçoamento do Direito aos atos concretos que a jurisprudência elaborou a *teoria do abuso do direito*,[1] instrumento flexível, do qual se vale para abrandar a rigidez dos textos. Já os pretores romanos haviam sentido a necessidade de opor ao *dura lex sed lex* o *summum jus summa injuria.*
>
> > [1. Bibliografia:
> >
> > *Contra* – Baudry-Lacantinerie e L. Barde, *Trattato*, cit., "Delle Obbligazioni", IV, n. 2.855; Léon Duguit, *Traité de Droit Constitutionnel*, II, pp. 266-274; Marcel Planiol, *Traité,* cit., II, ns. 871 e ss.
> >
> > *A favor* – Josserand, *De l'Esprit des Droits et de leur Relativité – Théorie Dite de l'Abus des Droits* e *Cours*, II, ns. 428-438; Saleilles, *Étude sur la Théorie Générale de l'Obligation d'Après le Premier Projet de Code Civil pour l'Empire Allemand*, p. 370, nota 1; Démogue, ob. cit., IV, ns. 634-702; Colin e Capitant, *Cours*, II, pp. 371 e ss.; Capitant, "Sur l'abus des droits", in *Revue Trimestrielle de Droit Civil*, 1928, p. 365; Bonnecase, *Supplément*, cit., III, ns. 187 e ss.; Henri Mazeaud e Léon Mazeaud, *Traité Théorique et Pratique de la Responsabilité Civile*

Délictuelle et Contractuelle, I, ns. 574 e ss.; Savatier, *Traité de la Responsabilité Civile*, I, ns. 38 e 39, 66 a 68, 82 e 83 etc.; Popesco (Raminciano), "Le silence createur d'obligation et l'abus du droit", in *Revue Trimestrielle de Droit Civil* 1930; Marson, *L'Abus du Droit en Matière de Contrat*; Markovitch, *La Théorie de l'Abus du Droit en Droit Comparé*; Ripert, *A Regra Moral nas Obrigações Civis*, ns. 89 e ss.; *O Regime Democrático e o Direito Civil Moderno*, ns. 118 e ss.; Planiol e Ripert – Esmein, *Tratado*, cit., VI, ns. 573 e ss.; Mário Rotondi, "L'abuso di diritto", in *Rivista di Diritto Civile*, 1923, pp. 105 a 128, 209 a 352 e 417 a 457; Chironi, *La Culpa en el Derecho Civil Moderno (Culpa Extracontractual)*, trad. de Quirós, II, ns. 519 e ss.; Gény, *Método de Interpretación y Fuentes en Derecho Privado Positivo*, n. 173; Pedro Batista Martins, *O Abuso do Direito e o Ato Ilícito* e *Comentários ao Código de Processo Civil*, I, ns. 20 e ss.; Jorge Americano, *Do Abuso de Direito no Exercício da Demanda*; Clóvis Beviláqua, *Código Civil*, I, p. 422; Carvalho Santos, *Código Civil Brasileiro Interpretado*, III, pp. 338 e ss.; Plínio Barreto, *apud* Carvalho Santos, loc. cit.; San Tiago Dantas, *O Conflito de Vizinhança e sua Composição*, ns. 47 e ss.; Darcy Bessone, *Do Direito do Comerciante à Renovação do Arrendamento*, ns. 33 e ss.

Legislação estrangeira:

BGB – "L'exercice d'un droit n'est pas permis, lorsqu'il ne peut avoir d'autre but que de causer dommage à autrui" (art. 226 – trad. de Bufnoir e outros);

CC da Suíça – "Chacun est tenu d'exercer ses droits et d'exécuter ses obligations selon les règles de la bonne-foi. L'abus manifeste d'un droit n'est pas protégé para la loi" (art. 2);

CC dos Soviets – "Os direitos civis são assegurados pela lei salvo nos casos em que são exercidos contrariamente aos seus fins econômicos e sociais" (art. 1 – trad. de Nonato Cruz);

Direito pátrio – Art. 160 do CC; art. 3º do CPC; art. 5º da LICC.]

Mas, se o juiz decide casos particulares, a obra da jurisprudência teria de ser, necessariamente, empírica, sem critério lógico preestabelecido. Em cada espécie, apontaria o motivo que bastasse para justificar a sua decisão, sem, contudo, deduzir uma fórmula geral e abstrata. Assim, se o titular de um direito dele se utiliza na intenção de causar prejuízo a outrem, observa-lhe que tal propósito é reprovável, desde que a prerrogativa não lhe foi outorgada para uso tão abominável. Se, posto que sem essa intenção, exerce o seu direito por maneira inconsiderada, causando dano, que poderia e deveria ter sido evitado, percebe o juiz que motivo anterior já não serve e vê-se na necessidade de invocar outro. Redargúi-lhe, então – em uma tentativa de situar o caso nos quadros da tradicional teoria da culpa –, que agiu com culpa grave, equiparável ao dolo. Logo oferece-se outra oportunidade embaraçosa, na qual, sem a intenção de prejudicar e sem culpa grave, o direito foi exercido por forma mais nociva que outra, utilizável sem desvantagem. O problema é diverso, mas, de novo, sente o juiz que deve amparar o prejudicado e, então afirma que era dever seu preferir a forma menos danosa. Se sai da dificuldade momentânea, a solução ainda não é suficientemente compreensiva, porque apresentar-se-á o caso de falta de interesse legítimo no uso do direito, apesar de não concorrer nem a intenção de prejudicar, nem a culpa grave, nem a oportunidade de escolher entre duas maneiras de exercê-lo. Forma, mais uma vez, a convicção de que o direito foi exercido irregularmente e julga devida a reparação à vítima. Pouco depois, terá de considerar que, sem intenção de prejudicar, sem culpa grave, sem possibilidade de escolher, e com interesse sério, o direito foi, todavia, usado contra os interesses gerais. Novamente, percebe que essa conduta não pode ser aprovada, porque contraria as próprias finalidades da ordem jurídica.

Evidentemente, as formas mais nítidas de exercício anormal do direito são as primeiras. Os juristas, em regra, são conservadores. Sentindo a inutilidade de uma reação contra a elaboração jurisprudencial, tentam, todavia, confiná-la, por meio de critérios estreitos. Opinam uns que só haverá abuso do direito quando este for exercido com a intenção de prejudicar. Outros concedem que também haverá se o direito for usado com culpa grave, equiparável ao dolo. Uma terceira corrente o reconhece ainda no caso de ser preferida a forma de usá-lo mais nociva. Outra o vê sempre que se exerça o direito sem interesse legítimo e com prejuízo de outrem. É o mesmo esforço no sentido de elevar à condição de fórmula geral e abstrata o que, na realidade, constitui motivação ocasional de decisões, devida precisamente à falta de uma doutrina lógica e preestabelecida.

Mas, se, em todas as hipóteses mencionadas, o juiz chega à mesma conclusão de que o direito foi exercido irregularmente ou de que o seu titular dele abusou, essa identidade de conclusão deve ser o ponto de partida para a pesquisa de uma característica comum, na qual se assente a doutrina do abuso do direito. Este, ao que parece, é o trabalho que está reservado aos doutrinadores.

É, aliás, a tendência da doutrina, a despeito de certas divergências, sem interesse no momento.[2]

[2. Josserand, *De l'Esprit des Droits*, ns. 291 e ss.; Saleilles, *Étude sur la Théorie Générale de l'Obligation*, pp. 370 e ss., nota 1; Gény, *Método de Interpretación y Fuentes en Derecho Privado Positivo*, n. 173; Cornil, *apud* Bonnecase, *Supplément,* cit., III, pp. 425 a 432; Porcherot, idem, pp. 444 e 445; Markovith, *La Théorie de l'Abus des Droits en Droit Comparé*, pp. 423 e ss.; Campion, *apud* Jorge Americano, *Do Abuso do Direito no Exercício da Demanda*, pp. 38 a 40; San Tiago Dantas, *O Conflito de Vizinhança e sua Composição*, ns. 50 e ss.

Clóvis Beviláqua opina que o Código Civil acolheu a doutrina de Saleilles relativa ao exercício anormal dos direitos (*Código Civil*, IV, p. 424). Plínio Barreto, em artigo doutrinário, salienta as vacilações de Saleilles, observadas em produções diversas, para concluir que, "se o Código Brasileiro foi inspirado na doutrina de Saleilles, inspirou-se, naturalmente, na sua expressão definitiva", que seria a sugestão de introduzir-se, no corpo da legislação francesa, um texto assim redigido sobre o abuso do direito: "Um ato cujo efeito não pode ser senão o de prejudicar a outrem. Sem qualquer interesse apreciável e legítimo para aquele que o realiza, não pode, jamais, constituir o exercício lícito de um direito" (loc. cit.). Simples confronto do texto brasileiro com o dispositivo projetado por Saleilles evidencia que não foi nele que se inspirou o nosso Direito, mas na teoria do exercício anormal dos direitos subjetivos, exposta pelo eminente jurista no seu livro sobre o Projeto de Código Civil Alemão, único, aliás, que Clóvis inclui na bibliografia relativa ao art. 160 do CC.]

De um modo geral, opina-se que, se o Direito, como conjunto de normas sociais obrigatórias, tem por escopo a regulamentação da vida em sociedade, as prerrogativas que confere apresentam-se com finalidade ou função própria, no interesse da ordem jurídica. O homem, se deve ser considerado como indivíduo, deve sê-lo, por igual, como membro da sociedade, e, por conseqüência, em cada uma delas existe, ao lado do elemento individual, o elemento social. Este terá, por força, de sobrepor-se àquele, em tudo que interesse ao bom funcionamento da sociedade. Decorre que ele só as exercerá civilmente se o fizer atento à sua finalidade ou função social, porque só assim contribuirá, efetivamente, para a ordem jurídica, sob a qual se coloca o exercício dos direitos subjetivos. De outro modo, exercê-los-á por forma antifuncional e contrária à razão determinativa de sua instituição. Os direitos são, portanto, relativos, e o seu uso irregular torna-se abusivo, deve ser coibido.

Concebido assim o abuso do direito, resulta uma fórmula abstrata e geral, capaz de abranger todas as modalidades que se apresentem ao juiz. Então, reprimirá o exercício do direito com intenção de prejudicar, ou com culpa grave, equiparável ao dolo, ou por não haver sido escolhida a melhor maneira de usá-lo, ou por falta de interesse legítimo, ou por contrariar interesses gerais preponderantes, pela mesma consideração de teleologia social: em qualquer desses casos, a prerrogativa foi desviada de sua finalidade social, foi usada antifuncionalmente. Então, a nova concepção erige-se em princípio supremo, destinado a presidir ao exercício dos direitos.[3]

[3. A essa doutrina opõe-se a crítica de que descansa excessivamente no subjetivismo dos juízes, confiando-lhes, sem critério preciso, a verificação da finalidade ou função social da prerrogativa. A objeção, como se vê, é de ordem prática, não afeta a verdade substancial em que repousa a teoria. Mas, mesmo sob esse aspecto, não parece procedente. Na realidade, os juízes, desde o Direito Pretoriano pelo menos, vêm fazendo constantes aplicações das idéias expostas, conquanto sem exata e completa percepção de seu verdadeiro fundamento e invocando, em cada caso, motivos particulares, que, bem analisados, traduzem o pensamento de que o Direito foi usado anormalmente, antifuncionalmente, sem atenção pelo serviço que deve à ordem jurídica. Além disso, os juízes são, de ordinário, circunspectos e moderados, talvez até excessivamente tímidos, na aplicação da teoria. Sofrem, de resto, o controle dos tribunais superiores e da opinião pública. Por fim, deve-se considerar que não há critério, por mais acanhado que seja, capaz de excluir por completo o seu subjetivismo. Pode um mitigá-lo e outro alargá-lo, mas nenhum conseguirá eliminá-lo.

Por outro lado, a verificação do abuso ou do desvio do direito de sua finalidade social só poderá ser feita com eficiência por meio da individualização da fórmula. O limite no qual começa o abuso não é o mesmo para todos os direitos (Capitant, "Sur l'abus des droits", in *Revue Trimestrielle de Droit Civil*, 1928, p. 365; Démogue, ob. cit., vol. IV, p. 369; Josserand, *De l'Esprit des Droits et de leur Relativité*, n. 118 ; e Markovitch, ob. cit., p. 125). Pela própria finalidade ou função social do Direito, esse limite variará. Em uns, o seu titular desfrutará de maior margem de arbítrio. Entre nós, por exemplo, o abuso do direito de demandar só existirá quando o litigante se deixar conduzir "por espírito de *emulação, mero capricho* ou *erro grosseiro*" (art. 3º do CPC) – fórmula semelhante à que a *Cour de Cassation* tornou célebre ("par malice ou esprit de vexation, ou même par erreur grossière équivalent au dol"), ao passo que, no que toca a outras prerrogativas, o critério pode ser mais amplo (art. 160 do CC e art. 5º da LICC). Seria, portanto, contra-indicada a fixação de critérios rígidos. A melhor solução estará mesmo em uma fórmula geral e abstrata, com o elastério de um *standard* jurídico, da qual se servirá o juiz como instrumento flexível de adaptação do Direito.]

6
PARECER AJ-03/1985 DA CONSULTORIA-GERAL DA REPÚBLICA

A doutrina e a jurisprudência examinadas tiveram acolhida pioneira na Administração Pública, pela antiga Consultoria-Geral da República, em 1985, através do parecer em seguida transcrito, de nossa autoria, acolhido pelo então Consultor-Geral e levado ao Presidente da República, como orientação sobre matéria suscitada pelo Ministério da Aeronáutica, em caráter ostensivo:

AJ-03/1985
CONSULTA N. 17/C/1985

Assunto: Aquisição de helicópteros pela República Federativa do Brasil, assistida pelo Ministério da Aeronáutica – Inobservância de prioridades e de interesse público – Conseqüências do ponto de vista legal.

Ementa: A aquisição de equipamento inadequado, com inobservância a prioridades administrativas e de interesse público, caracteriza desvio de poder que enseja declaração de nulidade do contrato, pela Administração.

Sr. Consultor-Geral:

I – Trata este expediente da aquisição pela República Federativa do Brasil – assistida pelo Ministério da Aeronáutica – de 15 helicópteros Super-Puma AS 332 M, cujo fornecimento foi contratado com a empresa *Aerospatiale Société Nationale Industrielle.*

As entregas se farão ao longo de 36 meses, estando o recebimento condicionado a inspeção procedida por grupo de representantes da Pasta interessada (Comissão de Fiscalização e Recebimento de Material – CONFIREM).

Excetuados o sinal de cinco por cento com depósito estipulado para o prazo de trinta dias a partir da vigência do contrato, na agência parisiense do Banco do Brasil, e outra parcela de igual valor a ser transferida dentro de cento e oitenta dias para a conta do vendedor, o pagamento se fará através da liberação, pela mesma agência do referido estabelecimento de crédito, de lotes de promissórias, concomitantemente com a entrega pelo vendedor e aceitação pelo comprador de parcelas da encomenda efetuada.

A licitação foi dispensada com base no art. 56, § 2º, alínea "d", do RDA (Regulamento de Administração da Aeronáutica).

É o seguinte o teor dos dispositivos citados:

"Art. 56. As aquisições, obras, serviços e alienações efetuar-se-ão com estrita observância do princípio de licitação.

"§ 1º. A licitação só será dispensada nos casos especiais previstos em lei e neste Regulamento.

"§ 2º. É dispensável a licitação: a) nos casos de guerra, grave perturbação da ordem ou calamidade pública; b) quando sua realização comprometer a segurança nacional, a juízo do Presidente da República; c) quando não acudirem interessados à licitação anterior, mantidas neste caso as condições preestabelecidas; d) na aquisição de materiais, equipamentos ou gêneros que só podem ser fornecidos por produtor, empresa ou representante comercial exclusivo, bem como na contratação de serviços com profissionais ou firmas de notória especialização.

"(...)."

Pela 6ª Cláusula, "o vendedor fica dispensado de apresentar garantia pela fiel execução dos compromissos assumidos neste contrato, como também pelos pagamentos a que se referem os itens 5.2.1 e 5.2.2 da 5ª Cláusula deste contrato, nos termos do art. 110, § 2º, do RGCP" (Regulamento Geral de Contabilidade Pública, Decreto n. 15.783, de 8.11.1922), que tem a seguinte redação:

"Art. 110. Em todos os contratos com a Fazenda Nacional, deverão os contratantes prestar uma caução real, em dinheiro ou em títulos da dívida pública, para garantia da fiel execução dos compromissos assumidos, só podendo a mesma ser restituída mediante provas da execução ou rescisão legal dos contratos e depois do registro a que se refere o art. 684.

"§ 1º. Em casos especiais e para os contratos a longo prazo, poderá ser aceita caução de bens imóveis, em primeira hipoteca, depois de ouvido o Consultor da República quanto à situação jurídica do imóvel e à validade da caução.

"§ 2º. A Administração Pública, em casos especiais, poderá prescindir da exigência de caução para os fornecimentos ou serviços a serem efetuados por pessoa ou firma, tanto nacional como estrangeira, de notória idoneidade, bem como para o fornecimento de materiais e gêneros que, por sua natureza ou pelo uso especial a que se destinam, devam ser adquiridos no lugar da produção ou fornecidos diretamente pelo produtor, ou para as obras de arte, máquinas, instrumentos e trabalhos de precisão, cuja execução deva cometer-se a artistas especiais."

A Cláusula 28ª, fls. 60, dispõe sobre sigilo da seguinte forma:

"28.1 Desde já fica entendido que o fornecimento ora contratado é considerado de caráter confidencial, obrigando-se, portanto, o vendedor, seus empregados e subcontratados a guardar sigilo sobre qualquer assunto que envolva a segurança nacional, de que tenham ou venham a ter conhecimento em decorrência deste contrato, conforme estabelece o Decreto n. 79.099, de 6.1.1977.

"28.2 A publicação do presente contrato, no *Diário Oficial da União*, fica dispensada por força do disposto nesta cláusula."

Art. 3º, § 3º, do Decreto n. 79.099/1977:

"Art. 3º. Os assuntos sigilosos serão classificados de acordo com a sua natureza ou finalidade e em função da sua necessidade de segurança, em um dos seguintes graus de sigilo:

"– ultra-secreto;

"– secreto;

"– confidencial;

"– reservado.

"(...).

"§ 3º. São assuntos normalmente classificados como confidencial os referentes a pessoal, material, finanças etc., cujo sigilo deve ser mantido por interesse do Governo e das partes, tais como:

"– informes e informações sobre atividades de pessoas e entidades;

"– ordens de execução cuja difusão prévia não seja recomendada;

"– radiofreqüência de importância especial ou aquelas que devam ser freqüentemente trocadas;

"– indicativos de chamada de especial importância que devam ser freqüentemente distribuídos;

"– cartas, fotografias aéreas e negativos, nacionais e estrangeiros, que indiquem instalações consideradas importantes para a Segurança Nacional."

A Cláusula 10ª, fls. 31, estipula multa para os casos que especifica, e as possibilidades de rescisão estão enumeradas na Cláusula 11ª, fls. 32, aí incluídos os motivos de força maior previstos na Cláusula 25ª, fls. 57, da forma seguinte:

"25.1.1 Calamidade pública (incêndio, inundação, terremoto, epidemias etc.) legalmente decretada pelo Governo Francês ou pelo Governo Brasileiro, desde que atinja as instalações do vendedor ou, ainda, de alguma de suas subcontratadas, de maneira a comprovadamente justificar atrasos;

"25.1.2 Greve geral do pessoal do vendedor ou de alguma de suas subcontratadas, se o atraso puder ser justificado comprovadamente;

"25.1.3 Estado de guerra declarada em que sejam envolvidos a França e o Brasil;

"25.1.4 Atos legais decorrentes de revolução interna na França ou no Brasil; e

"25.1.5 Quaisquer outros motivos que se enquadrem no parágrafo único do art. 1.058 do Código Civil Brasileiro.

"25.2 Ocorrendo um ou mais dos motivos acima, o vendedor e/ou comprador deverão notificar o comprador e/ou vendedor, por escrito, anexando provas convincentes, para comprovação do ocorrido."

Na Cláusula 13ª, fls. 34, que trata de *arbitragem*, convencionou-se que os litígios de natureza técnica serão decididos, de maneira definitiva, pelo *Délégué General pour l'Armement du Ministère de la Défense Français*. As controvérsias de outra natureza se resolverão por *arbitragem* regida pelo Regulamento de Conciliação e Arbitragem da Câmara de Comércio Internacional, em Lausanne, na Suíça, ou outro lugar escolhido por acordo das partes contratantes. Estipulou-se, a fls. 35 (13.4, *in fine*), renúncia ao direito de contestar a decisão através de qualquer recurso.

A 22ª Cláusula, fls. 53, ao tratar de exportação, estabelece que o comprador providenciará para o vendedor, com a finalidade de atender a exigências da legislação francesa, prova de chegada do material embarcado da França a seu destino, de maneira a permitir a obtenção de duplicata da Declaração de Liberação de Importação (*Import Clearance Declaration*) ou uma cópia do atestado conveniente, bem como "atestado emitido pelas Alfândegas e Departamento de Impostos (Ministério da Fazenda) no país de destino".

Ficou acertado, na Cláusula 14ª, fls. 36, que o contrato, "redigido no idioma Português, será regido, interpretado e terá efeitos conforme as leis brasileiras".

Finalmente, o contrato, firmado em 30.1.1985, teve sua vigência estipulada para a data de recebimento do sinal já referido, no início desta exposição. O documento é assinado pelo Dr. Ramiro Afonso de S. Guerreiro, por delegação de competência do Exmo. Sr. Procurador-Geral da Fazenda Nacional, representando a República Federativa do Brasil; pelo Exmo. Sr. Major-Brig.-do-Ar Humberto Zignago Fiuza, Diretor da Diretoria de Material da Aeronáutica, na qualidade de órgão executor deste contrato e por delegação de competência prevista na Portaria n. C-050/GM4, de 27.12.1984; e pelo Sr. Pierre Peche, Engenheiro de Vendas da Divisão de Helicópteros, representando a *Aerospatiale Société Nationale Industrielle*, conforme procuração devidamente legalizada e autenticada pela Embaixada do Brasil na França.

II – As impugnações ao contrato estão resumidas na informação do Cel.- Av. Francisco Augusto Pinto de Moura, Chefe da GM3:

"I – Em estudo realizado neste Ministério – Comando-Geral do Ar, datado de dezembro de 1983 e atualizado em fevereiro de 1985, foi apresentada uma judiciosa avaliação sobre a adequabilidade e o dimensionamento dos meios aéreos que possibilitarão o cumprimento da missão da Força Aérea, num período de tempo estipulado em dez anos.

"Do estudo sobressaem, no capítulo referente a helicópteros, as seguintes considerações.

"É baixa a disponibilidade média dos três tipos de helicópteros que hoje equipam a FAB:

"– H-135 (TIPO A), helicóptero de pequeno porte com um peso máximo de decolagem até 10.000 lbs usado para instrução e treinamento, para busca e resgate de equipagens acidentadas ou abatidas e, eventualmente, para missões de ligação e observação com o Exército Brasileiro. Encontra-se em avançado grau de obsolescência, necessitando substituição a curtíssimo prazo. É a primeira prioridade em helicópteros para a FAB;

"– UH-1H (TIPO B), helicóptero médio com peso máximo de decolagem entre 10.000 e 25.000 lbs usado em missões de emprego tático como apoio de fogo – mísseis foguetes e metralhadoras do Exército Brasileiro –, para missões de infiltração/exfiltração também com o Exército Brasileiro, para a busca e resgate de equipagens acidentadas ou abatidas, bem como escolta de helicópteros desarmados e, ainda, para atender a convênios tipo RADAM. É a segunda prioridade em helicópteros para a FAB;

"– CH-33 (TIPO C), helicóptero de grande porte com peso máximo de decolagem acima de 25.000 lbs utilizado em missões de transporte de pessoal e material, para missões de infiltração/exfiltração com o Exército Brasileiro, para busca e resgate de equipagens acidentadas ou abatidas. É a terceira prioridade em helicópteros para a Força Aérea.

"II – Do exposto, conclui-se que, caso sejam atendidas as prioridades primeira e segunda nos próximos cinco anos, os estudos para aquisição de um helicóptero de grande porte deverão estar concluídos até 1990, visando ao início de operação até 1993."

III – A Constituição da República Federativa do Brasil estabelece, em seus arts. 90 e 91:

"Art. 90. As Forças Armadas, constituídas pela Marinha, pelo Exército e pela Aeronáutica, são instituições nacionais, permanentes e regulares organizadas com base na hierarquia e na disciplina sob a autoridade suprema do Presidente da República e dentro dos limites da lei.

"Art. 91. As Forças Armadas, essenciais à execução da política de segurança nacional, destinam-se à defesa da Pátria e à garantia dos Poderes constituídos, da lei e da ordem.

"Parágrafo único. Cabe ao Presidente da República a direção da política da guerra e a escolha dos comandantes-chefes."

Por outro lado, o Regulamento de Administração da Aeronáutica, Decreto n. 72.086, de 31.4.1973, estabelece na 1ª Parte ("Finalidades e Definições Gerais"), Título Único ("Disposições Preliminares"), Capítulo I ("Finalidades"):

"Art. 1º. Este Regulamento estabelece normas para a gestão econômico-financeira das Unidades Administrativas da Aeronáutica, disciplina as atribuições e define as responsabilidades de cada agente da administração, bem como as de todos os detentores de bens e valores do Estado a cargo do Ministério da Aeronáutica.

"Art. 2º. A administração das diferentes organizações da Aeronáutica reger-se-á por este Regulamento e pela legislação e disposições gerais aplicáveis às Forças Armadas.

"Art. 3º. O Ministro da Aeronáutica exerce a direção geral das atividades do ministério e é o Comandante-em-Chefe da Força Aérea Brasileira, sendo, por conseguinte, a sua mais alta autoridade administrativa e principal responsável pelo fiel cumprimento deste Regulamento.

"Art. 4º. A administração da Aeronáutica tem como objetivo prepará-la para o cumprimento de sua destinação constitucional como Força Armada; a orientação, coordenação e controle das atividades da Aviação Civil; o estabelecimento, o equipamento, a operação e manutenção, direta ou mediante autorização ou concessão, da infra-estrutura aeronáutica, inclusive os serviços de apoio necessários à navegação aérea; a orientação, incentivo e realização de pesquisa e desenvolvimento de interesse da Aeronáutica; a operação do Correio Aéreo Nacional.

"Parágrafo único. Para bem cumprir essa finalidade é necessário que as atividades de administração obedeçam aos princípios próprios de planejamento, coordenação, unidade de direção, controle, descentralização e delegação de competência adequadas e que seja também observado o sigilo que a situação exigir."

Em função dessas finalidades e exclusivamente para atingi-las é que o mesmo diploma legal, da mesma forma que outros atinentes à espécie, outorga, às diversas unidades, escalões e patentes, poderes para consecução dos objetivos colimados – não outros –, de acordo com expressas disposição e conceituação leais, indicando e definindo atribuições de agentes diretores, fiscalizadores e executores, cuja atuação se desenvolve dentro de parâmetros precisamente estabelecidos.

O caráter imperativo dado à observância de planejamento, prioridades, zelo pelo interesse público e do erário. ressalta do capítulo que trata das responsabilidades:

"Art. 173. A flexibilidade do regime administrativo, decorrência natural do tipo de atividade da Aeronáutica, não deverá prejudicar o respeito às normas estabelecidas neste Regulamento.

"Parágrafo único. A gestão de bens públicos não sofre solução de continuidade, quando as circunstâncias determinam a substituição do respectivo gestor.

"Art. 174. Não sendo admissível a escusa do não-cumprimento da lei por falta de conhecimento da mesma, todo aquele que estiver investido de qualquer cargo ou encargo administrativo terá sua responsabilidade vinculada aos atos ou às omissões que praticar ou incorrer no exercício do cargo ou encargo, prejudiciais ao Estado ou ao interesses do serviço.

"Art. 175. A responsabilidade será civil, disciplinar e criminal, conforme o caso.

"Art. 176. A responsabilidade será civil (ou pecuniária) sempre que houver prejuízo para o Estado, instituição ou pessoa, em virtude de falta de cuidado, de interesse ou de vigilância do responsável.

"Parágrafo único. A responsabilidade civil não exonera o faltoso da sanção criminal ou disciplinar, que no caso couber.

"(...).

"Art. 182. Todo responsável pela execução de ordem que a seu ver implique em prejuízo para o Estado, ou que contrarie dispositivos legais, deve ponderar verbalmente a respeito, numa exposição franca e sincera, em termos compatíveis, evidenciando as conseqüências da ordem considerada se executada.

"§ 1º. Se, apesar da ponderação, a autoridade persistir na ordem, o subordinado cumpri-la-á sem demora, e, a seguir, comunicará por escrito que a ordem em causa foi executada de acordo com o presente artigo, para a necessária publicação em boletim interno da unidade administrativa, ficando, assim, isento da responsabilidade decorrente.

"§ 2º. Ponderação análoga caberá sempre que se torne necessária a execução de medida ou providência legal que não tenha sido tomada oportunamente.

"(...).

"Art. 212. Como regra geral, todos os danos ou prejuízos causados ao Estado deverão ser ressarcidos."

É da competência da autoridade superior proceder a sindicância, bem como a inquérito administrativo, quanto ao pessoal civil, e inquérito policial militar no que disser respeito a integrantes das Forças Armadas (art. 30, item 7, letras "F" e "G").

E a Lei n. 4.898, de 9.12.1965, que "regula o direito de representação e o processo de responsabilidade administrativa, civil e penal, nos casos de abuso de autoridade", dispõe, no seu art. 4º, letra "H", que "constitui também abuso de autoridade (...) o ato lesivo da honra ou do patrimônio de pessoa natural ou jurídica, quando praticado com abuso ou desvio de poder ou sem competência legal".

Prevê sanções civis, administrativas e criminais, estabelecendo a competência do Ministério Público para o início da ação penal e o direito de representação à autoridade superior que tiver competência legal para aplicar à autoridade civil ou militar culpada a respectiva sanção.

IV – Caio Mário da Silva Pereira, em *Instituições de Direito Civil*, vol. III, p. 10, escreve:

"*184. Conceito de contrato: romano e moderno* – Ao tratarmos do negócio jurídico (n. 82, vol. I), vimos que sua noção primária assenta na idéia de um pressuposto de fato, querido ou posto em jogo pela vontade, e reconhecido como base do efeito jurídico perseguido. Seu fundamento ético é a vontade humana desde que atue na conformidade da ordem jurídica. Seu habitar é a ordem legal. Seu efeito, a criação de direitos e de obrigações. O Direito atribui, pois, à vontade este efeito, seja quando o agente procede unilateralmente, seja quando a declaração volitiva marcha na conformidade de outra congênere, concorrendo a dupla emissão de vontade, em coincidência, para a constituição do negócio jurídico bilateral (n. 85, vol. I). Em tal caso, o ato somente se forma quando as vontades se ajustam, num dado momento.

"Aqui é que se situa a noção estrita de contrato. É um negócio jurídico bilateral, e de conseguinte exige o consentimento; pressupõe, de outro lado, a conformidade com a ordem legal, sem o quê não teria o condão de criar direitos para o agente; e, sendo ato negocial, tem por escopo aqueles objetivos específicos. Com a pacificidade da doutrina, dizemos então que o contrato é um acordo de vontades, na conformidade da lei, com a finalidade de adquirir direitos, resguardar, transferir, conservar, modificar ou extinguir direitos. Dizendo-o mais sucintamente, e reportando-nos à noção que demos de *negócio jurídico* (n. 82, *supra*, vol. I), podemos definir *contrato* como o acordo de vontades com a finalidade de produzir efeitos jurídicos."

Hely Lopes Meirelles, em *Direito Administrativo Brasileiro*, p. 212, ensina:

"*Anulação*: a *extinção do contrato pela anulação* é também forma excepcional e só pode ser declarada quando se verificar *ilegalidade* na sua formalização ou em cláusula essencial. Assim, tem-se considerado nulo o contrato realizado sem concorrência, quando a lei a exige, ou mediante concorrência fraudada no seu procedimento ou julgamento, ou, ainda, quando o ajuste contraria normas legais em pontos fundamentais de seu conteúdo negocial.

"O contrato, com o ato administrativo, há de ser antes e acima de tudo legal, isto é, conforme a lei; se a desatende é inoperante, e assim deve ser reconhecido pela Administração, *ex officio* ou em recurso hierárquico, ou pelo Judiciário, mediante provocação do interessado.

"O contrato administrativo *nulo* não gera direitos e obrigações entre as partes porque a nulidade original impede a formação de qualquer vínculo eficaz entre os contratantes, só subsistindo suas conseqüências em relação a terceiros de boa-fé. Todavia, mesmo no caso de contrato nulo ou de inexistência de contrato, pode tornar-se devido o pagamento dos trabalhos realizados para a Administração ou dos fornecimentos a ela feitos, não com fundamento em obrigação contratual, ausente na espécie, mas sim no dever moral de indenizar o benefício auferido pelo Estado, que não pode tirar proveito da atividade particular sem o correspondente pagamento.

"A anulação do contrato é ato declaratório de invalidade preexistente, pelo quê opera efeitos *ex tunc*, retroagindo às suas origens. Quando feita pela Administração, deve formalizar-se por decreto, despacho ou termo circunstanciado, em que se apontem os motivos da invalidade e o dispositivo legal ou regulamentar infringido, pois só a ilegalidade autoriza a extinção do contrato pela via anulatória. Sem a indicação da ilegalidade faltará justa causa para a declaração da nulidade do contato, sabido que esta não se presume (o que se presume é, ao revés, a legitimidade do contrato administrativo), pelo quê deverá ser cabalmente demonstrada.

"Do mesmo modo, só a ilegalidade autoriza a anulação do contrato administrativo pelo Poder Judiciário, através das vias judiciais comuns (ações ordinárias anulatórias) ou especiais (mandado de segurança ou ação popular), conforme o caso e o direito subjetivo a ser protegido. Como a anulação da licitação acarreta a do respectivo contrato, podem ser pleiteadas na mesma causa e cumuladas com perdas e danos (se a ação for ordinária), quando cabível."

Na mesma obra, p. 175, sustenta o autor que o conceito de ilegitimidade ou ilegalidade "abrange não só a clara infringência do texto legal, como também abuso, por excesso ou desvio de poder (*excès de pouvoir – détournement de pouvoir – sviamento di potere – desviación de poder – abuse of discretion*)", ensejando invalidação pela própria Administração, ou pelo Judiciário, por meio de anulação.

Excesso de poder, p. 83, "ocorre quando a autoridade, embora competente para praticar o ato, vai além do permitido e se exorbita no uso de suas faculdades administrativas. Excede, portanto, a sua competência legal, e com isso invalida o ato, porque ninguém pode agir em nome da Administração fora do que a lei lhe permite".

Desvio de finalidade, p. 84, ou de poder, "se verifica quando a autoridade, embora atuando nos limites de sua competência, pratica o ato por motivos ou com fins diversos dos objetivados pela lei ou exigidos pelo interesse público. O desvio de finalidade ou poder é, assim, a violação ideológica da lei, ou, por outras palavras, a violação moral da lei, colimando o administrador público fins não-queridos pelo legislador, ou utilizando motivos e meios imorais para a prática de um ato administrativo aparentemente legal. Tais desvios ocorrem, por exemplo, quando a autoridade pública decreta uma desapropriação alegando utilidade pública mas visando, na realidade, a satisfazer interesse pessoal próprio ou favorecer algum particular com a subseqüente transferência do bem expropriado; ou quando outorga uma permissão sem interesse coletivo; ou ainda quando classifica um concorrente por favoritismo, sem atender aos fins objetivados pela licitação".

"O ato praticado com desvio de finalidade – como todo ato ilícito ou imoral – ou é consumado às escondidas, ou se apresenta disfarçado sob o capuz da legalidade e do interesse público. Diante disto, há que ser surpreendido e identificado por indícios e circunstâncias que revelem a distorção do fim legal, substituído habilidosamente por um fim ilegal ou imoral não desejado pelo legislador. Dentre os elementos indiciários do desvio de finalidade está a falta de motivos ou discordância dos motivos com o ato praticado. Tudo isto dificulta a prova do desvio de poder ou de finalidade, mas não a torna impossível se recorremos aos antecedentes do ato e à sua destinação presente e futura por quem o praticou.

"A propósito, observou Sayagués Laso com muita agudeza que: 'La prueba de la desviación de poder se busca generalmente en la documentación que figura en el expediente administrativo o que se incorpora luego al expediente judicial. También se ha admitido la prueba testimonial, así como la prueba indiciaria, pero apreciándolas con criterio restrictivo y exigiendo que las presunciones sean graves, concordantes y precisas. No pueden establecerse reglas generales sobre cuales circunstancias o detalles dan base para afirmar que existe desviación de poder. Pero, indudablemente, uno de los más característicos es la inexactitud o discordancia de los motivos que aparentemente justifican el acto'.

"A lei regulamentar da ação popular (Lei 4.717, de 29.6.1965) já consigna o desvio de finalidade como vício nulificador do ato administrativo lesivo do patrimônio público, e o considera caracterizado quando 'o agente pratica o ato visando a fim diverso daquele previsto, explícita ou implicitamente, na regra de competência' (art. 2º, e parágrafo único). Com essa conceituação legal, o desvio de finalidade entrou definitivamente para o nosso direito positivo, como causa de nulidade dos atos da Administração."

E mais:

"Enquanto nos ajustes privados a liberdade contratual é ampla, sendo permitido a qualquer dos contratantes renunciar a direitos e assumir as obrigações que lhe aprouver, nos contratos administrativos uma das partes – a Administração – está sempre vinculada ao interesse público e não pode abrir mão de seus direitos e poderes por mera liberalidade para com a outra parte. Assim, qualquer cláusula que contrarie o interesse público ou consubstancie renúncia a direitos e poderes da Administração deve ser considerada como não-escrita.

"As cláusulas dos contratos de direito público equivalem a atos administrativos (...)."

V – *Caracterização do desvio de poder, no presente caso*. À luz da conceituação já exposta, cumpre verificar, como ensinam Duez e Debeyre, se houve o propósito de "satisfazer não o interesse geral, mas certos interesses privados".

Ora, os inconvenientes da aquisição, constantes do item II, *retro*, não são novidades e não eram desconhecidos à época em que se realizaram os entendimentos e o contrato.

Prova disso é que, através de várias manifestações, que culminaram com ofício de 28.1.1985, o Comandante do Comando-Geral de Apoio, Ten.-Brig.-do Ar Octávio Moreira Lima, asseverava:

"7º Despacho – n. 005/1EMI/C-016

"Rio de Janeiro, 28 de janeiro de 1985 – Do Comandante – Ao Exmo. Sr. Chefe do Estado-Maior da Aeronáutica:

"I – Trata o presente expediente da aquisição de helicópteros 'Super-Puma' e materiais/serviços de apoio, junto à empresa *Aerospatiale*.

"II – Antes de tomar as providências contidas do 5º Despacho do Exmo. Sr. Chefe do Gabinete do Ministro da Aeronáutica, este Grande Comando pede vênia para tecer os seguintes comentários, os quais poderão demandar, a critério de V. Exa. e do Exmo. Sr. Ministro, outras considerações.

"1. A proposta inicialmente apresentada pela *Aerospatiale* (n. M/DC-1.84.22 BdF/JLe) continha condições irreais de preços, tanto em equipamentos como em serviços. Alguns equipamentos estavam sendo apresentados por quantias até três vezes o preço normal de mercado.

"2. Graças à seriedade, competência e experiência da DIRMA no trato de questões dessa natureza, obteve-se notável redução nos preços da absurda e mesmo insidiosa proposta original.

"3. Na atual minuta de contrato, não há nenhuma vantagem para o Ministério da Aeronáutica; apenas o preço normal de mercado é identificado e estabelecido.

"4. Em nenhuma instância do presente processo pode-se apreciar a opinião do Comando Operacional sobre o assunto em tela, a fim de que o órgão possa mesmo melhor avaliar os custos face ao emprego.

"5. Não é do conhecimento deste Comando-Geral que o COMGAR e também o EMAER tenham realizado estudos no sentido da aquisição de helicópteros dessa classe, diferentemente de como tem sido feito anteriormente com os helicópteros primários e, mais recentemente, para o recompletamento da frota de UH-1H.

"6. Não é do conhecimento deste Comando-Geral que o COMGAR tenha optado pelo 'Super-Puma' como helicóptero necessário e adequado para atender às necessidades prioritárias da FAB.

"7. O 'Puma' que já possuímos é um helicóptero concebido na década de 60, sendo construído com a tecnologia daquela época. Embora esta versão '332 M' incorpore alguns equipamentos mais modernos, no geral, a concepção continua antiga. Pelo mesmo preço poder-se-iam obter no mercado internacional helicópteros de tecnologia bem mais recente, não só em relação ao emprego militar como também com custos de apoio logístico bem menores, desde que tenham identificadas as necessidades e objetivos de seu emprego.

"8. A versão '332 M' do Super-Puma ainda não foi adquirida por nenhuma força militar conhecida. Como tal, desconhecemos o seu desempenho nas duras e reais condições de emprego militar, as quais não se limitarão ao simples transporte de pessoal e (ou) carga.

"III – Este Comando ressalta ainda a V. Exa. a coincidência registrada entre o preço chegado pela DIRMA no estudo da minuta de contrato (US$ 92,487,800.00) e a redução do crédito autorizado de acordo com a legislação francesa (US$ 92,5 milhões), consoante o parágrafo III do 5º Despacho.

"IV – Renovo ainda a V. Exa. nossas preocupações diante das inconveniências, sob o prisma logístico, de aquisições na área francesa, a qual não nos tem favorecido tecnicamente, tornando-se difícil a obtenção de peças e técnicas. Acrescentamos ainda que nada nos é oferecido de transferência tecnológica, em contrapartida. Ressaltamos aqui a importância destas cláusulas, face, sobretudo, ao que estamos assistindo no *affaire* da compra do Tucano pelo Governo Britânico. É bem verdade que, se alocarmos maiores quantias para o suprimento/manutenção, de acordo com o expresso no ofício da DIRMA (013/SDMN/MNA-C/279, de 5.12.1984), poder-se-iam contornar as atuais dificuldades, acrescendo-se ainda a alienação dos atuais CH33.

"V – Em face do exposto, caso estas considerações mereçam a acolhida de V. Exa., permito-me sugerir as seguintes ações:

"1. Transmitir a S. Exa. o Ministro nossas preocupações e solicitar que suste qualquer comprometimento até que seja o assunto debatido no Alto Comando da Aeronáutica.

"2. Simultaneamente, encaminhar o processo e propostas ao COMGAR para estudo e proposições, retornando a esse Estado-Maior para a final decisão operacional/logística.

"3. Em qualquer hipótese, ao menos, nossa ação poderia ser semelhante à que estamos tomando em relação à aquisição dos Boeing 707, isto é, comprometer somente parcela como sinal, deixando à próxima administração ministerial a decisão definitiva da transação."

Essa manifestação, acorde com o referido no item II, *retro*, e com o parecer de dezembro de 1983, ali mencionado, demonstra que se acertou compra de equipamento que contraria as conveniências, interesses, planejamento e prioridades da Aeronáutica – legalmente determinados –, que não poderá utilizá-lo em qualquer de suas atribuições legais, previstas no art. 4º do Decreto n. 72.086, de 3.4.1973: "Art. 4º. A administração da Aeronáutica tem como objetivo prepará-la para o cumprimento de sua destinação constitucional como Força Armada; a orientação, coordenação e controle das atividades da Aviação Civil; o estabelecimento, o equipamento, a operação e manutenção, direta ou mediante autorização ou concessão, da infra-estrutura aeronáutica, inclusive os serviços de apoio necessários à navegação aérea; a orientação, incentivo e realização de pesquisas e desenvolvimento de interesse da Aeronáutica; a operação do Correio Aéreo Nacional".

Quanto ao favorecimento de interesses privados, é relevante assinalar, primeiramente, no que concerne à oportunidade da transação, consumada em 31.1.1985, que o tratamento dispensado à mesma é o oposto daquele dado em julho de 1984 a outra proposta:

"CARTA n. 014/2SC2/1984

"Ilustríssimo Sr. Willian F. Paul – DD. Presidente da *Sikorsky Aircraft Division* – North Main Street – Stratford, Connecticut – 06601

"Brasília-DF, 16 de julho de 1984

"Ref.: Carta n. SPB 84-E4147 (1)-AC da UTC.

"Prezado Sr.:

"Incumbiu-me o Exmo. Sr. Ministro da Aeronáutica de agradecer a V. Exa. o envio da Carta n. SPB 84-E4147 (1) – AC, onde a UTC, através da *Sikorsky Aircraft Division*, oferece ao Ministério da Aeronáutica um programa conjunto de cooperação tecnológica.

"S. Exa., o Ministro da Aeronáutica, determinou ao Estado-Maior a realização dos estudos preliminares da proposta, já que o assunto é do maior interesse para o Ministério da Aeronáutica e, em particular, para a nossa promissora indústria aeroespacial.

"Entretanto, como V. Sa. bem sabe, a atual administração da Aeronáutica se encerra em 15 de março de 1985, quando se empossa o próximo Presidente da República. Em razão disso, o Exmo. Sr. Ministro tem limitado seus compromissos ao período de sua gestão, ou seja, não tem aprovado novos programas, principalmente aqueles de longa duração e que envolvam dispêndios financeiros para a próxima administração.

"Lamentavelmente, a premência de tempo e a ausência de recursos orçamentários não nos permitem iniciar esse programa de imediato, além do quê, por sua complexidade e abrangência, ele exigiria estudos mais profundos e acurados.

"Destarte, informo a V. Sa. que determinei o prosseguimento dos estudos de forma a que estejam concluídos no início do próximo governo e permitam ao futuro Ministro decidir sobre o assunto.

"Aproveito a oportunidade para apresentar a V. Sa. os meus protestos de elevada consideração.

"Atenciosamente – Ten. Brig. do Ar *Bertholino Joaquim Gonçalves Neto*, Chefe do Estado-Maior da Aeronáutica."

O ânimo com que agiram os contratantes resulta patente de inúmeras cláusulas contratuais decisivamente favoráveis ao vendedor, como a dispensa de licitação em um mercado internacional prenhe de alternativas – comportamento que não se enquadra nas possibilidades legais contidas na letra "D", § 2º, do art. 56 do Regulamento de Administração da Aeronáutica, já citado.

Abriu-se mão, pela Cláusula 6ª, da apresentação de garantia pela fiel execução dos compromissos assumidos no contrato. Os motivos de força maior, previstos na Cláusula 25ª, e incluídos entre as razões que facultam a rescisão praticamente contemplam apenas hipóteses de interesse do vendedor.

Cônscios do efetivo significado do ajuste que haviam celebrado, protegeram-no com uma classificação de *confidencial* que não encontra amparo no dispositivo legal atinente à espécie – já mencionado –, e, em decorrência, estabeleceram a dispensa de publicação no *Diário Oficial*, evitando conhecimento e debate acerca da matéria.

Foram além: depois de resguardado o contrato de qualquer publicidade, buscaram subtraí-lo ao exame da Justiça, através da estipulação de arbitragem, com "cláusula em recurso" – que o Código reserva para o *compromisso* relativo à arbitragem, não para o contrato –, submetidas as questões técnicas a um funcionário francês (Cláusula 13ª, *Délégué General pour l'Armement du Ministère de la Défense Français*, quem quer que seja ele à época de eventual controvérsia), a cujo governo está ligada a empresa.

Da mesma forma que para aferir o espírito das leis busca-se, pela análise do conjunto de seus dispositivos, identificar a tendência que revela o propósito do legislador, pode-se, através de idêntico procedimento, estabelecer os aspectos psicológicos, os *móveis* que inspiraram os contratantes.

Em resumo, dispensou-se a licitação, a garantia, a publicidade, o recurso ao Judiciário, como culminância de outros dispositivos, os principais, francamente favoráveis a uma das partes – no caso, o vendedor.

Tais expedientes se utilizaram como forma de viabilizar aquisição contrária ao interesse público, conforme exposição anterior.

Contrariado o interesse público e favorecidos interesses privados, sem se esquecerem de cláusulas declaradamente asseguradoras do êxito da operação, não há qualquer dúvida de que se verificou *desvio de poder*, eivando de nulidade, por ilegal, todo o ajuste.

Sob a aparência de negociação destinada a equipar a Força Aérea, está na realidade embutida transação contrária ao interesse público, oculto o vício de mérito pela simples observância da forma.

V – *Desvio de poder no ato e no contrato administrativo*. A aplicabilidade, no caso do presente *contrato*, dos conceitos de desvio de poder em ato administrativo decorre, no nosso entender, da irrefutável constatação de que não há contrato administrativo que deixe de ter, como origem e como conseqüência, a prática de atos administrativos, necessários para se chegar a ele como também para cumpri-lo.

Talvez esta a razão pela qual a doutrina de desvio de poder se detenha amplamente na análise da ocorrência desse abuso no ato administrativo, com escassa e apenas indireta referência à sua repercussão no contrato.

O fato de ser o ato unilateral e o contrato, naturalmente, bilateral, estabelecendo um vínculo, não ilide a repercussão idêntica do vício, pelas razões que passamos a examinar.

O contrato administrativo é definido como tal não em função de seu objeto, mas de uma certa preponderância, em favor da Administração, no relacionamento que através dele se estabelece com o particular.

Essa prevalência tem como características, por exemplo, a licitação, a fiscalização, a caução, a possibilidade de aplicação de multas direta e independentemente do Judiciário.

Todos esses elementos estão presentes neste caso de forma a caracterizá-lo como contrato administrativo e, na medida em que foram dispensados ou distorcidos em favor de uma das partes, passaram a caracterizar, ao mesmo tempo, o desvio de poder. Ou seja, a um só tempo, tipificam o contrato e comprovam sua distorção, por desvio de poder.

A licitação é um ato administrativo, como também a sua dispensa, da mesma forma que a dispensa de garantia, a classificação como confidencial, a decisão de não publicar o contrato e a opção pela arbitragem – aspectos que já apontamos como caracterizadores do desvio de poder.

Todos eles estão estabelecidos neste contrato, mas foi a Administração que consumou, através de atos administrativos, cada um desses ajustes.

Tratando-se, como se trata, de atos essenciais à realização do contrato, não há como evitar que sua nulidade, por desvio de poder, deixe de comprometer irremediavelmente todo o acerto.

Basta considerar a dispensa de licitação.

Nula como é, restabelecendo-se a exigência, impraticável se torna o presente contrato, cuja realização se assenta exatamente na dispensa legal dessa exigência, com a conseqüente e arbitrária possibilidade de o vendedor apresentar-se, sozinho, como postulante à celebração do ajuste que afinal consumou.

Em resumo, portanto, desde que o desvio de poder fulmine ato administrativo decorrente de cláusula contratual, não há como anular o ato e manter a cláusula.

E, sendo atos e cláusulas essenciais, não há como anular atos e manter o contrato, que é atingido em sua espinha dorsal.

Especialmente quando, decorrendo embora cada ato de uma cláusula, o desvio de poder que os atinge provém exatamente da forma como foram encadeados, por força do conjunto das cláusulas contratuais, ou seja, do próprio contrato.

Além da impossibilidade prática de se passar a exigir licitação e manter um contrato que só existe porque ela foi dispensada, é de se consignar que as sanções legais se tornariam inoperantes, para dizer o menos, se a nulidade dos atos não impedisse a produção de efeitos, no caso através do contrato.

Finalmente, a nulidade de contrato administrativo por desvio de poder torna-se transparente quando autor do porte de Hely Lopes Meirelles ensina que as cláusulas contratuais equivalem a atos administrativos e devem ser consideradas não-escritas quando contrariam o interesse público, conforme já assinalamos anteriormente.

Quanto à natureza bilateral do contrato e a possibilidade de ser unilateralmente declarado nulo pela Administração, através de despacho, termo ou decreto – tese esposada pelo mesmo autor, sem embargo de se registrarem preferências pelo caminho judicial –, é de se assinalar que a maneira de se declarar a nulidade é, aqui, uma questão acessória. Constatada a nulidade, o dever da Administração é adotar as providências para a sua declaração, seja no âmbito administrativo, seja na esfera judicial.

No entanto, em favor da tese de declaração de nulidade pela própria Administração, assinale-se que ela não elimina a via judicial: apenas deixa a iniciativa para a outra parte, caso se anime a tomá-la.

Como nenhuma matéria pode ser subtraída ao exame judicial, a declaração de nulidade pela própria Administração não tem caráter judicante, é antes uma tomada de posição por parte do administrador, para evitar fatos consumados, a tornarem irreversíveis danos que a complexidade do procedimento judicial não poderia, de pronto, impedir.

Alguém proporia, como alternativa à declaração de nulidade, que se desse cumprimento a um contrato nulo?

Já vimos que a jurisprudência consagra a tese de que a Administração não deve cumpri-lo.

Quanto à responsabilidade da Administração por tal procedimento, parece-nos que deve ser examinada não em tese, mas tal como se apresenta no presente caso.

Ao examinarmos as motivações que levam ao desvio de poder, já verificamos que nenhuma delas é lícita.

Neste processo, trata-se de favorecimento de interesses privados em detrimento do interesse público.

Ora, basta tal assertiva para percebermos que ambas as partes contratantes estão igualmente comprometidas e que ao vendedor caberá defenderse, independentemente de reclamar ou não, visto como os procedimentos não se esgotam na área cível, repercutindo também no campo penal, a par de apurações no âmbito administrativo.

Resumindo, vimos, até agora, ao longo deste parecer, que o desvio de poder é ilegal, por força de legislação específica; que o desvio de poder, sendo ilegal, torna nulo o ato administrativo; que as cláusulas contratuais equivalem a atos administrativos, sendo passíveis, portanto, de nulidade por desvio de poder; que a ilegalidade – aí compreendido o desvio de poder – em cláusulas essenciais torna nulo o contrato; e que a declaração de nulidade pode, segundo opiniões abalizadas, ser feita pela própria Administração.

VI – *Conclusão*. Isto posto, concluímos pela nulidade do contrato ora examinado, a qual deve ser declarada pela Administração, que pode, como já vimos, valer-se, para tais fins, de despacho, termo ou decreto, conforme o caso, sempre fundamentando o ato em minucioso relatório e caracterização das irregularidades em que se basear.

No caso, é de se notar que o contrato propriamente dito decorre de decisões do titular, à época, da Pasta da Aeronáutica, aquiescendo o Ministro da Fazenda com a operação decorrente e cabendo ao Ministro das Relações Exteriores a representação formal da República na assinatura do documento, por força de delegação de competência do Procurador-Geral da Fazenda Nacional.

O ajuste, portanto, foi celebrado em nome da República Federativa do Brasil – assistida pelo Ministério da Aeronáutica, que é o executor do contrato.

A par da providência já indicada, deverão ser apuradas as responsabilidades pelos fatos ocorridos, através de sindicância, inquérito administrativo e inquérito policial-militar, determinados pelo Ministro da Aeronáutica, sendo que os elementos assim colhidos serão úteis na sustentação de eventual controvérsia em juízo, suscitada quer pela outra parte, quer pela República, até para recuperar o sinal de cinco por cento, já mencionado.

O estabelecimento de arbitragem não inibe tal procedimento, visto como ela própria é cláusula do contrato totalmente impugnado, sendo, portanto, também atingida, como elemento integrante do desvio de poder verificado, devendo-se reiterar que a cláusula "sem recurso" deveria constar do compromisso, e não do contrato.

Cabe-me, finalmente, consignar que o presente parecer se desenvolveu a partir de sugestões e sob permanente orientação do Exmo. Sr. Consultor-Geral da República, professor Darcy Bessone de Oliveira Andrade, a cujo alto discernimento está confiada, agora, a tarefa maior de aferir se foram devidamente apreendidos seus generosos ensinamentos.

Este o parecer, *sub censura*.

Brasília, 23 de maio de 1985

GALBA MAGALHÃES VELLOSO, Adjunto do Consultor-Geral da República.

PARECERES DA ADVOCACIA-GERAL DA UNIÃO

7.1 Parecer n. AGU/GV-01/2004

Mais recentemente, já na Advocacia-Geral da União, a matéria foi objeto do Parecer AC-16, aprovado pelo Exmo. Sr. Presidente da República e publicado no *Diário Oficial da União*, acolhendo trabalho por nós elaborado:

PARECER N. AGU/GV-01/2004
PROCESSO N. 46010.001869/2002-23

Assunto: Pareceres ns. H-313-66, H-717-68, H-782-69, L-038, L-102 e SR-12 da extinta Consultoria-Geral da República – Inaplicabilidade de multas entre pessoas jurídicas de direito público – Art. 295 do Decreto n. 72.771/73 – Reexame.

Ementa: As multas previstas em lei são aplicáveis às pessoas jurídicas de direito público. O favorecimento, pela exclusão, caracteriza *desvio de poder*.

O Exmo. Sr. Ministro de Estado Chefe da Casa Civil da Presidência da República encaminha Aviso do Ministro do Trabalho e Emprego concernente a pedido de revisão, pelas razões que expõe, dos pareceres acima elencados, especialmente o de n. CGR L-038/1974, sobre "inaplicabilidade de multa entre pessoas jurídicas de direito público, por inexistência de poder de polícia". O expediente noticia a preocupação da Controladoria-Geral da União com irregularidades nas anotações das Carteiras de Trabalho de empregados municipais, apuradas pela Justiça do Trabalho.

II – O primeiro dos Pareceres, n. H-313, que é a referência dos demais, não chega a formular tese jurídica própria acerca do tema, limitando-se, de forma concisa, a afirmar que "a jurisprudência de nossos Tribunais é no sentido de que não cabe a imposição de multa e, conseqüentemente, mora, entre pessoas de direito público, por inexistência do poder de polícia em tais casos".

III – Esta é a sucinta afirmativa que vem prevalecendo ao longo dos anos.

IV – O Parecer n. L-038 noticia que o posicionamento pela inaplicabilidade tornou-se pacífico no âmbito da Consultoria-Geral da República, sem embargo das decisões que cita, do STF, em sentido oposto, ou seja, que as pessoas jurídicas de direito público não se acham imunes à imposição de multas, além de juros e outras cominações legais (acórdão nos RE ns. 65.806-RJ, 2ª Turma, in *RTJ* 55/438; 70.089-SP, 2ª Turma, in *RTJ* 58/479; 75.064-SP, 2ª Turma, in *RTJ* 66/274; 75.062-ES, 2ª Turma, in *RTJ* 67/816; 75.224-MG, 2ª Turma, in *RTJ* 67/229).

V – O mesmo parecer reconhece como praxe da Consultoria-Geral da República adaptar seus posicionamentos à jurisprudência dos Tribunais Superiores, mas, para não adotar esse procedimento, assevera considerar não ser conveniente a aplicação *geral* e *de ofício* no caso sob exame, o que deixa implícito admitir a possibilidade de aplicação *específica* e *provocada*. Por outro lado, o que era praxe na Consultoria-Geral da República passou a princípio consagrado pela Lei Complementar n. 73, art. 4º, inciso XII: "Art. 4º. São atribuições do Advogado-Geral da União: (...) XII – editar enunciados de súmula administrativa, resultantes de jurisprudência iterativa dos Tribunais; (...)".

VI – Assim, se já era infrutífero, passou a ser descabido enfrentar jurisprudência reiterada do STF, que derruba o entendimento da antiga Consultoria-Geral da República e tem um de seus melhores momentos no voto do Min. Carlos Thompson Flores no RE n. 65.806-RJ: "Aos argumentos invocados pelo eminente Relator permito-me acrescentar outro. É que, a Municipalidade fazendo o desconto como o faz, não opera no âmbito da pessoa jurídica de direito público, mas como *empregadora*, apenas, e como tal torna-se depositária somente das importâncias. Não dando o destino dos valores nos momentos próprios, fixados em lei, sujeita-se como tal, como *empregadora*, às conseqüências, as sanções pela mesma lei atribuídas".

Note-se que o Min. Thompson Flores *acrescentou* argumento àqueles expendidos pelo Relator – de que não há imunidade para pessoas jurídicas de direito público –, sem deles dissentir. A esse acréscimo convém aditar, explicitando o que está implícito, que, além de empregadores serem tratados igualmente, infratores também devem sê-lo, *infratores* de qualquer legislação, sob pena de discriminação em favor da impunidade. Pessoas jurídicas de direito público não podem, por exemplo, violar leis ambientais e exigir inação dos órgãos especializados.

VII – O entendimento do STF aplica-se da mesma forma ao Ministério do Trabalho, cuja ação fiscalizadora decorre do art. 21 da Constituição da República e é minuciosamente regulamentada pelos arts. 626 e ss. da CLT. O fato de o Pretório Excelso tratar especificamente de multa moratória resulta apenas da circunstância de que essa foi a matéria submetida àquela Corte. Não há dúvida, no entanto, como se verá por decisão transcrita mais adiante, que abrange os demais tipos de multa.

VIII – A decisão do STF, àquela época, está de acordo com a atual Constituição, na qual nada existe que impeça a aplicação de multas a pessoas jurídicas de direito público – ao contrário, os princípios que consagra impedem, isto, sim, o estabelecimento de exceções. E o *decisum*, com o acréscimo feito pelo Min. Thompson Flores, corresponde à legislação hoje vigente. A Lei n. 8.212/1991, que dispõe sobre a seguridade social, estabelece:

"Art. 15. Considera-se: I – empresa – a firma individual ou sociedade que assume o risco de atividade econômica urbana ou rural, com fins lucrativos ou não, bem como os *órgãos e entidades da administração pública direta, indireta e fundacional*; II – (...).

"Parágrafo único. Equipara-se a empresa, para os efeitos desta Lei, o contribuinte individual em relação a segurado que lhe presta serviço, bem como a cooperativa, a associação ou *entidade de qualquer natureza ou finalidade, a missão diplomática e a repartição consular de carreira estrangeiras.*"

IX – Valentin Carrion, in *Comentários à Consolidação das Leis do Trabalho*, 28ª ed., São Paulo, Saraiva, p. 55, salienta: "Os empregados públicos mantêm com qualquer entidade estatal relação de emprego disciplinada pelo direito do trabalho, materializado na Consolidação das Leis do Trabalho e nas demais normas laborais da atividade privada; seus princípios são os do direito privado, de índole contratual, apesar do grande volume de normas cogentes; apenas a União tem competência para legislar sobre direito do trabalho; empregados públicos são os servidores *lato sensu*, comumente chamados celetistas. Regime de emprego público (Lei 9.962/2000, v. Índ. Leg.)".

X – Independentemente de essas pessoas jurídicas agirem na qualidade de empregadores, o voto do Min. Adauto Lúcio Cardoso, Relator, no RE n. 65.806-RJ, aprovado pelo Pretório Excelso e acorde com as demais decisões citadas, é no sentido de caber a multa: *"Não há imunidade alguma das pessoas jurídicas de direito público*, morosas no pagamento de seus débitos, em relação aos juros e multas em que incorrem e são condenadas".

O raciocínio de que *não há imunidade* naturalmente não se circunscreve à multa de mora, abrange as demais multas e o pleno exercício da fiscalização. Não haveria como sustentar a tese apenas em relação a uma das multas.

XI – Também o TCU tende a posicionar-se na linha do STF, sendo relevantes os fundamentos da Decisão TCU n. 588/2002, Plenário, dos quais transcrevemos o seguinte trecho:

"62. *Entendo que a atribuição de prerrogativas e privilégios extensivos e imotivados aos órgãos e entidades da Administração Pública não é coerente com a idéia de um Estado Democrático de Direito.*

"63. *Pretender que a Administração Pública passe a deter prerrogativas em todas as relações que estabelece com os cidadãos, pessoas físicas ou jurídicas, é negar que essa mesma Administração foi concebida para a satisfação do interesse público.* E não há interesse público em atribuir a órgãos e entidades da Administração a faculdade de pagar contas de serviços públicos com atraso, sem multa moratória. *Se isso ocorre, ferem-se os princípios da isonomia e da moralidade, fundamentais em nosso sistema jurídico.*"

XII – E prossegue a Corte de Contas em sua manifestação:

"17. Na mesma linha, podemos afirmar que a *imunidade* conferida às pessoas jurídicas de direito público, às massas falidas, às missões diplomáticas estrangeiras no Brasil e aos seus respectivos membros, *por meio do art. 239, § 9º, do Decreto n. 3.048/1999, além de não estar expressa na Lei n. 8.212/1991 e alterações, representa afronta aos princípios constitucionais da isonomia e da moralidade.*

"18. As contribuições sociais aqui referidas integram, entre outras, as fontes de recurso para o custeio da previdência social. Nos termos do *caput* do art. 201 da CF, 'a previdência social será organizada sob a forma de regime geral, de caráter contributivo e de filiação obrigatória, observados critérios que preservem o equilíbrio financeiro e atuarial, (...)'. E no § 3º do art. 195, inserido na seção das disposições gerais da seguridade social, está contido o comando no sentido de que 'a pessoa jurídica em débito com o sistema de seguridade social, como estabelecido em lei, não poderá contratar com o Poder Público, nem dele receber benefícios ou incentivos fiscais ou creditícios'. Da leitura desses dispositivos extrai-se a idéia de igualdade e de preservação dos interesses dos segurados, pois, afinal, em obediência ao disposto no art. 193 da Carta Magna, 'a ordem social tem como base o primado do trabalho, e como objetivo o bem-estar e a justiça social'.

"19. *Aliás, oportuno registrar a manifestação do Min. Carlos Thompson Flores, do STF, quando da apreciação do RE n. 65.806-RJ,* anteriormente referido, que, apesar de datar de 1969, permanece absolutamente atual: 'Aos argumentos invocados pelo eminente Relator permito-me acrescentar outro. *É que a Municipalidade, fazendo o desconto como o faz, não opera no âmbito da pessoa jurídica de direito público, mas como empregadora,* apenas, e como tal torna-se depositária somente das importâncias. Não dando o destino dos valores nos momentos próprios, fixados em lei, sujeita-se como tal, *como empregadora*, às conseqüências, *as sanções pela mesma lei atribuídas*'.

Acrescente-se que através da Decisão n. 537/99-Plenário, TC 004553/98, a Corte de Contas, tratando de questão do mesmo gênero, embora não idêntica, propôs à Comissão de Jurisprudência a revisão da Súmula n. 226 e pronunciou-se da forma expressa na seguinte ementa: "Consulta formulada pelo Ministério da Aeronáutica – Legalidade da cobrança de multa moratória por concessionárias de serviços de energia elétrica em caso de atraso no pagamento – Conhecimento – Legalidade da cobrança – Comunicação – Arquivamento – Remessa de cópia à Comissão de Jurisprudência – Entendimento diverso do contido na Súmula n. 226 do TCU".

A Súmula em questão considera indevida a despesa decorrente de multas moratórias aplicadas a pessoas jurídicas de direito público, salvo quando existir norma legal autorizativa.

XIII – Quanto ao Parecer n. L-038, buscou ele *outros fundamentos* para embasar-se, diversos da tese até então sustentada e não acolhida pelo Pretório Excelso – inaplicabilidade de multas entre pessoas jurídicas de direito público –, argumentando com isenção de multas estabelecida pelo art. 295 do Decreto n. 72.771, de 1973, que pretendeu, sem razão, opor aos arts. 82 e 87 da Lei n. 3.807, de 26.8.1960, que estabelecem, expressamente, a aplicabilidade das multas por mora, pelas quais respondem os administradores de órgãos e entes multados. Ao optar por fundamentação específica, implicitamente aderiu à posição do STF, sendo suas conclusões, por isso, contraditórias e, a qualquer sorte, mais amplas que seus fundamentos, que não abrangem sustentação própria da inaplicabilidade de multas a pessoas jurídicas de direito público. Apenas se reporta a outros pareceres, como o de n. H-313, que por sua vez simplesmente se refere à jurisprudência do antigo TFR, suplantada pela do STF.

XIV – O decreto e a lei referidos no Parecer n. L-038 não mais subsistem, o que torna o parecer superado como pronunciamento acerca do direito positivo, por não ser ele calcado em princípio geral que sobrevivesse a mutações legislativas, mas apenas naquelas disposições específicas a respeito da questão previdenciária, hoje regida pelas Leis ns. 8.212 e 8.213/1991, bem como pelo Decreto n. 3.048/1999, o qual, assinale-se, traz em seu art. 239, § 9º, dispositivo que isenta de multa por atraso de recolhimento as pessoas jurídicas de direito público, as massas falidas e missões diplomáticas, o que não encontra amparo na lei regulamentada, que disso não trata.

XV – Esse decreto é o único e indevido impedimento para a Previdência cobrar multas de pessoas jurídicas de direito público. Ilegal em face da lei que regulamenta, é inconstitucional, por estabelecer o que não pode, além de ferir o princípio da isonomia, bem como os da moralidade, eficiência, legalidade e impessoalidade, previstos no art. 37 da Constituição. Caracteriza ainda *desvio de poder*, uma das formas de abuso de autoridade, contra o qual a Carta assegura a todos o direito de peticionar (art. 5º, inciso XXXIV, "a"), ensejando também a propositura de ação popular, cuja lei caracteriza como ilícito o *détournement de pouvoir*, no caso por favorecimento, e que é assim conceituado pelos administrativistas, como Hely Lopes Meirelles, in *Direito Administrativo Brasileiro*, 27ª ed., Malheiros Editores, pp. 108-110:

> "*Desvio de finalidade*, ou de poder, se verifica quando a autoridade, embora atuando nos limites de sua competência, pratica o ato por motivos ou com fins diversos dos objetivados pela lei ou exigidos pelo interesse público. O desvio de finalidade ou poder é, assim, a violação ideológica da lei, ou, por outras palavras, a violação moral da lei, colimando o administrador público fins não queridos pelo legislador, ou utilizando motivos e meios imorais para a prática de um ato administrativo aparentemente legal. Tais desvios ocorrem, por exemplo, quando a autoridade pública decreta uma desapropriação alegando utilidade pública, mas visando, na realidade, a satisfazer interesse pessoal próprio ou favorecer algum particular com a subseqüente transferência do bem expropriado; ou quando outorga uma permissão sem interesse coletivo; ou ainda quando classifica um concorrente por favoritismo, sem atender aos fins objetivados pela licitação.

> "O ato praticado com desvio de finalidade – como todo ato ilícito ou imoral – ou é consumado às escondidas ou se apresenta disfarçado sob o capuz da legalidade e do interesse público. Diante disto, há que ser surpreendido e identificado por indícios e circunstâncias que revelem a distorção do fim legal, substituído habilidosamente por um fim ilegal ou imoral não desejado pelo legislador. Dentre os elementos indiciários do desvio de finalidade está a falta de motivos ou discordância dos motivos com o ato praticado.

> "(...).

> "A lei regulamentar da ação popular (Lei 4.717, de 29.6.1965) já consigna o desvio de finalidade como vício nulificador do ato administrativo, lesivo do patrimônio público, e o considera caracterizado quando 'o agente pratica o ato visando a fim diverso daquele previsto, explícita ou implicitamente, na regra de competência' (art. 2º, parágrafo único). Com essa conceituação legal, o desvio de finalidade entrou definitivamente para o nosso direito positivo como causa de nulidade dos atos da Administração."

XVI – Duez e Debeyre definem três grupos de desvios do poder: a) propósito de satisfazer uma animosidade pessoal; b) ou o de satisfazer não o interesse geral, mas certos interesses particulares; c) ou o de satisfazer um interesse geral diferente daquele querido pela lei ao conferir-lhe a função.

XVII – Admite-se hoje o *desvio de poder legislativo*, a respeito do qual dissertou pioneiramente Caio Tácito, in *Desvio do Poder na Jurisprudência Brasileira*:

"A propósito da anulação de leis, que caracterizavam os chamados testamentos políticos, tive oportunidade de destacar, em comentário à decisão de 20.1.1960 do STF, a existência de desvio de poder legislativo, quando ao fim de promoção do interesse geral se substituía o ostensivo favorecimento de facções políticas na iminência da despedida do poder (v.: "Anulação de leis inconstitucionais", *RDA* 59/347).

"A tese de que a noção do desvio de poder pode excepcionalmente se estender ao exame da legitimidade de atos legislativos foi amplamente debatida no STF, em sessão de 31.8.1967, no julgamento de matéria constitucional, e teve adesão expressa do Min. Aliomar Baleeiro (v. acórdão no RMS 61.912, *RTJ* 45/530)."

XVIII – Em face da ordem constitucional, qualquer ato, regulamento ou norma legal que disponha contra a isonomia, moralidade, eficiência, e favoreça o descontrole e a impunidade, incide em desvio de poder. Mesmo os Poderes de Estado, conforme lembra Hely Lopes Meirelles, ob. cit., p. 60, estão sujeitos a uma forma de controle: "(...) já se observou que Montesquieu nunca empregou em sua obra política as expressões 'separação de Poderes' ou 'divisão de Poderes', referindo-se unicamente à necessidade do 'equilíbrio entre os Poderes', do que resultou entre os ingleses e norte-americanos o sistema de *checks and balances*, que é o nosso método de freios e contrapesos, em que um Poder limita o outro, como sugerira o próprio autor no original: 'le pouvoir arrête le pouvoir'".

XIX – Em relação às multas da Previdência Social obstaculizadas pelo decreto já referido – que pode ser simplesmente revogado –, diferente, para melhor, é a situação das multas a serem aplicadas pelo Ministério do Trabalho, em relação às quais não se aponta qualquer excludente, ainda que pela via inadequada do decreto. Ao contrário, há um prestígio inclusive doutrinário a seu favor, mostrando que empregadores, sujeitos às normas laborais, não se podem subtrair quer à ação do Ministério do Trabalho, quer da Justiça especializada, como leciona Valentin Carrion, ob. cit., p. 497, tratando do art. 652 da CLT: "6. *Multas aplicáveis pelas Varas do Trabalho.* É insustentável defender aplicação de multas, por parte da primeira instância, pela infringência de *normas materiais* do direito do trabalho, que são da *exclusividade dos órgãos de fiscalização do Ministério do Trabalho*. No texto legal, na expressão 'multas (...) relativas aos atos da sua competência' não se vislumbra outra atribuição senão a dos atos próprios da Magistratura no processo e da administração específica de seu mister judiciário; para as demais, *o magistrado oficia aos órgãos competentes* (Previdência Social, Fazenda Nacional, Ministério Público etc.). As específicas de sua competência estão no Título VIII ('Justiça do Trabalho') e são previstas para o caso de *lockout*, greve, desrespeito a decisão judicial que determina reintegração, represália de empregador contra empregado, testemunha, violação de dissídio coletivo, recusa a depor, além de outras (arts. 722 e ss.). Se é permitido à primeira instância impor tais multas, também o será aos tribunais, posto que têm eles a atribuição de reformar, anular, acrescer ou reduzir os atos da instância inferior. Assim, podemos enumerar as *sanções previstas na Consolidação das Leis do Trabalho*, além das processuais (arts. 652, IV, "d", e 903), *as do Ministério do Trabalho pelas violações do direito material* (art. 626) e as aplicáveis aos próprios juízes (art. 904. *Astreintes* (art. 876/3-A)".

XX – O Parecer n. L-038, ao *afastar-se* da sustentação do *princípio geral de inaplicabilidade* de multas entre pessoas jurídicas de direito público, buscando outra fundamentação, específica, implicitamente reconheceu a *aplicabilidade*, desde que existindo lei e não estando nela estabelecida exceção. Ao sustentar equivocadamente que o decreto excepcionava a lei, o que de fato fez foi reconhecer que a lei pode estabelecer a multa, nos termos do entendimento reiterado do STF, expresso pelo Ministro Relator Adauto Lúcio Cardoso no RE n. 65.806-RJ: *"Não há imunidade alguma das pessoas jurídicas de direito público*, morosas no pagamento de seus débitos, em relação aos juros e multas em que incorrem e são condenadas".

XXI – No âmbito da extinta Consultoria-Geral da República, o Parecer n. L-038 representa a primeira discrepância em relação ao Parecer n. H-313. O passo seguinte foi dado na Advocacia-Geral da União pelo Parecer n. GQ-170, do qual se extrai o seguinte texto: "128. Tenho sérias dúvidas a respeito da correção do entendimento exarado no Parecer n. L-038 e na Súmula n. 93 do TFR, ao emprestar validade ao art. 295 do Regulamento da Previdência Social então vigente, ou seja, ao reconhecer que um decreto pudesse excluir as pessoas jurídicas de direito público da imposição da multa moratória que ali se discutia. *Tenho dúvidas, até, sobre se seria válido que lei viesse a prever essa exclusão, pura e simplesmente, diante dos princípios constitucionais da isonomia (igualdade) e da moralidade.* Essas dúvidas, no entanto, demandariam acurado exame, que não cabe no presente estudo, especialmente tendo-se em conta que, em relação aos serviços aqui analisados, *não existe qualquer norma excludente, quer seja decreto, quer lei*".

Sublinhamos a afirmativa contida na oração final, que é única razão pela qual o parecerista não se pronunciou e que corresponde à situação das multas de competência do Ministério do Trabalho, em relação às quais não há excludente, nem sobre elas se manifestou especificamente a Consultoria-Geral da República. Quanto à exclusão relativa às multas da Previdência, por decreto, além do mais eivado de desvio de poder, não pode prevalecer.

XXII – Isto posto, conceituado o poder de polícia como a prevalência do coletivo sobre o individual, assinale-se que, *sendo conceito, materializa-se através de normas de direito positivo*, e do conteúdo destas é que se pode deduzir a amplitude de sua abrangência. A lei que pode estabelecer a multa pode, em tese, dispor sobre a exceção, desde que não seja injustificada ou mal-direcionada, o que caracterizaria desvio de poder, repelido pela Constituição. A interpretação das leis que disciplinam o exercício do poder de polícia não pode, como ensina Carlos Maximiliano, levar ao absurdo, que seria o estímulo à desídia, negligência e até a comportamentos tipificadores de ilícito penal. A fiscalização e a multa interessam não a quem a exerce ou aplica, mas à moralidade, à eficiência e aos trabalhadores, em detrimento dos quais não se pode desviar do objetivo colimado pela regra de competência, favorecendo procedimento oposto aos princípios constitucionais a serem observados pela Administração.

XXIII – Hely Lopes Meirelles, na obra já referida, pp. 101-102, conceitua os poderes da Administração como "poder-dever". A Administração não pode omitir-se e nem excluir, numa interpretação que encoraje a inobservância dos princípios de moralidade e eficiência, incluindo-se nesta última a pontualidade:

"Poder-dever de agir. O poder-dever de agir da autoridade pública é hoje reconhecido pacificamente pela jurisprudência e pela doutrina. O poder tem para o agente público o significado de dever para com a comunidade e para com os indivíduos, no sentido de que quem o detém está sempre na obrigação de exercitá-lo. Nem se compreenderia que uma autoridade pública – um governador, por exemplo – abrisse mão de seus poderes administrativos, deixando de praticar atos de seu dever funcional. O poder do administrador público, revestindo ao mesmo tempo o caráter de dever para a comunidade, é insuscetível de renúncia pelo seu titular. Tal atitude importaria fazer liberalidades com o direito alheio, e *o Poder Público não é, nem pode ser, instrumento de cortesias administrativas*.

"Se para o particular o poder de agir é uma faculdade, para o administrador público é uma obrigação de atuar, desde que se apresente o ensejo de exercitá-lo em benefício da comunidade. É que *o direito público ajunta ao poder do administrador o dever de administrar*.

"A propósito, já proclamou o colendo TFR que 'o vocábulo *poder* significa dever quando se trata de atribuições de autoridades administrativas'. Idêntica é a doutrina exposta por Carlos Maximiliano ao sustentar que, para a autoridade, que tem a prerrogativa de ajuizar, por alvedrio próprio, da oportunidade e dos meios adequados para exercer as suas atribuições, o poder se resolve em dever.

"Pouca ou nenhuma liberdade sobra ao administrador público para deixar de praticar atos de sua competência legal. Daí por que a omissão da autoridade ou o silêncio da Administração, quando deva agir ou manifestar-se, gera responsabilidade para o agente omisso e autoriza a obtenção do ato omitido por via judicial, notadamente por mandado de segurança, se lesivo de direito líquido e certo do interessado."

XXIV – O mesmo autor, na obra citada, pp. 134-135, leciona sobre aspectos indispensáveis ao poder de polícia, que, como vimos acima, é também *dever de polícia*: "*Sanções*: o poder de polícia seria inane e ineficiente se não fosse coercitivo e não estivesse aparelhado de *sanções* para os casos de desobediência à ordem legal da autoridade competente. As sanções do poder de polícia, como elemento de coação e intimidação, principiam, geralmente, com a multa e se escalonam em penalidades mais graves como a interdição de atividades, o fechamento de estabelecimento, a demolição de construção, o embargo administrativo de obras, a destruição de objetos, a inutilização de gêneros, a proibição de fabricação ou comércio de certos produtos, a vedação de localização de indústrias ou de comércio em determinadas zonas *e tudo mais que houver de ser impedido em defesa da moral, da saúde e da segurança pública*, bem como da segurança nacional, desde que estabelecido em lei ou regulamento".

Como já vimos, não se pode estabelecer o descontrole em favor de pessoas jurídicas de direito público, quer pela interpretação que conduza ao absurdo, quer como política administrativa.

XXV – Finalmente, lembrando que a multa não é a única forma de apenação, cabe assinalar as muitas e sérias sanções que decorrem, por exemplo, da inobservância da Lei de Responsabilidade Fiscal para as pessoas jurídicas de direito público, administradores e até administrados, pela repercussão sobre eles das restrições aplicadas aos primeiros. É o que estabelece também a legislação previdenciária. O arcabouço jurídico vigente corrobora, assim, os ensinamentos da doutrina acerca do caráter indispensável da penalidade.

XXVI – Isto posto, e considerando a jurisprudência do STF; o disposto no art. 4º, inciso XII, da Lei Complementar n. 73, de 10.2.1993; a evolução de posicionamento ocorrida desde o Parecer n. H-313 até o Parecer n. GQ-170, passando pelo de n. L-038; a tendência revelada pelo TCU nas decisões citadas, a par das demais razões até aqui expostas, concluo que já está presente na consciência jurídica nacional a convicção que cabe aqui declarar de que nada há na Constituição da República que impeça a lei de estabelecer multas aplicáveis a pessoas jurídicas de direito público, que não podem ser excepcionadas através de decreto. A própria lei dificilmente poderá estabelecer exceção, sem quebrar os princípios constitucionais da isonomia e da moralidade administrativa. *O favorecimento caracteriza desvio de poder, vedado pela Carta e declarado ilícito pela Lei de Ação Popular.*

É o parecer, *sub censura*.

Brasília, 18 de fevereiro de 2004

GALBA VELLOSO, Consultor da União.

7.2 *Parecer n. GQ-14*

A questão do desvio de poder exsurge, também, do seguinte parecer do Advogado-Geral da União:

PARECER N. GQ-14
PROCESSO N. 00001.007402/93-80

Origem: Ministério das Minas e Energia.

Assunto: Art. 43 do ADCT.

Adoto, para os fins dos arts. 40 e 41 da Lei Complementar n. 73, de 10.2.1993, o anexo Parecer n. AGU/RB-01/1994, da lavra do eminente Consultor da União, Dr. Alfredo Ruy Barbosa.

Brasília, 23 de março de 1994

GERALDO MAGELA DA CRUZ QUINTÃO, Advogado-Geral da União.

PARECER N. AGU/RB-01/1994[1]
(Anexo ao Parecer n. GQ-14)
PROCESSO N. 00001.007402/93-80

Assunto: Art. 43 do ADCT.

Ementa: Caducidade das autorizações, concessões e demais títulos atributivos de direitos minerários cujos respectivos trabalhos de pesquisa ou de lavra não haviam sido iniciados ou encontravam-se inativos na data da promulgação da vigente Constituição – Conceito de "inativo", sob o enfoque da legislação minerária – Efeitos jurídicos da aplicação do disposto no art. 43 do ADCT.

I – *Relatório*. O Sr. Ministro das Minas e Energia, através da EM n. 203/MME, de 27.10.1993, submete à apreciação do Exmo. Sr. Presidente da República, em grau de recurso *ex officio*, de conformidade com o que dispõe o § 4º do art. 68 do Decreto-lei n. 227, de 28.2.1967 (Código de Mineração), pedido de reconsideração, formulado pela empresa LAVRASA – Lavra de Minérios Ltda., de ato daquela autoridade ministerial que tornou sem efeito, com base no que dispõe o art. 43 do ADCT, a Portaria de Lavra n. 051, de 15.1.1982, expedida em favor da recorrente. Em sua defesa, aduz a interessada as razões de fls. 246 a 253, cujos argumentos essenciais destaco a seguir:

---

1. A respeito deste parecer o Exmo. Sr. Presidente da República exarou o seguinte despacho. "De acordo em face das informações. Em 23.3.1994". Publicado na íntegra no *DOU* de 25.3.1994, p. 4.315.

"O art. 43 não contempla a decisão do órgão concedente, pois não veio para derrogar as normas contidas no Código de Mineração e legislações correlativas, mas, antes, para dar mais ênfase aos seus preceitos. Estando, pois, a recorrente ao abrigo das normas consolidadas, cuja previsão legal é outorgada pelo próprio Código de Mineração, não pode, *data venia*, sofrer os efeitos de disposições que não albergam as pretensões do órgão concedente, posto não lhe ser permitido dar à norma de disposições transitórias interpretações extensivas, mormente quando emanada de norma especial e compulsória onde as interpretações devem ser restritivas.

"No que lhe competia, a recorrente sempre buscou no Código de Mineração o amparo à suas pretensões; todavia, do fato de serem elas indeferidas não se lhe pode imputar incúria ou negligência, objetivando procrastinar o início dos trabalhos de lavra.

"Seu título foi incluído no rol das lavras inativas, para os efeitos do art. 43 (ADCT), porém tempestivamente procedeu a pedido de reconsideração ao Sr. Diretor do DNPM, resultando indeferida sua pretensão.

"Naquela oportunidade alegou e comprovou a ora recorrente que havia ingressado em juízo com a competente ação de constituição, com sua portaria de lavra em plena vigência, objetivando a imissão na posse da área para dar início aos trabalhos de lavra, o que não foi aceito pelo órgão, que reluta em ceder ao seu reclamo.

"Pondera-se, e agora como relevo necessário, que todas as pretensões da recorrente, consubstanciadas em seus pedidos, foram frustradas pelos indeferimentos, mas em momento algum, mesmo indeferidas suas pretensões, acenou o órgão com a possibilidade de tornar sem efeito ou decretar a caducidade de seu título de lavra.

"Ocorre que até então não tinha a recorrente obtido acordo com os superficiários, proprietários ou posseiros do solo, com vistas a dar início aos trabalhos de lavra.

"Assim, com amparo nos arts. 59 e ss. do Código de Mineração, procedeu a processo judicial visando à constituição de servidão para poder pacificamente ingressar na área e dar início aos trabalhos de lavra, processo aforado em 10.7.1979, na comarca de Encruzilhada do Sul/RS, tendo o pedido sido aforado na mencionada comarca, autuado sob n. 13.442/266, do que fazem certo os anexos documentos.

"Não argumenta, mas tudo faz crer que o órgão concedente remeteu a recorrente às sanções do art. 43, na presunção de que teria ela com o ajuizamento da ação tentado procrastinar os trabalhos de lavra, posto não ter o processo judicial uma rápida tramitação; porém tal presunção não tem sustentação, e não seria motivo para se considerar a inatividade dos trabalhos de lavra para os efeitos do art. 43, ainda que a pretensão presuntiva venha esposar a idéia de procrastinação da ação judicial, pois, em sendo de interesse da União, que visa de forma planejada ao aproveitamento de seu potencial mineral, além dos tributos que lhe são devidos com a extração da lavra, e tendo feito o seu representante legal na pessoa do representante do Ministério Público, não se há falar em procrastinação ou mesmo em inércia da recorrente.

"(...).

"O abandono formal do direito de lavra ou início dos trabalhos decorre de declaração expressa ou de atos inequívocos manifestados quanto a tal intenção; requer, pois o elemento volitivo, a vontade consciente e deliberada de não levar a efeito os trabalhos de lavra. É elemento subjetivo a ação praticada. A caracterização formal do abandono desse direito exige o *animus* do titular de não proceder aos trabalhos de lavra – sem esse elemento não se configura o abandono.

"(...).

"No caso concreto, a recorrente viu-se com todos os seus pedidos frustrados, e como não havia conseguido acordo com os superficiários, ainda na vigência de sua portaria de lavra e antes de expirado o prazo estabelecido pelo art. 43 (ADCT), ingressou em juízo objetivando a ação competente de constituição de servidão com vistas ao ingresso na área para dar início aos trabalhos de lavra, fato que torna inequívoca a sua intenção de não querer ser despojada do seu direito, consubstanciado na sua portaria de lavra.

"Convém lembrar que a portaria de lavra foi ou está sendo tornada sem efeito com base na Lei n. 7.886/1989, que regulamentou o art. 43 (ADCT), e não porque tinha seus pedidos indeferidos; e, por isto, não pode agora o órgão concedente associar, para efeito de aplicação do mencionado artigo, os seus pedidos indeferidos, estabelecendo, para tanto, uma sanção não prevista em nenhuma das hipóteses."

Submetido o recurso à apreciação da douta Consultoria Jurídica do Ministério de Minas e Energia, manifestou-se aquele órgão (Parecer n. CONJUR/MME 101/93, de 25.10.1993, fls. 306-312) pela manutenção do despacho ministerial que declarou a caducidade do título de lavra outorgado à interessada, fundamentando seu parecer nos argumentos a seguir resumidos:

"6. Da leitura dos autos, depreende-se que os argumentos constantes da peça recursal são improcedentes, vez que não passam de manobras protelatórias, que objetivam simplesmente garantir a prioridade da área em favor do recorrente e assegurar reserva de jazimentos minerais para serem explorados à conveniência da interessada; se não vejamos.

"7. A portaria de concessão de lavra em causa foi publicada no *DOU* de 21.1.1982, quando começou a transcorrer o prazo de seis meses para a mineradora iniciar os trabalhos de lavra, conforme previsto no art. 47, inciso I, do Decreto-lei n. 227, de 28.2.1967 (Código de Mineração). Inobstante, ao invés de iniciar os trabalhos de lavra dentro do prazo legal acima referido, optou por outro meio, qual o de protocolizar, em 14.3.1984, junto ao DNPM (fls. 181), um pedido de suspensão dos trabalhos de lavra, pleito esse incorreto e intempestivo, vez que, se não havia ainda iniciado os trabalhos de lavra, como poderia pretender a suspensão desses? Intempestivo porque, consoante dispõe o art. 47, inciso I, do Código de Mineração, o prazo para início dos aludidos trabalhos é de seis meses, contado a partir da outorga do título de lavra; no caso, a obrigação legal da recorrente seria a de ter iniciado os citados trabalhos em 22.7.1982. Ainda assim, o DNPM o recebeu como se fosse de prorrogação do início dos trabalhos, e para preencher a lacuna de tempo acima referida o deferiu com efeito retroativo (fls. 187), isto é, de 21.7.1982 a 21.9.1985.

"8. O prazo de prorrogação suso-referido terminou em 21.9.1985, quando deveria a interessada ter, de pronto, iniciado os aludidos trabalhos de lavra; entretanto, assim não agiu, preferiu usar do mesmo expediente procrastinatório, e em 23.9.1985 protocoliza novo pedido de adiamento do início dos trabalhos de lavra (fls. 189 e 190), reiterando-o em 16.9.1987 (fls. 192), pleito esse que, após analisado pelo setor técnico do DNPM (fls. 193-v.), obteve o seguinte opinamento:

"'A suspensão foi autorizada como prorrogação de início de lavra através de despacho de 3.6.1985, *DOU* de 26.6.1985, tendo o prazo autorizado expirado em 21.9.1985, fls. 187.

"'Em 23.9.1985, fls. 189 e 190, a empresa solicita nova prorrogação. Neste requerimento a empresa alega a venda do controle acionário a pessoas físicas e jurídicas ligadas ao grupo CECRISA, o qual é abastecido pela COMINAS – Mineradora Conventos S/A; com a troca de controle acionário haveria necessidade de um período de tempo para redimensionamento dos trabalhos de pesquisa e lavra das empresas do grupo (CECRISA, LAVRASA e COMINAS) visando à otimização do aproveitamento dos recursos minerais.

"'Em 16.9.1987, fls. 192, é formulado novo requerimento de prorrogação dos trabalhos de lavra, tendo em vista não haver necessidade, no momento, da utilização do minério ali jazente nas cerâmicas do grupo.

"'A LAVRASA é titular de duas concessões de argila na região. Desde 1982, ano da outorga das mesmas, os únicos trabalhos de extração ocorreram em 1985, com a lavra de 30t de argila na área desta concessão.

"'A área desta concessão possui reserva medida aprovada de 927.980t, reserva indicada de 489.864t e reserva inferida de 595.975t., fls. 133, e segundo a própria titular a argila é de muito boa qualidade para uso cerâmico.

"'O grupo a que pertence a requerente é titular de mais seis concessões de lavra para caulim na região onde somente uma vem sendo lavrada, com produção decrescente.

"'A região de Rio Pardo sofre intensa lavra clandestina de material para uso cerâmico, o que mostra a existência de mercado para o minério. A lavra clandestina se desenvolve em áreas oneradas por concessões de lavra onde concessionárias não mostram empenho em usar de seus direitos outorgados. Os grupos cerâmicos de Santa Catarina possuem diversas concessões paralisadas tanto de argila como de caulim, preferindo inclusive comprar o minério de outros titulares (Olivério A. Ribeiro e Cia. Ltda.) e mesmo de clandestinos, fato já comprovado em vistoria realizadas, e simplesmente ficam onerando as áreas, sem grandes perspectivas de virem a ser exploradas ou de permitirem a legalização de terceiros.

"'Assim, tendo em vista o tempo decorrido desde a concessão de lavra, as justificativas apresentadas pela requerente e a linha de atuação adotada por esta SFPM para este tipo de minério naquela região, propomos o indeferimento dos requerimentos de prorrogação de início de lavra formulados em 23.9.1985 e 16.9.1987.'

"9. Apoiado no parecer técnico retrotranscrito, o DNPM, através de despacho publicado no *DOU* de 10.3.1989 (fls. 194), indeferiu os pedidos de prorrogação do prazo para início dos trabalhos de lavra em causa. Ciente dessa decisão, a empresa recorrente, em 4.8.1989, portanto, cinco meses depois, muda de tática, e em petição de fls. 199 tenta justificar que não iniciou os aludidos trabalhos de lavra face à resistência dos superficiários da área; que, em razão disso, ingressara em juízo para obter servidão judicial e solucionar o impasse em referência. Após examinar tais justificativas, o Setor Técnico do DNPM, às fls. 201-202, dos autos, emitiu o seguinte parecer:

"'(...).

"'2. Quanto à alegação de dificuldade de ingresso na área, não consta em nenhum momento no decorrer do processo informação de qualquer dificuldade para ingresso na área, tendo os trabalhos de pesquisa se desenvolvido normalmente, com a execução de duzentos e cinqüenta e sete furos de trado, em malha de 60x60m e 120m, além de levantamento topográfico, reconhecimento geológico e abertura de picadas de acesso no total de 950m.

"'Agora, decorridos mais de sete anos da autorização da concessão de lavra, a empresa alega dificuldades de acerto com o superficiário.

"'Em nosso entendimento, fica mais uma vez comprovado o desinteresse do titular em lavrar a área desta concessão, tentando sempre protelar o início dos trabalhos de lavra, através de requerimentos protocolizados até mesmo antes de decisão acerca de requerimento anterior acenando com a implantação de indústria cerâmica, e finalmente procurando a desculpa do ingresso na área, providência esta que deveria ter sido tomada na época da autorização da concessão de lavra (...).'

"10. Como visto no parecer retrotranscrito, desde 25.9.1985, quando se exauriu o prazo para o início dos trabalhos de lavra antes deferido pelo DNPM, que a empresa vem protelando, de todas as maneiras, o cumprimento de suas obrigações estipuladas na legislação mineral. Todavia, o legislador constituinte, visando ao incremento da produção mineral no país, determinou que quaisquer títulos atributivos de direitos minerários cujos trabalhos de lavra não hajam sido iniciados nos prazos legais ou estejam inativos deveriam ser tornados sem efeito (art. 43 do ADCT). Além disso, a Lei n. 7.886/1989, regulamentadora da matéria, em seu art. 6º atribui competência ao DNPM para publicar, no *Diário Oficial da União*, até cento e vinte dias após a data de sua publicação, relação completa dos títulos minerários tornados sem efeito com base na legislação acima referida."

Tal é a questão, em seus fatos relevantes e na sua cronologia, trazida à análise desta Advocacia-Geral da União.

II – *Considerações preliminares.* A legislação mineral, hoje mundialmente reconhecida como um instrumento básico para o desenvolvimento econômico de um país, foi altamente influenciada pelas diretrizes proclamadas pela Resolução n. 1.803/1962 da Comissão Permanente de Soberania sobre os Recursos Minerais das Nações Unidas, pedra angular da Declaração sobre o Estabelecimento de uma Nova Ordem Econômica Internacional e da Carta dos Direitos e Deveres Econômicos dos Estados, adotadas pela Assembléia-Geral da ONU em 1974.

Como resultado direto desse importante documento, a maioria das legislações modernas passou a estabelecer que os recursos minerais pertencem ao Estado, e não mais ao proprietário do solo. Em alguns países são ainda mantidos alguns direitos ancestrais, e em outros os proprietários do solo possuem o domínio sobre minerais destinados a fins industriais e à construção civil; mas mesmo nesses países o Estado ultimamente controla os meios e métodos de exploração desses minerais.

Em geral, há o reconhecimento de que os projetos de mineração envolvem grandes investimentos, durante largos períodos de tempo, o que faz com que o aporte de capitais de risco exija a contrapartida de uma legislação clara, simples e estável. Esse comportamento, verificado a partir de meados dos anos 70, representou uma sensível mudança na política mineral dos países, como uma reação à crise econômica que envolveu o mundo ocidental naquela década. Grande parte dos países em desenvolvimento procedeu, nessa fase, a uma profunda revisão das suas leis, buscando, assim, criar condições favoráveis ao implemento da mineração em seus territórios.

Sem embargo da preservação da soberania nacional sobre os recursos minerais, essas novas leis invariavelmente passaram a regular as relações entre o minerador e o Estado, como titular dos recursos minerais, definindo as regras de convívio entre os proprietários de terras e as empresas de mineração.

Reconhecendo essa tendência mundial, a Carta Política de 1988 transferiu para a União o domínio sobre os recursos do subsolo, eliminando de vez a instituição de qualquer direito privado sobre tais recursos, e colocou a exploração desses bens sob a integral tutela do Estado, à luz do interesse nacional (art. 176, § 1º, da CF). Sob a égide desse princípio, o Estado tem o dever de assegurar a máxima utilização dos recursos minerais e de utilizar, para tanto, todos os instrumentos jurídicos ao seu alcance para evitar a destruição ou o mau uso das riquezas do subsolo, sempre atento ao fim específico, de utilidade pública, que deve presidir a exploração mineral. É o que ensina o professor Ruy Cirne Lima (*Princípios de Direito Administrativo*, Ed. RT, 5ª ed., p. 75): "Traço característico da Administração Pública é estar vinculada não a uma vontade, porém *a um fim*. Logo, este há de ser, também, um dos atributos dos bens do domínio público e do patrimônio administrativo. Costuma dizer-se que os bens do domínio público, por natureza, e os do patrimônio administrativo, por destino, são insuscetíveis de propriedade, quer dizer, de vincular-se, pelo laço do direito real, a uma vontade ou personalidade".

Com a clareza de sempre, observa Hely Lopes Meirelles (*Direito Administrativo Brasileiro*, Ed. RT, 14ª ed.): "O domínio público, em sentido amplo, é o poder de dominação ou de regulamentação que o Estado exerce sobre os bens do seu patrimônio (bens públicos), ou sobre os bens do patrimônio privado (bens particulares de interesse público), ou sobre as coisas inapropriáveis individualmente, *mas de fruição geral da coletividade* (*res nullius*). Neste sentido amplo e genérico, o domínio público abrange não só os bens das pessoas jurídicas de direito público interno, como as demais coisas que, por sua utilidade coletiva, merecem a proteção do Poder Público, tais como as águas, as jazidas, as florestas, a fauna, o espaço aéreo, e as que interessam ao patrimônio histórico e artístico nacional" (p. 424).

Prossegue adiante o consagrado autor: "Em sentido estrito, a administração dos bens públicos admite unicamente a sua utilização e conservação segundo a destinação natural ou legal de cada coisa, e, em sentido amplo, abrange também a alienação dos bens que se revelarem inúteis ou inconvenientes ao domínio público, e a aquisição de novos bens, necessários ao serviço público" (p. 429).

E esclarece, a seguir:

"Todo bem público fica sujeito ao regime administrativo pertinente ao seu uso, conservação ou alienação. Embora utilizados coletivamente pelo povo, ou individualmente por alguns usuários, cabem sempre ao Poder Público a administração e a proteção de seus bens, podendo valer-se dos meios judiciais comuns e especiais para a garantia da propriedade e defesa da posse" (p. 430).

"Os bens públicos ou se destinam ao uso comum do povo ou a uso especial. Em qualquer desses casos o Estado interfere como poder administrador, disciplinando e policiando a conduta do público e dos usuários especiais, a fim de assegurar a conservação dos bens e possibilitar a sua normal utilização, tanto pela coletividade, quanto pelos indivíduos, como ainda pelas repartições administrativas" (p. 430).

Portanto, conforme visto, tem o Estado o dever de regular, administrar e conservar os bens sob seu domínio, "segundo a destinação natural ou legal de cada coisa", podendo, inclusive, "valer-se dos meios judiciais comuns e especiais para a garantia da propriedade e defesa da posse".

Erigidos pela letra constitucional em propriedade da União, os recursos do subsolo devem ser explorados com o objetivo primordial de promover o bem-estar coletivo, incrementando, por meio do uso diligente dessas riquezas, o desenvolvimento econômico e social do país. Daí ressai o alcance do princípio contido no art. 176, § 1º, do Estatuto Maior, que condiciona a pesquisa e a lavra dos recursos minerais ao interesse nacional. Donde, também, avulta o papel preponderante da União, à luz desse interesse, no processo de exploração das riquezas do subsolo.

Após a Carta de 1988, assumiu o Estado uma posição diversa da que lhe era anteriormente conferida pelas Constituições pretéritas. Deve ele agora exercer uma interferência mais eficaz sobre a exploração mineral, proprietário que se tornou dos bens existentes no subsolo do país. Sua posição e sua tolerância alteraram-se sensivelmente em face da nova condição que o texto constitucional lhe conferiu.

Era por demais conhecida no âmbito do setor mineral a expressão "sentar-se na mina". Consistia na ação fraudulenta do titular de direito minerário que, dissimulando seu verdadeiro propósito, lograva manter por longos anos a prioridade sobre determinada jazida, cuja exploração, na realidade, pretendia apenas evitar ou procrastinar. Estudos realizados pelo Departamento Nacional da Produção Mineral – DNPM demonstraram que era possível, por meio de artifícios técnicos e legais, e dada a fragilidade da fiscalização do Estado, manter uma jazida inexplorada – portanto, economicamente inativa – por até treze anos! Ao transferir para o domínio público os recursos minerais, fixando, assim, o novo regime da propriedade do subsolo, o constituinte houve por bem estabelecer o comando saneador contido no art. 43 do ADCT, visando a propiciar um reordenamento das autorizações e concessões minerárias em face desse regime.

Diz o citado dispositivo: "Art. 43. Na data da promulgação da lei que disciplinar a pesquisa e a lavra de recursos e jazidas minerais, ou no prazo de um ano, a contar da promulgação da Constituição, tornar-se-ão sem efeito as autorizações, concessões e demais títulos atributivos de direitos minerários, caso os trabalhos de pesquisa ou de lavra não hajam sido comprovadamente iniciados nos prazos legais ou estejam inativos".

Dessa forma, o constituinte procurou sancionar o titular inadimplente, conferindo ao Estado um eficiente instrumento para reorganizar o setor mineral. O novo regime instituído pela Constituição vigente exige total intolerância do Estado em face da má aplicação ou do desvirtuamento dos bens minerais, hoje incorporados ao patrimônio da União e cujo aproveitamento econômico deve ser permanentemente presidido pelo interesse nacional. O "sentar-se na mina" foi, portanto, expelido das atividades minerais.

Feitas essas considerações preliminares, passo a examinar o recurso no seu mérito, à luz da legislação pertinente e dos fatos demonstrados nos presentes autos.

III – *Mérito*. O pré-falado art. 43 foi disciplinado pela Lei n. 7.886, de 20.11.1989, nos arts. 1º a 7º, cujo teor vale transcrever:

"Art. 1º. Tornar-se-ão sem efeito, no dia 5 de outubro de 1989, e, sem exceção, na forma do art. 43 do Ato das Disposições Constitucionais Transitórias, as autorizações de pesquisa, as concessões da lavra, os manifestos de minas, as licenças e demais títulos atributivos de direitos minerários, caso os respectivos trabalhos de pesquisa ou de lavra não hajam sido comprovadamente iniciados nos prazos legais ou estejam inativos.

"Art. 2º. Os titulares de direitos minerários deverão comprovar, até 30 de novembro de 1989, junto ao Departamento Nacional da Produção Mineral – DNPM, que os trabalhos de pesquisa ou de lavra, de que trata o artigo anterior, foram iniciados nos prazos legais e não se encontravam inativos na data referida no art. 1º.

"Art. 3º. Consideram-se inativos, para os fins desta Lei, os trabalhos de pesquisa ou lavra: a) que tenham sido interrompidos, suspensos ou abandonados em desacordo com os prazos e preceitos legais; b) que configurem lavra simbólica.

"Parágrafo único. Entende-se por lavra simbólica a lavra realizada em flagrante desacordo com o plano de aproveitamento econômico previamente aprovado e de forma incompatível com as finalidades e condições da respectiva concessão, cuja prática possa impedir ou restringir, de alguma forma, o aproveitamento da jazida, segundo o seu potencial econômico.

"Art. 4º. A comprovação de que trata o art. 2º desta Lei deverá ser efetuada, mediante protocolização junto ao DNPM, dos seguintes elementos, conforme o caso: a) relatório dos trabalhos de pesquisa realizados até 5 de outubro de 1989, acompanhado do programa e do cronograma físico-financeiro dos trabalhos a realizar e de documentos idôneos demonstrativos das ocorrências; b) relatório dos trabalhos da lavra realizados até 5 de outubro de 1989, acompanhado do programa e cronograma físico-financeiro dos trabalhos a realizar, bem como dos três últimos relatórios anuais de lavra, a que se refere o art. 57 do Decreto-lei n. 227, de 28 de fevereiro de 1967, com cópia dos documentos demonstrativos.

"Art. 5º. O DNPM cancelará *ex officio* os atos vigentes na data da publicação desta Lei, que autorizem o adiamento ou a suspensão dos trabalhos de pesquisa ou lavra, se constatar a inexistência de condições ou circunstâncias que justifiquem a manutenção de tais autorizações, assegurada defesa ao interessado.

"Art. 6º. O DNPM fará publicar, no *Diário Oficial da União*, até cento e vinte dias após a data da publicação desta Lei, relação completa dos títulos minerários tornados sem efeito com base nesta Lei, declarando a liberação ou a disponibilidade das respectivas áreas e assegurando defesa aos interessados, nos termos da legislação minerária pertinente.

"Parágrafo único. No prazo de até dois anos, o DNPM, mediante edital publicado no *Diário Oficial da União*, colocará em disponibilidade para pesquisa ou lavra as áreas cujos títulos foram tornados sem efeito, por força desta Lei, fixando prazo compatível para recebimento de propostas dos interessados.

"Art. 7º. O DNPM levará em conta, para os efeitos do artigo anterior, a eventual existência de garimpagem, respeitando, na outorga de novos títulos minerários, a prioridade das cooperativas de garimpeiros para pesquisar e lavrar jazidas de minerais garimpáveis nas áreas onde estejam atuando e o estabelecimento de área para o exercício da atividade de garimpagem.

"Parágrafo único. Em áreas ocupadas por garimpeiro que, por ignorância ou falta de recursos, não manifestou ao DNPM o exercício de atividades, comprovada a circunstância pelo interessado, fica aberta, por noventa dias da data da publicação desta Lei, a permissão para regularizar a exploração existente."

O ponto nevrálgico para resolução da matéria em exame é o entendimento do conceito de inatividade dos trabalhos de pesquisa ou de lavra, fixado no art. 3º acima transcrito.

Diz esse dispositivo que são considerados inativos os trabalhos de pesquisa ou de lavra que: "a) tenham sido interrompidos, suspensos ou abandonados em desacordo com os prazos e preceitos legais; b) configurem lavra simbólica".

Na alínea "a" refere-se a lei a três circunstâncias distintas: interrupção, suspensão e abandono.

A figura da interrupção está contemplada nos arts. 29, inciso II (fase de pesquisa), e 49 (fase de lavra), ambos do Decreto-lei n. 227, de 28.2.1967 (Código de Mineração), que prevêem os limites máximos para eventuais paralisações, só superáveis por motivo de força maior. A suspensão ocorre apenas na fase de lavra, em caráter definitivo ou provisório, esta sem prazo definido e condicionada a prévia comunicação ao DNPM e a posterior verificação *in loco* das justificativas alegadas pelo interessado.

O abandono corresponde à paralisação dos trabalhos de pesquisa ou de lavra em desrespeito à lei. Tem contornos próprios e decorre, evidentemente, do comportamento desidioso do titular do direito de pesquisa ou de lavra em face de suas obrigações legais. A sanção máxima prevista na lei minerária para a hipótese de abandono é a de caducidade do direito de pesquisa ou de lavra (art. 65 do Código de Mineração).

O comando contido no art. 43 do ADCT tem alcance mais amplo que aquele previsto no Código Mineiro: o de sancionar não apenas o titular negligente ou omisso, mas também aquele que, de má-fé, vale-se da outorga para, movido por razões pessoais, impedir ou retardar a exploração da jazida. Tem o Estado, nessa hipótese, o dever de resgatar o bem mineral e de entregá-lo a terceiros legitimamente interessados no seu aproveitamento.

O abandono equivale a uma renúncia tácita do titular, decorrente da sua negligência ou omissão culposa. Lembre-se, a propósito, que os prazos estabelecidos no Código Mineiro são de decadência, razão pela qual o não-exercício do direito outorgado acarreta, inapelavelmente, a caducidade do título conferido ao minerador, ressalvadas apenas certas condições atenuantes previstas na lei.

Examine-se, agora, o item "b" do art. 3º do diploma legal em comento.

Define este como lavra simbólica "a lavra realizada em flagrante desacordo com o plano de aproveitamento econômico previamente aprovado e de forma incompatível com as finalidades e condições da respectiva concessão, cuja prática possa impedir ou restringir, de alguma forma, o aproveitamento da jazida, segundo o seu potencial econômico" (art. 3º, parágrafo único).

O plano de aproveitamento econômico da jazida (PAE), a que se refere o dispositivo transcrito, é um elemento básico da exploração mineral, uma vez que identifica a destinação a ser dada ao depósito e fixa os métodos, objetivos e compromissos a serem observados pelo minerador durante toda a fase de lavra.

Segundo o Código de Mineração (art. 39), o PAE deve instruir o pedido de concessão de lavra formulado pelo interessado e conter os seguintes elementos de informação: "I – memorial explicativo; II – projetos ou anteprojetos referentes: a) ao método de mineração a ser adotado, fazendo referência à escala de produção prevista inicialmente e à sua projeção; b) a iluminação, ventilação, transporte, sinalização e segurança do trabalho, quando se tratar de lavra subterrânea; c) ao transporte na superfície e ao beneficiamento e aglomeração do minério; d) às instalações de energia, de abastecimento de água e condicionamento de ar; e) à higiene da mina e dos respectivos trabalhos; f) às moradias e suas condições de habitabilidade para todos os que residem no local de mineração; g) às instalações de captação e proteção das fontes, adução, distribuição e utilização de água, para as jazidas da Classe VIII".

O chamado PAE é, portanto, elaborado pelo próprio titular e submetido à apreciação do poder concedente. Uma vez aprovado, o PAE regerá toda a vida do projeto, ficando o concessionário da lavra obrigado a realizar os trabalhos segundo as diretrizes e metas nele fixadas, sob pena de caducidade da concessão mineral.

Por outro lado, podem ser caracterizadas como prática "incompatível com as finalidades e condições da respectiva concessão", tal como referido no dispositivo em comento, as manobras protelatórias utilizadas para impedir ou restringir o aproveitamento da jazida, bem como as injustificadas omissões do titular em face dos compromissos por este assumidos.

Dessa forma, e em resumo, a inatividade dos trabalhos de pesquisa ou de lavra de que trata o art. 3º da Lei n. 7.886/1989 deve ser entendida como: a) a interrupção ou a suspensão de qualquer desses trabalhos em desrespeito aos prazos e preceitos legais; ou b) o abandono da jazida, em qualquer fase, em desacordo com os termos e condições da lei, hipótese que configura a renúncia tácita do titular ao respectivo direito; ou c) a lavra realizada em conflito com o PAE previamente aprovado e, também, aquela conduzida de forma a restringir ou impedir, de alguma forma, o aproveitamento da jazida segundo o seu potencial econômico. Essa previsão legal abrange, igualmente, a ausência de atividade exploratória, sem motivo justificado, como uma das formas de "impedir ou restringir" tal aproveitamento. Daí o sentido da denominação dada a esse tipo de fraude: *lavra simbólica*.

Balizado, dessa forma, o campo em que se fere a discussão principal da matéria em comento, passo a examinar os elementos fáticos contidos no processo em referência, à luz da legislação pertinente e das considerações preliminares e de mérito acima desenvolvidas.

IV – *Fatos*. Os elementos de informação constantes dos autos demonstram à saciedade a total improcedência das alegações da recorrente.

Diz esta – relembre-se – que suas pretensões foram sempre frustradas pelos indeferimentos a seus pedidos, não se lhe podendo imputar qualquer incúria ou negligência com o objetivo de procrastinar o início dos trabalhos de lavra. Alega, também, que não logrou obter a necessária permissão dos proprietários do solo para seu ingresso na área de interesse, motivo pelo qual teria iniciado a ação judicial adequada a esses fins.

Ora, as provas dos autos apontam em direção diversa.

Veja-se: a portaria de lavra, por meio da qual foi outorgada à requerente a concessão em causa, foi publicada no *DOU* em 21.1.1982, iniciando-se, a partir dessa data, o prazo legal de seis meses para que a interessada desse início aos trabalhos (art. 47, inciso I, do Código de Mineração). Esse prazo esgotou-se em 22.7.1982, sem que a lavrista cumprisse aquela obrigação.

Em 14.3.1984 – portanto, um ano e oito meses após o decurso do prazo legal – a recorrente formulou pedido de suspensão dos trabalhos de lavra, pleito esse totalmente intempestivo e inepto, já que apresentado a destempo e sem fundamento jurídico. Como seria possível suspender uma atividade que nem sequer havia sido iniciada? Além disso, caracterizado estava o abandono da jazida, em face da ausência de qualquer atividade exploratória no local.

Entretanto, o órgão fiscalizador (DNPM) recebeu o pedido como uma "prorrogação do início dos trabalhos de lavra" (fls. 187) – figura inexistente na legislação minerária – e conferiu à interessada um novo prazo para o início da lavra: três anos e dois meses. A decisão teve efeito retroativo a 21.7.1982 – o que contraria o texto legal –, para abranger o interregno entre o termo do prazo legal para início da lavra e a data do pedido de prorrogação.

No parecer técnico de fls. 184, o representante local do DNPM sugeria que a prorrogação fosse acolhida para que a empresa titular pudesse "repensar sua atuação no Estado do Rio Grande do Sul"; mas recomendava um prazo de apenas um ano e seis meses, a contar de 14.3.1984 (data da protocolização daquele pedido), para o início dos trabalhos. As chefias locais aprovaram esse parecer, mas a prorrogação foi concedida pelo referido prazo de três anos e dois meses.

Inobstante a tolerância do órgão fiscalizador, a empresa requerente deixou transcorrer esse novo prazo que lhe havia sido outorgado sem realizar qualquer atividade de lavra na área da jazida.

Em 23.9.1985 – fora do prazo concedido pelo DNPM, que havia expirado em 21.9.1985 – a requerente submeteu outro pedido de prorrogação do início dos trabalhos de lavra, pleito esse que reiterou em 16.9.1987, antes mesmo de conhecer a decisão final do órgão a respeito desse pedido.

Registre-se que, até aquele momento, já haviam transcorrido cinco anos e oito meses, contados da data da concessão da lavra, sem que qualquer atividade exploratória houvesse ocorrido na área da jazida. E consigne-se que, mesmo em face da reincidente inatividade da empresa, o DNPM não atuou no sentido de caracterizar o abandono da jazida, aplicando à concessionária as sanções cabíveis no caso, inclusive a de caducidade.

Observe-se mais: desde a protocolização do requerimento de pesquisa mineral, ocorrida em 24.6.1976, até a data em que foi aplicada a sanção prevista no art. 43 do ADCT, a jazida ficou inativa por dezessete anos e sete meses!

Retorne-se ao segundo e reiterado pedido de prorrogação. Dessa vez, o DNPM, com base no pronunciamento técnico parcialmente transcrito no Parecer n. CONJUR/MME 101/1993, acima referido, houve por bem negar a concessão de novo prazo para início dos trabalhos de lavra. Note-se que o indeferimento a esse pedido ocorreu em 3.3.1989 (fls. 194), quando já havia sido promulgada a atual Constituição.

Em 3.8.1989 (cinco meses após o pré-falado indeferimento), instada pelo DNPM a iniciar os trabalhos de lavra dentro de sessenta dias contados de 9.6.1989 (publicação da exigência no *Diário Oficial*), a empresa comunicou àquele órgão a impossibilidade de atender à intimação por haver sido impedida pelos proprietários do solo de ingressar na área de interesse, razão pela qual teria ajuizado a competente ação judicial para viabilizar esse intento.

Ocorre que, intimada a iniciar suas atividades num prazo de sessenta dias, cujo termo expiraria em 8.8.1989, somente em 4.8.1989 – apenas quatro dias antes do término desse prazo – houve por bem a interessada comunicar ao DNPM a alegada resistência dos superficiários. Ora, ainda na fase inicial dos trabalhos a requerente havia juntado aos autos prova de que possuía autorização dos proprietários do solo para realizar os trabalhos de pesquisa (doc. de fls. 36-38 e 42-44), não constando desde então do processo qualquer comunicação de resistência dos mesmos. Esse fato passou a ser alegado pela interessada somente a partir de agosto de 1989, quando então já vigente a norma estatuída no art. 43 do ADCT.

Veja-se, a propósito, as manifestações do DNPM de fls. 193-194 e 201-202, das quais destaco a seguinte observação: "2. Quanto à alegação de dificuldade de ingresso na área, não consta em nenhum momento no decorrer do processo informação de qualquer dificuldade para ingresso na área, tendo os trabalhos de pesquisa se desenvolvido normalmente com a execução de duzentos e cinqüenta e sete furos de trado, em malha de 60x60m e 120m, além de levantamento topográfico, reconhecimento geológico e abertura de picadas de acesso no total de 950m".

Ora, nos casos de aplicação da sanção prevista no art. 43 do ADCT, o que importa verificar é o *animus* do titular de efetivamente cumprir suas obrigações legais. No caso presente, decorrido um período de quase dez anos entre a data da concessão da lavra e o momento em que foi aplicada a sanção de caducidade por força do art. 43 do ADCT, a requerente jamais demonstrou qualquer esforço no sentido de dar início à lavra, não tendo sequer esboçado a mais leve ação indicativa do seu interesse de explorar a jazida.

Apenas diante da ameaça de perda do titulo minerário, representada pelo comando contido no art. 43 em comento, é que a interessada passou a alegar dificuldades (até então inexistentes) para levar a bom termo suas obrigações legais. A atitude da empresa ao longo do período da concessão foi sempre a de adiar o início da lavra. Donde, portanto, o *animus* de executar os trabalhos? Se a lavra tornara-se inviável, por qualquer razão técnica ou mercadológica, caberia à requerente formular sua renúncia ao título outorgado, tal como previsto no art. 58 do Código de Mineração.

Diante de tais evidências, sou levado a concluir, em linha com o bem-lançado parecer da douta Consultoria Jurídica do MME, que a requerente procurou reter a jazida como "reserva técnica", em benefício próprio, uma vez que jamais demonstrou o ânimo de explorá-la segundo os objetivos e as condições a que se obrigara.

É curioso anotar que, no Relatório Final de Pesquisa que submeteu ao DNPM, a interessada registrou o seguinte (fls. 68, *sic*):

"Considerando o preço FOB da argila no Estado de Santa Catarina, que é da ordem de 150,00, não obteremos nenhuma margem de lucro, o que entretanto não invalida o empreendimento, levando-se em conta a possibilidade de ser a jazida usada como reserva técnica e a alta tonelagem cubada. Somam-se a isto outros fatores que tornam exeqüível e altamente rentável a lavra desta jazida. São eles: 1) a excelente qualidade do material; 2) boas condições de acesso, permitindo fácil escoamento do produto; 3) a existência de um mercado cuja demanda apresenta-se em contínuo aumento. (...).

"A importância desta jazida é realçada pela sua qualidade se fizermos uma comparação com a maioria das argilas vizinhas que apresentam melhores condições de uso como mistura no fabrico de pisos. Sua plasticidade e cor de queima são fatos que por si sós já demonstram a importância desta jazida e do uso de seu material na cerâmica branca no fabrico do azulejo, além de garantir uma posição de destaque em relação às outras ocorrências do Estado do Rio Grande do Sul."

Desse sincero registro infere-se que havia, desde o início, a clara intenção de manter a jazida como "reserva técnica" da empresa, já que o depósito, conforme visto, era de excelente qualidade, as condições de acesso favoráveis e o mercado apresentava-se em fase de demanda contínua. A inoperância da requerente durante todo o período da concessão parece, de fato, revelar o objetivo não confessado de manter um depósito estratégico subordinado aos interesses da própria interessada, o que é inaceitável à luz da legislação pertinente.

V – *Conclusão*. Reporto-me ao teor do art. 43 do ADCT, acima transcrito.

Como se vê, o objetivo da lei constitucional em comento é o de sancionar com a pena de caducidade as autorizações e concessões minerais cujos respectivos trabalhos de pesquisa ou de lavra não hajam sido comprovadamente iniciados nos prazos legais ou estejam inativos no prazo de um ano a contar da promulgação da Constituição vigente.

Ora, a concessão mineral de que cuidam os presentes autos foi outorgada, como visto, em 21.1.1982, tendo a requerente deixado expirar o prazo legal de seis meses para o início da lavra sem que houvesse desenvolvido qualquer atividade exploratória na área de interesse.

Intempestivamente, já que decorridos um ano e oito meses do termo daquele prazo, solicitou a interessada a suspensão temporária da lavra por um ano (fls. 181). Tratava-se de pedido desprovido de amparo legal, não só pelo fato de ter sido formulado fora de prazo como, ainda, por cuidar de remédio jurídico só aplicável após o início dos trabalhos de lavra, fato esse jamais ocorrido. Não é possível suspender uma atividade que jamais foi iniciada. Além disso, a legislação não contempla a figura da "prorrogação do início da lavra".

Assim, evidencia-se o inadimplemento da requerente quanto ao cumprimento dos prazos legais, de vez que não só deixou de iniciar os trabalhos de lavra dentro da previsão legal como, também, jamais demonstrou qualquer esforço nesse sentido, mesmo diante da tolerância do órgão fiscalizador.

Caracterizado estava, portanto, o abandono da jazida antes mesmo da aplicação da sanção prevista no art. 43 do ADCT, haja vista a inoperância da empresa no atendimento aos prazos legais.

Veja-se que é infundada a alegação da requerente de que todas as suas pretensões "foram frustradas pelos indeferimentos". O primeiro pedido de suspensão da lavra, embora formulado a destempo, foi deferido pelo DNPM, que concedeu à lavrista um prazo retroativo de três anos e dois meses para o início dos trabalhos. Em 23.9.1985 – portanto, dois dias após o termo desse novo prazo – solicitou a interessada, uma vez mais intempestivamente, outra "prorrogação do início da lavra", reiterada em 16.9.1987. Esse último pedido – e apenas esse – é que foi indeferido pelo DNPM, que, então, não encontrou razões que justificassem mais um adiamento.

Veja-se, a propósito desse pedido, o que anotou o DNPM no parecer técnico de fls. 193:

> "O grupo a que pertence a requerente é titular demais seis concessões de lavra para caulim na região onde somente uma vem sendo lavrada, com produção decrescente.
>
> "A região de Rio Pardo sofre intensa lavra clandestina de material para uso cerâmico, o que mostra a existência de mercado para o minério. A lavra clandestina se desenvolve em áreas oneradas por concessões de lavra onde os concessionários não mostram empenho em usar de seus direitos outorgados. Os grupos cerâmicos de Santa Catarina possuem diversas concessões paralisadas tanto de argila como de caulim, preferindo inclusive comprar o minério de outros titulares (Olivério A. Ribeiro e Cia. Ltda.) e mesmo de clandestinos, fato já comprovado em vistorias realizadas, e simplesmente ficam onerando as áreas, sem grandes perspectivas de virem a ser exploradas ou de permitirem a legalização de terceiros.
>
> "Assim, tendo em vista o tempo decorrido desde a concessão de lavra, as justificativas apresentadas pela requerente e a linha de atuação adotada por esta SFPM para este tipo de minério naquela região, propomos o indeferimento dos requerimentos de prorrogação de início de lavra formulados em 23.9.1985 e 16.9.1987."

Já era, portanto, evidente para aquele órgão que a linha de atuação da requerente, em face das suas obrigações como concessionária da lavra, não levavam a crer que a mesma colocasse a jazida em operação, tal como aprovado no respectivo PAE.

Não foram, dessa forma, os indeferimentos (na realidade, apenas um) que frustraram as pretensões da requerente. O fato é que os trabalhos de lavra não foram iniciados nem no prazo legal, nem naquele concedido pelo DNPM.

Quanto à questão da inatividade de lavra, reporto-me ao que acima já comentei, registrando, uma vez mais, que os prazos da lei minerária são de decadência, motivo pelo qual o não-exercício do direito gera, inapelavelmente, a caducidade da concessão mineral.

Diante dos fatos acima arrolados e de tudo o mais que consta do presente processo, não resta dúvida de que o comportamento da requerente está duplamente tipificado na previsão contida no art. 3º da Lei n. 7.886/1989: a) abandono dos trabalhos de lavra em desacordo com os prazos e preceitos legais; e b) prática de lavra simbólica.

Por outro lado, ao aceitar o pedido intempestivo e inepto de "prorrogação do início da lavra", atuou o órgão competente com tolerância em face do texto legal, o que, todavia, não supre a inatividade da interessada em face de suas obrigações como concessionária da lavra.

Depõe o professor Caio Tácito ("O desvio de poder no controle dos atos administrativos, legislativos e jurisdicionais", in *RDA* 188, abril-junho/ 1992) no sentido de que:

"A Administração Pública exerce a função que lhe é própria mediante atos administrativos com os quais a autoridade competente, fundada em norma de Direito, cuida de alcançar os resultados adequados ao interesse coletivo.

"Não trata a autoridade de interesse próprio ou individual. A ação que exerce tem como endereço uma finalidade pública, que não pode descumprir.

"Enquanto no ato jurídico privado as razões que inspiram o autor, bem como o objetivo a ser alcançado, são, via de regra, indiferentes à validade do ato, o mesmo não ocorre com o ato jurídico público e, especialmente, com o ato administrativo.

"Qualquer ato administrativo está vinculado a um fim público, ainda que a norma de competência a ele não se refira.

"A manifestação de vontade do agente público terá, necessariamente, que se dirigir à observância da finalidade específica relacionada com a natureza da atividade exercida.

"Se a autoridade se desvia da finalidade legal específica, o ato administrativo se torna viciado em elemento essencial à sua legalidade.

"Caracteriza-se, na hipótese, o vício que se conceituou como *desvio de finalidade* ou *desvio de poder*.

"A terminologia é expressiva e procura indicar, graficamente, o movimento ilícito da vontade que, descumprindo a ordem da lei, se dirige a um alvo diverso daquele que lhe é determinado."

Inadimplente quanto ao prazo legal para início da lavra, e até quanto à ampla prorrogação concedida pelo DNPM, em nenhum momento demonstrou a requerente o *animus* de atender às obrigações que assumira com base no PAE aprovado por aquele órgão.

Por outro lado, não aproveita à requerente a alegação de que, "com amparo nos arts. 59 e ss. do Código de Mineração, procedeu a processo judicial visando à constituição de servidão para poder pacificamente ingressar na área ou dar início aos trabalhos de lavra". Isso porque, quando dos reiterados pedidos de prorrogação desses trabalhos, e durante todo o tempo em que desenvolveu atividades de pesquisa no local, jamais manifestou a requerente qualquer resistência dos superficiários.

Instada pelo DNPM a dar início à lavra um prazo de sessenta dias, contados da data da publicação da exigência no *Diário Oficial da União* (9.6.1989), a empresa interessada, apenas quatro dias antes do término desse prazo, alegou a resistência dos proprietários do solo ao seu ingresso na área da jazida, informando que, por isso, teria iniciado a competente ação judicial para alcançar seu intento.

Embora, no caso, concorra forte presunção de que, com tal comportamento, a requerente procurou apenas contornar a incidência do comando contido no art. 43 do ADCT, ocorre que, quando assim decidiu agir, já se encontravam inapelavelmente presentes os pressupostos legais que autorizavam a aplicação da sanção prevista no citado dispositivo. Além da inobservância dos prazos legais, praticara a interessada a lavra simbólica de que cuida o art. 30 da Lei n. 7.886/1989, pois não cabe, na hipótese, admitir-se que os proprietários do solo, após assistirem a todo o trabalho de pesquisa, com as movimentações de pessoal e de equipamentos que essa fase requer, viessem a manifestar uma resistência ao prosseguimento das atividades minerais apenas quatro dias antes do término do prazo fatal concedido pelo DNPM à lavrista.

Decorrido o prazo legal, e inativa a interessada relativamente às obrigações que assumira, caracterizou-se o abandono da jazida em momento pretérito ao da alegada resistência dos superficiários ao seu ingresso na área da jazida. Por isso mesmo, já não aproveita à requerente, para efeito da presente análise, a extemporânea ação judicial que ajuizou com o objetivo de dar início aos trabalhos de lavra, posto que já decadente o seu direito à exploração da jazida em causa.

Finalmente, consigno que o recurso de fls. 246-253 é recebido na forma *ex officio*, nos termos do art. 68, §§ 3º e 4º, do Código de Mineração, embora os prazos ali previstos não tenham sido atendidos seja pela interessada, seja pelo órgão de origem, preservando-se o direito da requerente de ter seu pleito apreciado na forma do que dispõe o citado § 4º.

Por todo o exposto, entendo deva ser mantida, por juridicamente inatacável, a decisão do Sr. Ministro de Minas e Energia que manteve a sanção de caducidade aplicada pelo DNPM, com base no art. 43 do ADCT, à concessão de lavra outorgada à requerente, sugerindo seja negado provimento pelo Exmo. Sr. Presidente da República ao recurso de fls. 246-253 interposto pela interessada.

Sub censura.

Brasília, 1º de março de 1994

ALFREDO RUY BARBOSA, Consultor da União.

7.3 Parecer n. GQ-64

Também aflora a questão do desvio de poder no seguinte posicionamento do Advogado-Geral da União:

PARECER N. GQ-64
PROCESSO N. 46010.004333/93-26

Origem: Ministério da Agricultura, do Abastecimento e da Reforma Agrária.

Assunto: Servidor celetista admitido por concurso – Dispensa imotivada.

Adoto, para os fins e efeitos dos arts. 40 e 41 da Lei Complementar n. 73, de 10.2.1993, o anexo Parecer n. AGU/DF-01/1995, da lavra do eminente Consultor da União, Dr. Obi Damasceno Ferreira.

Brasília, 10 de abril de 1995

GERALDO MAGELA DA CRUZ QUINTÃO, Advogado-Geral da União.

PARECER N. AGU/DF-01/1995[2]
PROCESSO N. 46010.004333/93-26

Assunto: Servidor celetista admitido por concurso – Dispensa imotivada.

Ementa: Ilegalidade da Portaria n. 306, de 30.9.1980 – Servidor admitido por concurso, conquanto regido pela Consolidação das Leis do Trabalho, não pode ser dispensado discricionariamente, sem motivação – Ato nulo, a configurar abuso de poder – Reintegração do interessado no emprego.

Em face de divergência de entendimento entre a douta Consultoria Jurídica do Ministério da Agricultura, do Abastecimento e da Reforma Agrária e da ilustrada Secretaria da Administração Federal, o então titular daquela Pasta

---

2. A respeito deste parecer o Exmo. Sr. Presidente da República exarou o seguinte despacho: "De acordo". Em 10.4.1995. Com correção tipográfica. Publicado na íntegra no *DOU* 17.4.1995, p. 5.365.

solicitou, na forma do art. 4º, incisos X e XI, da Lei Complementar n. 73, de 10.2.1993, através da EM n. 157, de 9.11.1994, o pronunciamento desta Advocacia-Geral.

2. A questão tem por objeto pedido de reintegração do engenheiro-agrônomo Antônio Apiano Marques Holanda, que, admitido pelo Ministério da Agricultura após habilitação em concurso e vencido o período de estágio, foi dispensado sem justa causa, conforme Portaria n. 306, de 30.9.1980, publicada no *DO* de 2.10.1980 (fls. 4 do processo).

3. O servidor bastas vezes requereu o retorno ao trabalho, mas infrutíferas foram essas providências, tanto mais que, consoante despacho do órgão jurídico do Ministério da Agricultura (fls. 5 do processo em apenso n. 21000.004307/89-82), fora ele "demitido no ano de 1980, por conveniência do serviço. Embora não tenha sido a rescisão contratual precedida de procedimento disciplinar (sindicância ou inquérito), como optante do FGTS, lhe foram assegurados todos os pagamentos indenizatórios de lei" (*sic*).

4. A douta Consultoria Jurídica da Secretaria da Administração Federal, em seu percuciente Parecer n. CONJUR/SAF/PR 325/1994, é pela reintegração do requerente, por nula a citada Portaria n. 306/1980. Eis os fundamentos principais alinhados no referido pronunciamento:

"6. Há de se convir que o concurso de engenheiro-agrônomo promovido no interesse da Administração, para suprir necessidades nessa área, organizava o pessoal contratado pela via concursal em classes dessa categoria funcional, contendo referências com valores retributivos escalonados que conferiam a eles, após a complementação do interstício de trabalho exigido, progressões horizontais e verticais, por mérito ou antiguidade, detendo assim a característica de emprego permanente, do qual só poderiam ser dispensados por justa causa.

"7. Às fls. 11 encontra-se a informação de que o interessado obteve progressão por mérito para as referências 38, 39 e 40, respectivamente, a partir de 1.10.1977, 1.2.1978 e 1.7.1980, o que comprova a sua condição de servidor eficiente, avaliado com conceito 1 (o melhor utilizado pelo serviço público federal à época).

"8. Ora, se a Administração reconhecia, pelo sistema de avaliação que usava, ser o servidor excelente no desempenho de suas atribuições, a rescisão de seu contrato de trabalho sem qualquer motivação reforça o argumento de que fora realmente injustiçado.

"9. O antigo DASP, ao emitir o Parecer n. 739/1980, cujos itens 7 e 8 reproduzimos abaixo, entendeu que a Administração para dispensar servidor regido pela Consolidação das Leis do Trabalho deveria ter como suporte motivação de interesse público:

"'7. Sem prejuízo da subjetividade do que se inscreve na área do chamado princípio da discricionariedade existente no direito administrativo, o agente público, na condição de representante do Estado, como administrador da coisa pública, só pode fazer aquilo que estiver autorizado por lei a praticar, entendendo-se aqui a palavra 'lei' em seu sentido mais amplo. A Consolidação das Leis do Trabalho é uma imposição de origem estatal; foi decretada com a finalidade de impor a vontade do Estado, circunstância que, conseqüentemente, por ser imposta, substitui a vontade e os critérios individuais do representante do Estado, que fica obrigado a dar fiel e cabal cumprimento aos mandamentos instituídos na lei; por conseguinte, não tem o mesmo autoridade para se impor de forma diferente do ordenamento jurídico instituído pelo Estado.

"'8. Assim, ainda que possa parecer 'seja lícito, ao empregador, dispensar o empregado desde que observe as disposições contidas na Consolidação das Leis do Trabalho', fazemos notar que a força que autoriza um ato dessa natureza é a que dimana da lei, que, por delinear seus elementos essenciais e condicionar seu próprio conteúdo como ato do Estado, não se sujeita aos critérios individuais da vontade ou capricho de seus representantes.'

"10. Sobre essa matéria há, ainda, que se transcrever as alíneas 'a' e 'b' do item 2 do parecer emitido pela COLEPE/SEPEC/DASP sob n. 343/1983, que dizem: '2. A respeito do assunto, cabe prestar os seguintes esclarecimentos: a) o servidor regido pela legislação trabalhista, que não seja estável, poderá ter seu contrato de trabalho rescindido, com justa causa, sem que a infração tenha sido apurada em inquérito judicial ou administrativo. Para tanto, é suficiente se verifique, mediante sindicância, se a falta justificadora da dispensa foi cometida, sendo prescindível assegurar-se ampla defesa ao servidor; b) este Departamento está ultimando estudos com vistas a atribuir competência aos Ministros de Estado para procederem à dispensa, com justa causa, dos servidores regidos pela legislação trabalhista; (...)'.

"(...).

"12. Efetivamente, a rescisão contratual em comento prescindiu desses requisitos, constituindo-se em ato ineficaz desprovido de validade, onde se evidenciam a ausência de motivação e a falta de finalidade que justifiquem esse procedimento.

"13. Por sua vez, os Ministros do STF, em 2ª Turma, ao examinarem situação análoga, acordaram por unanimidade de votos em conhecer do recurso interposto no MS sob n. 21.485-DF, dando-lhe provimento, deferindo, no mérito, a segurança, fundamentada, em princípio, no argumento de que 'a dispensa do servidor público, regido pela Consolidação das Leis do Trabalho, não se pode dar da mesma forma que a dispensa do empregado privado. É que os atos da Administração Pública hão de ser sempre motivados, não podem ser sem causa. Pelo princípio da legalidade, que preside a atividade da Administração Pública, a esta não cabe praticar atos, ainda que no exercício de poder discricionário, que impliquem expressões de arbítrio na sua atividade' (extraído do voto do Min. Néri da Silveira).[*1]

[* V. também TFR, MS n. 83.593 (Min. Néri da Silveira):

"Nessa linha de doutrina, compreendo que há desvio de finalidade no ato da Administração que, sem motivo algum legítimo, despede servidor regido pela Consolidação das Leis do Trabalho, que foi admitido mediante concurso público, satisfazendo a todos os requisitos ao ingresso na função pública, inclusive estágio preparatório no exercício das atribuições, para, em seu lugar, outro ser contratado, existindo necessidade de prestadores de serviço e de desempenho das mesmas tarefas. Isso não significa criar uma forma nova de estabilidade funcional, mas, apenas, resguardar do mero arbítrio do detentor do poder situações jurídicas constituídas legitimamente, de acordo com os interesses e finalidades da Administração Pública, a cujo âmbito todos podem ter acesso, desde que satisfaçam os requisitos de lei. Do contrário seria entender legítimo que Administração nova, que se venha a instalar, possa, desde logo, com imensos ônus para o erário nacional, despedir, ou manter, servidores contratados pelo regime da Consolidação das Leis do Trabalho, escolhidos mediante competitório (que hoje, é certo, vão constituindo maior número no serviço público), para, em seu lugar, colocar outros empregados. Não se compatibilizaria essa orientação com a finalidade e os interesses da Administração Pública e da segurança dos que disputam partilhar dos encargos e dos benefícios do serviço público, que não pertence a ninguém, mas pode ser exercido pelos que a tanto se habilitarem, na forma da lei.

"No caso concreto, portanto, não existindo qualquer motivo alegado, não tenho como legítimo a Administração, tão-só ao fundamento de tratar-se de servidora regida pela Consolidação das Leis do Trabalho, a qual, entretanto, satisfez a todas as exigências de ingresso, juntamente com os demais candidatos, poder dispensá-la, como o fez, com gastos desnecessários a cargo do Tesouro Nacional, a título de verbas de despedida pagas ao empregado, que havia pouco se empossara no emprego.

"Do sucintamente exposto, acompanho o ilustre Min. Décio Miranda, concedendo, também, o mandado de segurança, para anular a portaria impugnada" (citação nossa).]

"14. Evidentemente, no presente caso dispensaram, sem motivação, servidor concursado que já havia completado satisfatoriamente o estágio probatório, caracterizando-se, assim, abuso de poder. Há que se enfatizar que a Administração é impessoal, serve a interesses públicos bem definidos, não sendo, portanto, lícito à autoridade "servir-se de suas atribuições para satisfazer interesses pessoais, sectários ou político-partidários, ou mesmo a outro interesse público estranho à sua competência" (Caio Tácito, in *O Abuso de Poder Administrativo no Brasil*).

"15. Há, ainda, que se frisar que a Administração Pública norteia-se em quatro princípios básicos, expressos no art. 37 da atual CF, quais sejam: legalidade, impessoalidade, moralidade e publicidade, que constituem, na lição de Hely Lopes Meirelles, os fundamentos de validade da ação administrativa.

"16. Toshio Mukai, in *Administração Pública na Constituição de 1988*, Ed. Saraiva, 1989, explica esses princípios da forma que se segue:

"'Quanto ao princípio da legalidade, significa que o administrador público só pode fazer aquilo que estiver expressamente autorizado em lei. No ensinamento de Hely Lopes Meirelles, 'na Administração Pública não há liberdade nem vontade pessoal. Enquanto na administração particular é lícito fazer tudo o que a lei não proíbe, na Administração Pública só é permitido fazer o que a lei autoriza'.

"'(...).

"'O princípio da finalidade administrativa é um princípio que informa toda a atividade administrativa do Estado contemporâneo, como um 'corolário essencial do princípio da legalidade', no dizer de Caio Tácito, segundo quem este princípio 'pretende que toda a atividade estatal se dirija ao atendimento de um interesse público qualificado'.

"'O significado preciso desse princípio nos foi dado por esse grande jurista, com estas palavras: *'Desviando-se da finalidade legal* específica, o agente somente conservou a roupagem exterior da competência, defraudando-lhe, porém, a razão de ser no conjunto do mecanismo de funcionamento da atividade do Estado. A regra invariável é, portanto, a de que em nenhuma hipótese pode a autoridade substituir o fim previsto na lei por outro fim público ou privado, lícito ou ilícito'.

"'O não-atingimento da finalidade prevista em lei é causa de anulação do ato por desvio de finalidade, que 'corresponde, mesmo, a uma forma especial de incompetência'.

"'Como apostilou excelentemente Ruy Cirne Lima, 'o fim e não a vontade domina todas as formas de administração', porque os negócios públicos 'estão vinculados senão à finalidade impessoal, no caso público, que este deve procurar realizar' e 'toda a atividade dele lhe fica vinculada [à atividade pública].'

"Portanto, pode-se verificar que aquele princípio que a doutrina denomina princípio da finalidade, na realidade, foi chamado de princípio da impessoalidade pelo texto constitucional, princípio este completamente desconhecido, pelo menos com essa designação, na literatura jurídica pública brasileira.

"O princípio da moralidade pública, também conhecido como o da probidade administrativa, somente nos anos mais recentes tem sido anotado pela doutrina brasileira.

"Diz Hely Lopes Meirelles que 'a moralidade administrativa constitui, hoje em dia, pressuposto da validade de todo ato da Administração Pública. Não se trata – como diz Hauriou, o sistematizador do conceito – da moral comum, mas sim da moral jurídica, entendida como o conjunto de regras de conduta tiradas da disciplina interior da Administração'; e cita acórdão do TJSP que consagrou o princípio no Direito Brasileiro: 'O controle jurisdicional se restringe ao exame da legalidade do ato administrativo; mas por legalidade ou legitimidade se entende não só a conformação do ato com a lei, como também com a moral administrativa e com o interesse coletivo'.

"(...).

"18. Demais disso, o art. 114 da Lei n. 8.112, de 1990, é bastante claro quando estabelece: 'A administração deverá rever seus atos, a qualquer tempo, quando eivados de ilegalidade'.

"19. Pelo visto, a rescisão do contrato de trabalho firmado com o interessado fora efetuada de forma ilegítima, contrariando condições e princípios impostos no serviço público capazes de imprimir validade ao ato. O que o Ministério da Agricultura praticou foi um ato nulo, que culminou com a violação de regras fundamentais seguidas pela Administração Pública Federal, *contra o qual não há que se falar em prescrição, vez que atos nulos são desprovidos de qualquer validade.*

"Em face do exposto, opinamos no sentido de que ao interessado cabe, de imediato, a reintegração no emprego de engenheiro-agrônomo, tornando-se, assim, invalidada a sua rescisão contratual."

5. Contrapõe-se a digna Consultoria Jurídica do Ministério da Agricultura, basicamente pelo fato de a matéria já ter sido objeto de apreciação pelo Judiciário, com trânsito em julgado da questão. Afirma-se no Parecer n. CJA/CJ 232/1994 (fls. 88-92 do processo):

"10. Todavia, em que pese à competência normativa sobre assuntos de Pessoal, própria da Secretaria de Administração Federal, deve ser levado em conta que esta Consultoria Jurídica já firmou entendimento divergente sobre a matéria, tendo sido inclusive publicado no *DO* de 19.5.1993 o indeferimento do pedido formulado pelo interessado, proferido pelo Exmo. Sr. Ministro desta Pasta, fundamentado nas seguintes razões:

"a) O interessado foi contratado pelo regime trabalhista, na égide da Lei n. 6.185, de 11.12.1974, tendo sido sua dispensa do emprego de engenheiro-agrônomo, ocorrida em 1.10.1980, perfeitamente amparada na lei, uma vez que servidores celetistas àquela ocasião não gozavam de estabilidade.

"b) Objetivando tornar sem efeito a rescisão de seu contrato de trabalho, o interessado ajuizou reclamação trabalhista, tendo sido julgada improcedente em primeiro grau de jurisdição e confirmada pelo TFR, conforme se depreende das cópias em anexo, extraídas em autos de reintegração de posse movida pela União contra o interessado (processo n. 81.0008892-6).

"c) Em 13.3.1989, com base no art. 8º do ADCT da Constituição de 1988, formulou pedido de anistia, indeferido por não ter sido caracterizada nenhuma motivação política de sua dispensa.

"d) Inconformado, impetrou junto ao STJ o MS n. 195-DF contra o despacho indeferitório de sua reintegração, tendo sido o impetrante julgado carecedor do *mandamus*, ressalvando-lhe o uso das vias ordinárias (em anexo).

"11. Diante de todo o exposto, conclui-se que, havendo sido o pleito do interessado apreciado pelo Judiciário, que julgou reclamatória improcedente, já com trânsito em julgado, não mais se pode questionar a legalidade ou não do ato que rescindiu seu contrato de trabalho, pois se vícios ou ilegalidades houvesse com certeza teriam sido reparados em decisão judicial.

"12. Assim, estabelecida a controvérsia na interpretação da matéria, opinamos pelo deslocamento do processo à Advocacia-Geral da União, a que possa dirimir a questão nos termos do inciso XI do art. 4º da Lei Complementar n. 73, de 10.2.1993."

6. Acostaram-se aos autos cópias da sentença dando por improcedente a reclamatória intentada pelo servidor (fls. 93-96 do processo apenso), do recurso ordinário interposto (fls. 97-99) e do acórdão da 1ª Turma do STJ que julgou o MS n. 195-DF, impetrado também pelo interessado (fls. 101-107).

II

7. Com razão a ilustrada Secretaria da Administração Federal.

8. A dispensa do emprego, como todo ato administrativo, há de ser motivada, ainda que se cuide de relação regida pela Consolidação das Leis

do Trabalho, implicando sua falta, sem dúvida, invalidade do ato, até mesmo por se configurar, na hipótese, abuso de poder.

9. No âmbito da Administração Pública, ao contrário do que se verifica na atividade privada, não é admissível venha a autoridade, a seu talante, rescindir sem causa contrato de trabalho, máxime considerando tratar-se de servidor admitido por concurso e detentor em seus assentamentos de boas referências funcionais, como consta do processo.

10. Isso é verdade cediça, de há muito proclamada na doutrina. Caio Tácito observa que, se "inexiste o motivo, ou se dele o administrador extraiu conseqüências incompatíveis com o princípio de Direito aplicado, o ato será nulo, por violação da legalidade" (*Direito Administrativo*, Ed. Saraiva, 1975, p. 60); e Celso Antônio Bandeira de Mello não faz por menos em destacar que, se "até as decisões jurisdicionais têm como requisito essencial a exposição de seus fundamentos (art. 458, II, do CPC), sendo nulas se os omitirem, e, conquanto transitadas em julgado, suscetíveis de desconstituição, mediante ação rescisória, quando incursas em erro de fato (art. 458, IX, do CPC), maiormente se compreenderá que o ato administrativo não pode prescindir de motivação fundamentadora" ("Legalidade – Discricionariedade – Seus limites e controle", in *RDP* 86/42-59, abril-junho/1988).

11. Mesmo na hipótese de discricionariedade a motivação é indispensável, e há de ser coetânea ao ato – é o que ensina o renomado jurista: "Mesmo que a lei não reclame expressamente motivação, esta terá de existir à ocasião da prática do ato, sempre que sua ausência tempestiva propicie ao Poder Público ulteriormente 'fabricar' motivos, construir alegações serôdias para respaldar o ato, dando-lhe uma aparência de legitimidade. Tal situação praticamente coincide com as hipóteses em que a apreciação do motivo comporte alguma discricionariedade ou o ato seja discricionário. Em tais casos a falta de motivação faz o ato inválido" (autor e ob. cits., p. 58).

12. Em excelente estudo publicado na *Revista de Direito Público*, Carlos Ari Sundfeld é peremptório a respeito:

> "2. Todos os atos administrativos devem guardar motivação, mesmo à falta de expressa disposição legal, não cabendo distinguir entre atos vinculados e discricionários, negativos ou positivos, revocatórios ou não. A fundamentação expressa só é dispensável quando estiver contida, implícita e claramente, no conteúdo do ato vinculado, de prática obrigatória, baseado em fato sem qualquer complexidade.
>
> "3. Na fundamentação devem ser revelados os pressupostos de validade do ato: a norma legal, os motivos, os requisitos procedimentais, a finalidade e a causa.
>
> "4. A motivação é um requisito procedimental do ato administrativo, constituindo um ato de administração diverso do ato motivado, com conteúdo e forma próprios. Sua falta ou emissão defeituosa implica a invalidade do ato administrativo.

"5. A justificação deve ser anterior ou contemporânea ao ato, podendo estar contida em instrumento autônomo desde que garantida idêntica publicidade" ("Motivação do ato administrativo como garantia dos administrados", in *RDP* 75/125).

13. A exegese tem por si o entendimento do STF, em acórdão proferido pela 2ª Turma no RMS n. 21.485-DF, relator o Min. Marco Aurélio, que mandou reintegrar militar demitida do Corpo Feminino da Aeronáutica. O Excelso Pretório reputou nula a portaria que consubstanciou o ato, por falecer à Administração qualquer direito potestativo de fazer cessar a relação de emprego (*RTJ* 147/189).

14. Merecem ser lidos, no acórdão, os seguintes lances do voto do Min. Néri da Silveira:

"O Tribunal deferiu o mandado de segurança ao entendimento de que a dispensa do servidor público, regido pela Consolidação das Leis do Trabalho, não se pode dar da mesma forma que a dispensa do empregado pelo empregador privado. É que os atos da Administração Pública hão de ser sempre motivados, não podem ser sem causa. Pelo princípio da legalidade, que preside à atividade da Administração Pública, a esta não cabe praticar atos, ainda que no exercício de poder discricionário, que impliquem expressões de arbítrio na sua atividade.

"No caso concreto, sem motivação, dispensaram-se concursados. Na hipótese em exame também houve dispensa imotivada. É certo que o Ministro da Aeronáutica não estava obrigado a manter todos os integrantes do Corpo Feminino, após oito anos de atividade. O interesse do serviço representava um critério para presidir à decisão da autoridade administrativa quanto a prorrogar a permanência dos servidores militares em apreço, ou não.

"(...).

"Torna-se, pois, meridiano que não deu causa a impetrante à sua dispensa. Esta verificou-se em razão da prática pelo Ministério de ato discricionário, segundo o qual não mais entendeu conveniente manter a suplicante em seu serviço.

"Se visualizada fosse a controvérsia no plano das relações de emprego entre particulares, nenhuma procedência, em realidade, poderia lograr a peça vestibular. O empregador privado, em condições tais, à vista do sistema da Consolidação das Leis do Trabalho, dispensa, unilateralmente, o empregado, sem estabilidade, ficando, apenas, sujeito a pagar-lhe o que devido pela rescisão imotivada do contrato de trabalho.

"No plano do emprego público, entretanto, demanda a esse propósito não pode ter deslinde sem prévias reflexões. A partir de tal colocação da controvérsia, veio o eminente Min. Décio Miranda a deferir o *writ*, em favor da requerente, para anular a dispensa impugnada e restabelecer o contrato de trabalho da impetrante.

"De outra parte, como observou o eminente Min. Bilac Pinto, in *Estudos de Direito Público*, 1953, p. 312, 'o princípio da motivação dos atos administrativos constitui moderna tendência do direito administrativo dos países democráticos'. Gaston Jèze, em lição recolhida por Hely Lopes Meirelles, escreveu: 'Para se ter a certeza de que os agentes públicos exercem a sua função movidos apenas por motivos de interesse público da esfera de sua competência, leis e regulamentos recentes multiplicam os casos em que os funcionários, ao executarem um ato jurídico, devem expor expressamente os motivos que o determinaram. É a obrigação de motivar. O simples fato de não haver o agente público exposto os motivos de seu ato bastará para torná-lo irregular; o ato não-motivado, quando o devia ser, presume-se não ter sido executado em toda a ponderação desejável, nem ter tido em vista um interesse público da esfera de sua competência funcional' (*apud Direito Administrativo Brasileiro*, 2ª ed., p. 205).

"(...).

"Penso que, em matéria de rescisão de contrato de trabalho, embora caiba compreender, na perspectiva do empregador, que este, em princípio, pode despedir o empregado não-estável, discricionariamente, desde que lhe pague o que cabível pela rescisão imotivada, na órbita da função pública não parece viável admitir, em favor de quem detenha o poder, a seu talante, rescindir contrato de trabalho, sem causa, porque se trata, aí, de ato administrativo, cuja prática nunca se legitima com abuso ou excesso de poder. Se um empregado foi admitido na função pública, após concurso público, satisfazendo a todos os requisitos de ingresso, não cabe entender, tão-somente porque o regime jurídico do emprego seja o da Consolidação das Leis do Trabalho, que a Administração possa, sem qualquer causa, rescindir o vínculo e despedir o servidor, com os ônus daí decorrentes.

"Do sucintamente exposto, acompanho o ilustre Min. Décio Miranda, concedendo, também, o mandado de segurança, para anular a portaria impugnada" (STF, acórdão de 1.9.1992, in *RTJ* 147/190).

15. Nessa linha manifestou-se também o Pleno do antigo TFR, em decisão unânime em cuja ementa se lê:

"Mandado de segurança – Inspetor do trabalho, admitido, pelo regime da Consolidação das Leis do Trabalho, após concurso público e realização, com aproveitamento, de curso intensivo em Brasília – Dispensa, sem qualquer motivação – Constituição, art. 97, § 1º – Lei n. 6.185, de 11.12.1974.

"No plano da Administração Pública, há princípios concernentes aos atos administrativos que não autorizam, em termos de rescisão unilateral de contrato de trabalho, se proceda, sempre, da mesma forma por que pode atuar o empregador privado.

"Hipótese em que se concede o mandado de segurança, para anular a portaria impugnada" (MS n. 83.593-DF, rel. Min. Décio Miranda, acórdão de 8.6.1978, *DJU* 14.12.1978).

16. Veja-se, mais, acórdão da 1ª Câmara Cível do TJSP, relator o Des. Euclides de Oliveira, de 18.9.1990, que reputou abuso de poder a remoção de servidor sem a devida motivação:

"Servidor público – Remoção – Abuso de poder por parte da autoridade – Falta de justificativa das razões de ordem pública para a providência – Mera afirmação de discricionariedade do ato – Insuficiência para imunizá-lo de reapreciação judicial – Nulidade reconhecida – Mandado de segurança concedido.

"Constitui abuso de poder por parte da autoridade a remoção de servidor público sem justificativa das razões de ordem pública para a providência. Mera afirmação de discricionariedade do ato administrativo não basta para imunizá-lo de reapreciação judicial" (Ap n. 126.590-1, acórdão de 18.9.1990, rel. Des. Euclides de Oliveira, in *RT* 664/62).

17. E, do mesmo Tribunal, acórdão anulando ato de exoneração de funcionário por falta de justificação:

"Funcionário público – Servidor municipal – Exoneração a bem do serviço público – Atividade subversiva – Ato exonerativo deixando de apontar qual teria sido tal atividade – Nulidade – Sentença confirmada.

"É nulo o ato de exoneração de funcionário, a bem do serviço público, por atividade subversiva, se deixou de apontar, com base no competente inquérito administrativo, qual teria sido aquela atividade. Tal prática refoge de mera ação discricionária, implicando desvio de poder, ou seja, uso indébito da competência para fim diverso do fixado em lei" (TJSP, acórdão unânime, rel. Des. Aquino Machado, in *RT* 444/114).

18. Como se vê, e em face da vasta jurisprudência citada, não mais cabe questionar a imprescindibilidade da motivação nos procedimentos em questão, que se requer contemporânea ou anterior ao ato, sob pena de nulidade.

19. E não vinga argumentar com eventual coisa julgada pelo fato de o interessado ter sucumbido na reclamatória intentada junto à 1ª Vara da Justiça Federal.

20. A questão em debate não foi discutida. Na reclamatória, como se vê da sentença (fls. 93-96), o titular apenas alegou estar em licença para tratamento de saúde na época em que foi rescindido seu contrato de trabalho. E não soube provar o alegado. Ao revés, constou do processo ter ele comparecido ao trabalho no período de 24 a 30.9.1980. E a ação, em conseqüência, foi julgada improcedente.

21. No recurso, é verdade, fez ele rápida referência à falta de apuração dos motivos de sua dispensa. Mas o Tribunal *ad quem* limitou-se a confirmar a sentença, mesmo porque não lhe caberia completá-la (fls. 100).

22. E no mandado de segurança, por igual, não houve tal apreciação. Foi o interessado julgado carecedor da ação, à falta de direito líquido e certo, por não ter juntado documento algum que comprovasse as razões políticas que teriam motivado a dispensa. O próprio Min. Carlos Velloso, relator do acórdão (fls. 101-107), afastou a possibilidade de exame da ocorrência de "ter sido ele dispensado, há mais de oito anos, sem um procedimento administrativo onde lhe fosse dado defender", por ser o fato "irrelevante agora", mesmo porque, no *mandamus*, se alegou apenas, ao que tudo indica, se ter a despedida operado por questão política.

23. Ademais, é até despicienda para os fins em vista a invocação desses episódios judiciários, de vez que à Administração cabe, a qualquer tempo,

reparar seus próprios atos quando ilegais e desprovidos de validade, conforme determina o art. 114 da Lei n. 8.112, de 11.12.1990: "Art. 114. A Administração deverá rever seus atos, a qualquer tempo, quando eivados de ilegalidade".

24. Comentando o dispositivo, diz Ivan Barbosa Rigolin: "Trata-se de dever da Administração, e não de uma simples faculdade que lhe poderia ser deferida. Sempre que saiba, por qualquer meio, que algum ato seu contém ilegalidade ou, antes mesmo, inconstitucionalidade manifesta, precisa necessariamente revê-lo, anulando-o se for o caso, ou modificando-o de modo a extirpar a irregularidade constitucional ou legal" (*Comentários ao Regime Único dos Servidores Públicos Civis*, Ed. Saraiva, 1992, p. 200, escólio ao art. 114).

III

25. Em conclusão, entendo ser nula a rescisão contratual em questão, cabendo ao interessado, por conseguinte, a reintegração no cargo de engenheiro-agrônomo para o qual foi habilitado em concurso.

Sub censura.

Brasília, 2 de março de 1995

OBI DAMASCENO FERREIRA, Consultor da União.

8
NOTAS DA ADVOCACIA-GERAL DA UNIÃO

8.1 Nota n. AGU/WM-9/2002

Acrescente-se a seguinte Nota produzida no âmbito da Consultoria-Geral da União, resumida pelo item 27, a fls. 138:

NOTA N. AGU/WM-9/2002

PROCESSO N. 00406.000092/2001-54

Assunto: Exame de expedientes elaborados pelo Ministério dos Transportes, versando sobre a realização de acordos – Inadmissibilidade de acordo extrajudicial.

Sr. Consultor-Geral da União:

Em vista da sugestão feita pela Comissão de Sindicância constituída pela Portaria Conjunta n. 54/AGU/MT, de 8.11.2001, subscrita pelo Advogado-Geral da União e pelo Ministro de Estado dos Transportes, de que adveio o processo n. 00406.00092/2001-54, cuida-se do exame da juridicidade dos entendimentos consubstanciados na Nota n. 15/1996, emitida, em 9.12.1996, pela Assessoria Especial do Ministro de Estado dos Transportes, e na Informação n. 851/1997 – CJJ/CONJUR/MT –, de 19.12.1997, da Consultoria Jurídica junto ao Ministério dos Transportes, expedientes esses cujo teor segue reproduzido, *verbis*:

"*Assunto:* Acordo *judicial* – Desnecessidade de verba entrar em cronologia.

"A Procuradoria-Geral do DNER vem atualizando o pagamento de precatórios e extinguindo as contendas judiciais mediante acordo *nas Juntas de Conciliação e Julgamento*. Tais acordos resultam na redução dos valores a serem pagos pela Autarquia, com a economia do pagamento de custas judiciais maiores caso a lide se estendesse até a instância superior, bem como com o não-pagamento da sucumbência.

"Atualmente o TRT da 8ª Região encontra-se quase que totalmente liquidado quanto aos débitos de acordos *judiciais*, estando pendentes apenas, no aguardo da quitação dos valores em *Juntas de Conciliação e Julgamento*, apenas quatro processos trabalhistas, sendo dois na 5ª JCJ, um na 3ª JCJ e um na 6ª JCJ, correspondendo ao montante de R$ 574.739,37 (quinhentos e setenta e quatro mil, setecentos e trinta e nove Reais e trinta e sete centavos).

"O assunto, segundo o Procurador-Geral do DNER, é de conhecimento do Sr. Secretário Executivo deste Ministério, Dr. Portella, que entende ser necessária a inclusão dos valores referentes a acordos *judiciais* em cronologia para efetuar o pagamento.

"Em verdade, os acordos *judiciais* são efetuados independentemente de cronologia, bastando, para tanto, a existência de disponibilidade financeira suficiente para arcar com a despesa, posto tratar-se de ato de gestão da autoridade máxima da Autarquia, assim disposto em seu Regimento Interno.

"A pretensão da Procuradoria-Geral do Departamento Nacional de Estradas de Rodagem – DNER reside na viabilização do pagamento dos últimos processos trabalhistas que tramitam pelo TRT da 8ª Região, *que já se encontram baixados às respectivas Juntas para quitação dos valores acordados*, o que deverá acontecer até antes do dia 19 de dezembro, data em que iniciar-se-á o recesso forense.

"Nos demais Tribunais, o DNER vem procedendo de igual forma, estando sua Procuradoria desenvolvendo um excelente trabalho neste aspecto, o que repercutirá positivamente quando da reformulação da entidade, consoante pretensão do Governo Federal, nos tendo sido enviada a relação, por Região, dos precatórios ainda pendentes, acompanhada de relação nominal dos autores" (Nota n. 15/1996 – os destaques foram acrescentados).

"*Assunto:* Proposta para desistência das ações judiciais, com renúncia expressa ao direito sobre que se funda a ação, *com fulcro no art. 9º do Decreto n. 2.346, de 13.10.1997.*

"Retorna o presente processo a esta CONJUR, desta feita com proposta dos advogados dos autores, consultando o Sr. Diretor-Geral do DNER sobre a possibilidade de *desistirem das ações judiciais, renunciando expressamente ao direito sobre que se funda ação, mediante pagamento dos totais devidos, com redução de 20% (vinte por cento), em decorrência da publicação no DOU de 13.10.1997 do Decreto n. 2.346, de 10.10.1997.*

"Mencionado decreto admite a desistência de ações, desde que os autores renunciem expressamente ao direito nelas pleiteados.

"Já houve manifestação favorável da Procuradoria-Geral do DNER sobre tal pretensão.

"Ora, *considerando que o pagamento devido aos autores irá sofrer uma redução de 20% (vinte por cento) e considerando que há amparo **legal** para o pleito*, desde que haja expressa renúncia dos interessados aos direitos sobre que se funda a ação, não há nenhum óbice à sua concretização, motivo pelo qual sugerimos, s.m.j., a devolução do presente processo ao Gabinete do Sr. Ministro para conhecimento e posterior retorno ao DNER" (Informação n. 851/97 – CJJ/CONJUR/ MT – destacou-se).

2. Referida Comissão examinou o jaez desses expedientes ante suas normas de regência e asseriu que:

a) "A Nota n. 15/1996 e a Informação n. 851/1997 referiam-se à possibilidade de realização de acordos por parte de ente com personalidade jurídica de direito público, componentes da Administração Pública Federal indireta, todavia sem se realizar acurado estudo das normas legais pertinentes e deixando à revelia a análise dos valores e termos em que as transações seriam efetivadas.

"No caso submetido à apreciação desta Comissão de Sindicância contatou-se que, desde há muito, identificou-se a prática, no âmbito do DNER, de acordos e transações que se tornam atos acabados antes mesmo de serem levados ao conhecimento do juiz que dirigia o feito pertinente à lide. Trata-se de verdadeiros acordos extrajudiciais de ilegalidade formal e material flagrante.

"Tanto a Nota n. 15/1996 quanto a Informação m. 851/1997 foram utilizadas para legitimar a prática de inúmeros acordos extrajudiciais ou realizados antes de homologação judicial, no âmbito do DNER (documentos de fls. 139-226), sendo que os valores transacionados mostram-se, numa simples análise superficial, muito superiores aos correspondentes ao direito dos demandantes" (v. a p. 14 do relatório final de fls. 766-787).

b) "Não se encontra, no ordenamento jurídico pátrio, previsão legal autorizando a realização de acordos e transações extrajudiciais para pôr fim a litígios que se encontrem sob apreciação da Justiça" (p. 17 do relatório final).

c) "Os prejuízos causados à Administração Pública, por aludidos acordos extrajudiciais, são de alta monta, ultrapassando a casa dos milhões" (p. 19 do relatório final).

II

3. Conforme se depreende da Nota n. 15/1996, mormente dos excertos destacados na transcrição acima, seu conteúdo refere-se a pagamento de importâncias avençadas em acordo *judicial*.

4. Tendo em vista que não abordou o aspecto dos valores das causas, não se poderia entender autorizado acordo em valor superior ao fixado no art. 1º da Lei n. 8.197, de 1991, vigente na data em que a mesma Nota n. 15/1996 foi elaborada, ou seja, *em 9.12.1996*.

5. Relevante enfatizar que o *Diário Oficial* de *20 subseqüente* publicou a Medida Provisória n. 1.561, de *19.12.1996*, atribuidora de competências

para a formulação de acordos *judiciais*, balizadas em razão do valor das causas. Tal medida provisória revogou expressamente a Lei n. 8.197, o que foi mantido com a superveniente edição da Lei n. 9.469, de 10.7.1997.

6. Esse alcance da Nota n. 15/1996 percebe-se, ademais, das declarações prestadas pela sua autora, na oportunidade em que prestou depoimento à citada Comissão de Sindicância, com o matiz de que "não conhece nenhuma norma que permite pagamento de precatórios de acordo judicial ou extrajudicial sem homologação (...) a Nota n. 15 foi produzida com a finalidade de tirar dúvidas do Secretário Executivo se acordo judicial entrava ou não em cronologia" (fls. 86-87 do processo n. 00406.000092/2001-54).

III

7. Já o conteúdo da Informação n. 851/1997 – CJJ/CONJUR/MT – admite a certeza de que entendeu-se existente o "amparo *legal* para o pleito", formulado por "advogados dos autores" e consistente em "desistirem das ações judiciais, renunciando expressamente ao direito sobre que se funda ação, mediante pagamento dos totais devidos, com redução de 20% (vinte por cento), em decorrência da publicação no *DOU* de 13.10.1997 do Decreto n. 2.346, de 10.10.1997".

8. Ressai do conteúdo material dessa informação que, *com suporte no art. 9º do Decreto n. 2.346, de 1997*, são *legais* acordo e "pagamento dos totais devidos", sem precisar como seriam determinados esses totais, reduzidos em 20%, tudo independentemente de homologação judicial. Por certo, esse índice haveria de incidir sobre o *quantum* que o extinto DNER reconhecesse administrativamente como devido.

9. Ao que tudo indica, são acordos e pagamentos a serem realizados em sede meramente administrativa. A repercussão judicial compreende apenas a desistência da ação e a renúncia ao direito a esta atinente.

10. Corroboram essa assertiva as afirmações assim feitas pela autora da Informação n. 851/1997 – CJJ/CONJUR/MT –, no depoimento de fls. 129-131 do processo n. 00406.000092/2001-54, *ipsis litteris*: "Que entende ser correto que o autor, em um processo judicial movido conta a Administração Pública, renuncie expressamente o direito que se funda a ação, *podendo em seguida transacionar* com a parte contrária para receber o valor *que pleiteava* em juízo, desde que haja vantagem para União que a legislação permitia, e que entende que a legislação permite fazê-lo, até hoje" (os destaques foram acrescentados).

11. No que tange a esse tema, são-lhe pertinentes só e só os arts. 7º, 8º e 9º do Decreto n. 2.346, invocado o último preceptivo como de apoio à ilação da Informação n. 851/1997 – CCJ/CONJUR/MT. Os dois primeiros

dispositivos encerram os comandos contidos nos arts. 1º e 2º da Lei n. 9.469, de 1997, iniludivelmente alusivos a acordos ou transações realizados no âmbito judicial. Portanto, são preceitos que, por indução, servem para proporcionar resultado interpretativo de que o art. 9º do Decreto n. 2.346 não autoriza a orientação inserida na mesma informação, pois apenas estabelece que as "autoridades indicadas no *caput* do artigo anterior *[refere-se ao Advogado-Geral da União e aos dirigentes máximos das autarquias, das fundações e das empresas públicas federais]* poderão concordar com pedido de desistência da ação, nas causas de quaisquer valores, desde que o autor renuncie expressamente ao direito sobre que se funda a ação, ressalvadas as de natureza fiscal, em que a competência será da Procuradoria-Geral da Fazenda Nacional".

IV

12. A autorização para os agentes público formularem acordos, com implicações para o erário, não prescinde de lei, em sentido formal, em decorrência do disposto no art. 37 da Constituição, que especifica não só regras básicas a que se encontra sujeita a Administração Pública, na sua atuação administrativa, bem assim diretrizes, cuja observância não dispensa a edição de diploma legislativo, por imperativo explícito da norma. Assim é que estabelece o preceito constitucional aludido, *verbis*: "Art. 37. A *Administração Pública* direta, indireta ou fundacional, de qualquer dos Poderes da União, dos Estados, do Distrito Federal e dos Municípios *obedecerá aos princípios de legalidade*, impessoalidade, moralidade, publicidade e, também, ao seguinte: (...)" (o destaque não é do original).

13. A expressão "Administração Pública", enquanto compreendida no sentido orgânico e no funcional, tem a abrangência da função administrativa que as unidades federativas são incumbidas de desenvolver, no sentido amplo, as quais abrangem as suas variadas atividades.

14. Embora possa afigurar-se exaustivo, a respeito do sentido que se atribui ao princípio da legalidade, destaque-se que Celso Antônio Bandeira de Mello manifestou-se a respeito do sentido que se atribui ao princípio da legalidade, de maneira fundamentada, consistente, e mais de uma vez, prelecionando, *verbis*:

> "No Estado de Direito, a Administração só pode agir em obediência à lei, esforçada nela e tendo em mira o fiel cumprimento das finalidades assinadas na ordenação normativa.
>
> "Como é sabido, o liame que vincula a Administração à lei é mais estrito que o travado entre a lei e o comportamento dos particulares.

"Com efeito, enquanto na atividade privada pode-se fazer tudo o que não é proibido, na atividade administrativa só se pode fazer o que é permitido. Em outras palavras, não basta a simples relação de não-contradição, posto que, demais disso, exige-se ainda uma relação de subsunção. Vale dizer, para a legitimidade de um ato administrativo é insuficiente o fato de não ser ofensivo à lei. *Cumpre que seja praticado com embasamento em alguma norma permissiva que lhe sirva de supedâneo* (...).

"No interior das fronteiras decorrentes da dicção legal é que pode vicejar a liberdade administrativa.

"*A lei, todavia, em certos casos, regula dada situação em termos tais que não resta para o administrador margem alguma de liberdade*, posto que a norma a ser implementada prefigura antecipadamente com rigor e objetividade absolutos os pressupostos requeridos para a prática do ato e o conteúdo que este obrigatoriamente deverá ter uma vez ocorrida a hipótese legalmente prevista. Nestes lanços diz-se que há vinculação e, de conseguinte, que o ato a ser expedido é vinculado.

"Reversamente, fala-se em discricionariedade quando a disciplina legal faz remanescer em proveito e a cargo do administrador uma certa esfera de liberdade, perante o quê caber-lhe-á preencher com seu juízo subjetivo, pessoal, o campo de indeterminação normativa, a fim de satisfazer no caso concreto a finalidade da lei.

"*Não se há de pensar – advertiu a sabendas André Gonçalves Pereira – que a discricionariedade resulta da ausência de lei, posto que, contrariamente, ela procede da própria disciplina normativa, a dizer, da maneira pela qual se regula dada situação.*

"Assenta à fiveleta pôr em curso cita literal do magistério devido ao profundo e famigerado Mestre português: 'O poder discricionário não resulta da ausência de regulamentação legal de certa matéria, mas sim de uma forma possível da sua regulamentação'.

"Discricionariedade, pois, é a margem de liberdade outorgada pela lei ao administrador para que este exercite o dever de integrar-lhe, *in concreto*, o conteúdo rarefeito mediante um critério subjetivo próprio, com vistas a satisfazer a finalidade insculpida no preceito normativo.

"Ocorre, portanto, possibilidade de ação discricionária quando a norma antecipadamente legitima o juízo ou a vontade que vier a ser produzida pela Administração, desde que expendida dentro dos limites de liberdade contidos nos marcos ou referenciais constantes da lei e manifestada *em ordem a implementar o específico objetivo público nela consagrado*" (*Elementos de Direito Administrativo*, Ed. RT, 1991, 2ª ed., pp. 301 e 303-304).

15. Noutra produção de cunho jurídico, esse jurista reafirma suas proposições:

"No Brasil, o princípio da legalidade, além de assentar-se na própria estrutura do Estado de Direito e, pois, do sistema constitucional como um todo, está radicado especificamente nos arts. 5º, II, 37 e 84, IV. Estes dispositivos atribuem ao princípio em causa uma compostura muito estrita e rigorosa, não deixando válvula para que o Executivo se evada de seus grilhões. É, aliás, o que convém a um país de tão acentuada tradição autocrática, despótica, na qual o Poder Executivo, abertamente ou através de expedientes pueris – cuja pretensa juridicidade não iludiria sequer a um principiante –, viola de modo sistemático direitos e liberdades públicas e tripudia à vontade sobre a repartição de Poderes.

"Nos termos do art. 5º, II, 'ninguém será obrigado a fazer ou deixar de fazer alguma coisa senão em virtude de lei'. Aí não se diz 'em virtude de' decreto, regulamento, resolução, portaria ou quejandos. Diz-se 'em virtude de lei'. Logo, a Administração não poderá proibir ou impor comportamento algum a terceiro, salvo se estiver previamente embasada em determinada lei que lhe faculte proibir ou impor algo a quem quer que seja. Vale dizer, não lhe é possível expedir regulamento, instrução, resolução, portaria ou seja lá que ato for para coartar a liberdade dos administrados, salvo se, em lei, já existir delineada a contenção ou imposição que o ato administrativo venha a minudenciar.

"Além dos arts. 5º, II, e 84, IV, donde resulta a compostura do princípio da legalidade no Brasil, o art. 37 faz sua expressa proclamação como cânone regente da Administração Pública, estatuindo: 'A Administração direta, indireta ou fundacional, de qualquer dos Poderes da União, dos Estados, do Distrito Federal e dos Municípios obedecerá aos princípios da legalidade, impessoalidade, moralidade e publicidade (...)'.

"Portanto, a função do ato administrativo só poderá ser a de agregar à lei nível de concreção; nunca lhe assistirá instaurar originariamente qualquer cerceio a direitos de terceiros" (Curso de Direito Administrativo, Malheiros Editores, 1994, 5ª ed., pp. 49-50).

16. Emerge, de forma inconteste e estreme de dúvidas, que o doutrinador concebe o princípio da legalidade como pautado pela previsão em lei, de modo a condicionar a atuação do administrador público.

17. De forma idêntica, se bem entendido, Georges Vedel não oferece suporte para conclusão diversa da asserção de que, aplicado "à Administração, o princípio da legalidade expressa a regra segundo a qual a Administração deve agir de acordo com o Direito. Poder-se-ia pensar que não há aí nenhuma sujeição particularmente original e que a Administração, nesse ponto, não está submetida a regime diferente daquele a que se subordinam os particulares. Elaboraria em erro, porém, quem assim pensasse, porque, historicamente, houve períodos em que se admitiu que o Estado pairava acima do Direito e em que os governantes *estavam desvinculados da obediência às regras jurídicas"* (citação feita por J. Cretella Jr., *Comentários à Constituição de 1988*, Ed. Forense Universitária, 1988, vol. I, p. 2.143).

18. Também Toshio Mukai não expôs pensamentos diversos. Se não, vejam-se suas afirmações, *verbis*:

"Quanto ao princípio da legalidade, significa que o administrador público só pode fazer aquilo que estiver expressamente autorizado em lei. No ensinamento de Hely Lopes Meirelles, 'na Administração Pública não há liberdade nem vontade pessoal. Enquanto na administração particular é lícito fazer tudo o que a lei não proíbe, na Administração Pública só é permitido fazer o que a lei autoriza'.

"Dissemos nós que atualmente este princípio sofreu grande transformação. O Estado pode fazer apenas aquilo que estiver de acordo com o Direito. Celso Antônio Bandeira de Mello, com apoio em Vedel, também observou esse aspecto: 'A expressão legalidade deve, pois, ser entendida como 'conforme ao Direito', adquirindo, então, um sentido mais extenso'" (*Administração Pública na Constituição de 1988*, Ed. Saraiva, 1989, p. 49).

Ao referir-se a Bandeira de Mello e a Vedel, admite Toshio Mukai a conclusão de que comunga da proposição desses doutrinadores.

19. A conformidade ao Direito, sentido a ser atribuído à expressão "princípio da legalidade", tem a acepção de que a atividade estatal deve encontrar-se contemplada não somente de forma expressa, mas deve dimanar das normas que compõem o Direito. Este promana de forma explícita ou implícita da ordem jurídica. Toshio Mukai, Celso Antônio Bandeira de Mello e Vedel, como visto, não asserem que a autoridade administrativa, de maneira subjetiva e discricionária, pode criar o Direito originariamente.

20. A discricionariedade não se recomenda, em vista de nossa cultura jurídica que o ordenamento jurídico rigorosamente adstringe à positividade das normas. "O princípio da legalidade, no Brasil, significa que a Administração nada pode fazer senão o que a lei determina." A doutrina do Direito livre implicaria resultados administrativos não desejados e incompatíveis com o direito e a liberdade individuais, e ensejaria atuação político-administrativa inspirada no livre arbítrio dos agentes públicos, num juízo subjetivo. *Não se coadunaria com o controle e fiscalização contábil, orçamentária, financeira, operacional e patrimonial a que aludem os arts. 70 e 74 da Constituição.*

21. No artigo intitulado "Discricionariedade administrativa e controle judicial", publicado na *Revista de Direito Público*, Ed. RT, 1974, novembro e dezembro, p. 19, Celso Antônio Bandeira de Mello permitiu-se enfocar o tema do princípio da legalidade e reproduziu excertos dos pensamentos de Fritz Fleiner ("Administração legal, então, é aquela posta em movimento pela lei e exercida dentro dos limites de suas disposições"), Seabra Fagundes ("Administrar é aplicar a lei de ofício") e Cirne Lima ("Jaz, conseqüentemente, a Administração Pública debaixo da legislação que deve enunciar a regra de Direito").

22. Os demais juristas compilados posicionam-se de forma semelhante:

"A supressão do princípio da legalidade subverteria a própria noção da culpabilidade, que não pode existir sem a *consciência* da violação do *dever jurídico*, ou possibilidade dessa consciência" (Nélson Hungria, *Comentários ao Código Penal*, Ed. RF, 1955, vol. I, t. I, pp. 13-14).

"O princípio da legalidade, assim denominado por Léon Duguit, é enunciado, em resumo, nas seguintes proposições: a) no Estado de Direito, ou seja, que se admite ser governado pelo Direito, nenhuma autoridade pode tomar decisão individual que não se contenha nos limites fixados por disposição geral, isto é, por lei no sentido material; b) para que um país possua o Estado de Direito, é preciso que nele exista alta jurisdição, que reúna todas as qualidades de independência, imparcialidade e competência, diante da qual possa ser apresentado recurso de anulação contra toda decisão que tenha violado ou pareça ter violado o Direito.

"Nenhum ato jurídico é válido a não ser que seja conforme às regras editadas pelo Estado. Nenhuma autoridade de nenhum dos Poderes pode tomar decisões que contrariem normas válidas do sistema jurídico em que se encontram. Mesmo a mais alta das autoridades deve 'suportar a lei que editou', até que esta seja derrogada por outra mais recente.

"O princípio da legalidade, que informa todos os recantos da Ciência do Direito, não somente assume particular relevância no âmbito do direito constitucional, como no do direito administrativo, ou seja, informa todo o setor publicístico. É o grande princípio que domina a atividade do Estado – o da submissão à legalidade *lato sensu* –, sentido em que é tomado hoje, na linha tradicional da antiga fórmula do Estado Legal ou Estado de Direito (...).

"Aceito expressamente pelo nosso direito positivo, que, sob várias formas, o exprime na proposição consagrada 'ninguém pode ser obrigado a fazer ou deixar de fazer alguma coisa a não ser em virtude de lei', o princípio da legalidade paira sobranceiro sobre os sistemas jurídicos do Estado de Direito de nossa época, informando-os como base e diretriz fundamental (...).

"Em segundo lugar, o que caracteriza o princípio da legalidade, aplicado à Administração, é que ele não exprime apenas a submissão desta às regras vigentes. 'Este princípio', escreve Charles Debbasch, 'está ligado ao Estado Liberal. Significa a sujeição da Administração às *regras* de Direito em vigor. Os particulares têm assim a garantia de que a ação administrativa será conduzida objetivamente *e não com parcialidade*. A terminologia empregada refere-se à legalidade porque, na tradição do direito público francês, a obrigação para a Administração de respeitar a lei apareceu como garantia necessária e suficiente da *submissão ao Direito*, *concepção que se explica pela tradicional fé na lei*, encarnação da vontade geral. Apóia-se também na impossibilidade, pela Administração, instrumento do Poder Executivo, de modificar a lei, fruto do Parlamento. O princípio da legalidade é, desse modo, o meio de realizar a subordinação da Administração ao Parlamento e, pois, de proteger os cidadãos contra as iniciativas arbitrárias da Administração' (*Droit Administratif*, 1963, p. 295). Acentua Jacques Dembour que 'a Administração é titular de privilégios, de direitos e de poderes exorbitantes em relação àqueles de que dispõem os particulares, o que não quer dizer que a autoridade administrativa possa mostrar-se despótica e *agir arbitrariamente*. A Administração Belga – como a Administração Francesa – é submetida ao Direito ou àquilo que se denomina de princípio da legalidade. Os poderes da Administração são limitados pela obrigação em que ela se encontra de respeitar determinadas regras' (*Droit Administratif*, 1970, p. 23).

"O Estado de Direito existe, conforme ensina Balladore Pallieri (*Diritto Costituzionale*, 3ª ed., pp. 80 e ss.), onde (a) o Estado se submeta à jurisdição; (b) a jurisdição aplique a lei existente ao caso concreto; (c) a jurisdição se exerça por juízes imparciais com todas as garantias; (d) o Estado se submeta à jurisdição, como parte, em igualdade de condições com a outra parte" (J. Cretella Jr., *Comentários à Constituição de 1988*, Ed. Forense Universitária, 1988, vol. I, pp. 2.142-2.144).

"Por outro lado, está presente a noção de que tudo que o administrador público faz é intrajurídico: em outras palavras, nada pode ele fazer, nada faz ele, que não esteja inserido no Direito. Mesmo a margem de opção, a *discrição*, que se encontra, muitas vezes, aberta para ele, é um *branco* interior em relação ao Direito, *cercada de tipicidade por todos os lados*, advindo, daí, a figuração gráfica dos dois círculos concêntricos, o externo representativo daquela tipicidade, e o interno da discricionaridade. Nada existe, pois, que seja extrajurídico, parajurídico, metajurídico, não nos esquecendo, ademais, das numerosas hipóteses em que *toda a atuação administrativa está preestabelecida na lei*" (Sergio de Andréa Ferreira, *Comentários à Constituição*, Ed. Freitas Bastos, 1991, 3º vol., p. 68).

23. A ordem jurídica não contempla acordos ou transações administrativas, com "pagamento dos totais devidos, com redução de 20% (vinte por cento)". Inclui-se nessa impossibilidade o art. 9º do Decreto n. 2.346/1997, entendido como permissivo do pagamento alvitrado na Informação n. 851/1997 – CJJ/CONJUR/MT –, isto em virtude de seu conteúdo material e de não se constituir em instrumento jurídico idôneo para viabilizar acordos ou transações administrativos.

24. Demais disso, a Informação n. 851/1997 – CJJ/CONJUR/MT – admite que, em face da "desistência das ações judiciais, renunciando expressamente ao direito sobre que se funda ação", se efetue o "pagamento dos totais devidos", sem elucidar como seriam apurados esse totais, ao passo que as prestações jurisdicionais foram requeridas, por certo, a fim estabelecê-los.

25. Na hipótese em que a Administração reconhece o direito subjetivo de terceiros, de modo a condicionar sua conduta para realizar o interesse certo e determinado deles (importância devida pelo Estado), *por imperativo do princípio da legalidade*, que adstringia também o extinto DNER, haveria de proceder ao pagamento em sede administrativa, sem cogitar de acordo e de "redução de 20% (vinte por cento)".

26. A atuação dos órgãos e entidades públicos, pautada pelo princípio da legalidade, tem preeminência sobre qualquer pretensão de, na esfera administrativa, reduzir o valor da importância efetiva e legalmente devida pelas entidades públicas. Em negociação desse jaez, a Administração valer-se-ia da soberania estatal para espoliar a coletividade e obter enriquecimento ilícito. Não é essa a finalidade do Estado.

27. Oportuno lembrar o pensamento de Hely Lopes Meirelles, manifestado no sentido de que o "poder é confiado ao administrador público para ser usado em benefício da coletividade administrada, mas usado nos justos limites que o bem-estar social exigir. A utilização desproporcional do poder, o emprego arbitrário da força, a violência contra o administrado, constituem

formas abusivas do uso do poder estatal, não toleradas pelo Direito e nulificadoras dos atos que as encerram".

"O uso do poder é lícito; o abuso, sempre ilícito. Daí por que todo ato abusivo é nulo, por excesso ou desvio de poder" (*Direito Administrativo Brasileiro*, São Paulo, Malheiros Editores, 26ª ed., 2001, p. 102).

V

28. Outra faceta a observar envolve a "*renúncia* expressa ao direito sobre que se funda a ação". Embora não se tenha precisado, na Informação n. 851/1997 – CJJ/CONJUR/MT –, se o direito ligado à desistência insere-se no campo do direito privado ou do direito público, impende tecer considerações sobre as conseqüências jurídicas dessa abdicação.

29. Tem-se por inegável "o entendimento doutrinário de que o titular de um direito pode dele dispor mediante renúncia", firmado por J. M. de Carvalho Santos (*Repertório Enciclopédico do Direito Brasileiro*, Ed. Borsói, vol. 17, p. 351), Meyer (citado por Vicente Ráo em *O Direito e a Vida dos Direitos*, São Paulo, Ed. Max Limonad, 2º vol., t. II, 2ª ed.), Bernardino Carneiro, mencionado por Carlos Maximiliano (*Hermenêutica e Aplicação do Direito*, 5ª ed., p. 288) e Clóvis Beviláqua (*Teoria Geral de Direito Civil*, 6ª ed., p. 363).

30. Essas opiniões são resultados de reflexões e ilações que se revestem do cunho de generalidade e adstritas aos atos de direito privado, presidido pelo raciocínio civilista de que é permitido fazer o que a lei não proíbe. Proposições tais abstraem-se do direito subjetivo proveniente de ato administrativo, regido pelo princípio da legalidade.

31. Mesmo desenvolvidas essas teses sob a égide do princípio da liberdade de fazer-se, se inexistente vedação em lei, na própria transcrição do entendimento de Vicente Ráo são consignadas restrições ao exercício do direito de renúncia, *verbis*: "Mas o titular de um direito pode prescindir de seu exercício em cada caso particular, *sempre que seu exercício não envolva, de outra parte*, um dever, ou que a lei não haja, também, proibido expressamente esta forma de renúncia" (destacou-se – *O Direito e a Vida dos Direitos*, São Paulo, Ed. Max Limonad, 2º vol., t. I, p. 95).

32. Ainda no tocante aos atos de direito privado, a doutrina estabelece ressalvas quanto à renunciabilidade de direito, como o salientam Pontes de Miranda (*Comentários ao Código de Processo Civil*, Rio de Janeiro, Forense, 2ª ed., t. III, 1979, p. 667), Carlos Maximiliano (ob. cit., 9ª ed., 1979, p. 219), Clóvis Beviláqua (ob. cit., 4ª ed., p. 304) e Vicente Ráo, que assim se expressou: "Relativamente à renunciabilidade ou irrenunciabilidade dos *direitos públicos subjetivos*, observam os autores: por mais que cada prestação satisfaça o interesse individual dos cidadãos, sempre conserva seu caráter de

parte de um resultado de interesse geral. Preciso é, pois, ter em conta os fins superiores que o legislador quis alcançar, por exemplo, com o seguro operário, *com a concessão de soldo ou pensão aos funcionários*, ou com o reconhecimento da liberdade industrial. *Daí se deduz que, em princípio, a renúncia de um direito público é ineficaz (...)*" (*O Direito e a Vida dos Direitos*, São Paulo, Ed. de Livros de Direito Max Limonad, 2º vol., p. 92).

33. *Emerge da tese doutrinária que não se renuncia a direito em que o interesse público é preponderante ou se desse ato provier dever para a outra parte. Essas condições e a própria acepção da renúncia, conforme a qual o titular desiste ou abandona o direito* (cf. os conceitos emitidos por Iêdo Batista Neves e De Plácido e Silva, respectivamente nas obras *Vocabulário Prático de Tecnologia Jurídica* e *Vocabulário Jurídico*), não se adequam à intenção de desistir-se de "ações judiciais, renunciando expressamente ao direito sobre que se funda ação, *mediante pagamento dos totais devidos*, com redução de 20%".

34. Se a desistência objeto da Informação n. 851/1997 – CCJ/CONJUR/ MT – envolveu qualquer direito reconhecido pela Administração, pendente apenas a determinação da importância devida, note-se o fato de a maioria dos doutrinadores entender que a renúncia implica extinção dos efeitos dos atos administrativos.

35. São acordes com a ilação de que a renúncia resulta na extinção dos efeitos do ato administrativo o próprio Celso Antônio Bandeira de Mello e Ana Maria Goffi, que destaca a preferência doutrinária pelo entendimento de que "extinção é o desfazimento dos efeitos e não do ato (...). Renúncia é a rejeição por parte do interessado dos direitos oriundos da emanação do ato. *Constitui a manifestação voluntária do particular de não se utilizar dos direitos a ele conferidos*, através de um ato, pela Administração, cuja aquiescência nem sempre é exigível" ("Extinção dos atos administrativos", *RDP* 30/37 e 39, julho-agosto/1974), como é o caso da renúncia a um cargo de secretário de Estado (exemplo fornecido por Celso Antônio Bandeira de Mello).

36. *Vez que a Informação n. 851/1997 – CJJ/CONJUR/MT – aquiesceu que o extinto DNER assumisse o "pagamento dos totais devidos, com redução de 20% (vinte por cento)", não se trataria de renúncia, mas de mera troca de valores a serem desembolsados, proveniente de um mesmo fato gerador, por isso que persistiu o direito reconhecido pelo Estado.*

VI

37. Não se ignore a afirmação feita pela Comissão de Sindicância na p. 14 do relatório final e reproduzida no item 2 desta Nota, consoante a qual tanto "a Nota n. 15/1996 quanto a Informação 851/1997 foram utilizadas para legitimar a prática de inúmeros acordos extrajudiciais ou realizados

antes de homologação judicial, no âmbito do DNER (documentos de fls. 139-226), sendo que os valores transacionados mostram-se, numa simples análise superficial, muito superiores aos correspondentes ao direito dos demandantes".

38. Confirma-o parcialmente o seguinte excerto do depoimento prestado pela autora da Informação n. 851/1997 – CJJ/CONJUR/MT –, às fls. 129-131 do processo n. 00406.000092/2001-54: "(...) quando da correição realizada na CONJUR/MT e no DNER, soube que servidores desta Autarquia usaram indevidamente a Informação n. 851/1997 para implementar acordos em outros processos, quando a informação citada anteriormente era específica para um processo".

39. Em síntese, é impostergável concluir que:

a) A Nota n. 15/1996, de 9.12.1996, da Assessoria Especial do Ministro de Estado dos Transportes, por si só e ao menos de forma explícita, não permite a realização de acordos extrajudiciais. Como visto, há informes de que foi utilizada para fundamentar esses ajustes, razão pela qual se impõe a apuração da responsabilidade de quem assim agiu, sem descurar da possibilidade de que tenha havido conluio.

b) A Informação n. 851/1997 – CJJ/CONJUR/MT –, de 19.12.1997, consubstancia resultado insuscetível de ser qualificado como proveniente de interpretação razoável, donde promana a imperatividade de apurar-se a responsabilidade de quantos tenham participado da fixação desse entendimento e dos seus beneficiários.

Sub censura.

Brasília, fevereiro de 2002

WILSON TELES DE MACÊDO, Consultor da União.

8.2 Nota n. AGU/GV-12/2005

Matéria também de interesse é a da

NOTA N. AGU/GV-12/2005
PROCESSO N. 53.000.025633/2004-29

Interessado: Ministério das Comunicações.

Assunto: "Anistia" aprovada pelo Exmo. Sr. Advogado-Geral da União em 20.6.2005.

Exmo. Sr. Consultor-Geral da União:

I – Trata-se de questão assim resumida pela Nota n. MC/CONJUR/ OLRJ-0559-3.01/2004, do Ministério das Comunicações:

"**PROCESSO N. 53.000.025633/2004-29**

"*Ementa:* Constitucional administrativo – Servidor – Função de Assessoramento Superior – Portaria – Reintegração – Precedentes da Advocacia-Geral da União – Incompatibilidade – Necessidade de reexame da matéria.

"1. Cuida-se de expediente da Secretaria Executiva do Ministério das Comunicações instando a Consultoria Jurídica a que aprecie minuta de portaria de readmissão dos antigos ocupantes de Função de Assessoramento Superior – FAS.

"2. A proposição reveste-se dos mais louváveis caracteres, especialmente na atual fase de retomada institucional do Ministério das Comunicações, pois haveria notório incremento em seu desempenho com a reincorporação de tantos agentes. *No entanto, questões de ordem preliminar necessitam ser postas.*

"3. *De fato. A matéria possui antigas e portentosas implicações políticojurídicas, as quais não podem ser solvidas apenas com um parecer deste órgão de assessoramento e o subseqüente ato normativo de S. Exa. o Sr. Ministro de Estado das Comunicações.*

"4. Compulsando-se o fascículo, percebe-se a existência de manifestações da Consultoria Jurídica deste Ministério em prol da readmissão dos anistiados, as quais permanecem ainda hoje respeitáveis quanto a seus fundamentos. No entanto, vê-se também o Parecer n. CONJUR/SAF/PR-567, de 10.11.1994, da antiga Secretaria de Administração Federal da Presidência da República, sucedida pelo Ministério do Planejamento, Orçamento e Gestão, e o Parecer n. AGU/WM-16, de 12.12.1994, da Advocacia-Geral da União, ambos desfavoráveis ao reingresso dos ocupantes de Função de Assessoramento Superior – FAS. *Por derradeiro, há o Aviso-Circular n. 021/2003-SAG/C.Civil-PR, de 25.8.2003, da Casa Civil da Presidência da República, recomendando sejam tomadas providências para a reintegração dos servidores anistiados, desde que não existam impedimentos jurídicos ou administrativos.*

"5. *Destaca-se dentre todos esses documentos o Parecer n. AGU/WM-16*, de 12.12.1994, aprovado em seus exatos termos pelo Advogado-Geral da União, conforme *DOU* de 12.12.1994, p. 19.077, *que se reveste de caráter vinculante para a Administração Pública Federal e seus órgãos jurídicos*, dentre os quais esta Consultoria. *Sua ementa aduz que:* 'Por determinação expressa do art. 1º, parágrafo único, da Lei n. 8.878, de 1994, a 'anistia' nele versada somente se aplica ao servidor exonerado de cargo efetivo ou dispensado de emprego permanente, motivo por que não se estende àqueles desinvestidos de Função de Assessoramento Superior'.

"6. Embora não constante dos autos, *merece referência o Parecer n. WM-03/ 1996*, publicado no *DOU* de 10.6.1996, p. 10.141, também aprovado pelo Advogado-Geral da União, cuja gênese foi um pedido da Casa Civil da Presidência da República no sentido de que se reexaminasse o Parecer n. AGU/WM-16. *As conclusões dessa nova orientação, de similar força vinculante, são evidentes em si mesmas*: 'As Funções de Assessoramento Superior, previstas nos arts. 122 a 124 do Decreto-lei n. 200, de 1967, *de lege lata*, são caracterizadas como de confiança, qualidade que as exclui do alcance da Lei n. 8.878, de 1994, adstrita ao servidor exonerado de cargo efetivo ou dispensado de emprego permanente. Mantença de pronunciamento desta Instituição'.

"7. O *Ministério da Saúde*, ao editar ato de semelhante natureza ao que ora se porfia, *foi submetido a juízo de reproche pela Advocacia-Geral da União*, dessa vez através do *Parecer n. WM-07/1996*, com *placet* do titular do órgão, Dr. Geraldo Magela da Cruz Quintão, consoante *DOU* de 23.12.1996, p. 28.038. *A emanação conclui pela nulidade absoluta da portaria baixada para autorizar o retorno de servidores dispensados de Funções de Assessoramento Superior.*

"8. De imediato, portanto, é de ser, lamentavelmente, obviada a tramitação da minuta de portaria, até que haja mudança de entendimento por parte da Advocacia-Geral da União. Importa salientar a conveniência de que a Consultoria Jurídica do Ministério do Planejamento, Orçamento e Gestão, plexo que sucedeu a antiga Secretaria de Administração Federal, também formulasse sua *opinio iuris* a respeito do tema, de molde a explicitar se ainda persiste o conflito identificado no Parecer n. CONJUR/SAF/PR-567, de 10.11.1994.

"9. A *jurisprudência do STF* também apresenta algum nível de ambigüidade nesse tocante. Ao examinar a MC no MS n. 21101-DF, ao estilo do *DJU* de 15.3.1991, p. 2.645, em decisão plenária, *o Sr. Min. Celso de Mello pronunciou voto no qual imputou à Função de Assessoramento Superior a natureza jurídica de típica função de confiança; portanto*, 'a garantia constitucional da estabilidade – não importa se em sua modalidade ordinária (CF, art. 41, § 1º) ou em sua modalidade extraordinária (ADCT, art. 19, caput) – é absolutamente incompatível com o exercício de cargos em comissão e de empregos ou funções de confiança, inclusive Funções de Assessoramento Superior (FAS)'. Posteriormente, apreciando o MS n. 21.170-DF, relator o Sr. Min. Octávio Gallotti, com ementa estampada no *DJU* de 21.2.1997, p. 2.827, o Pleno do Excelso Pretório assertoou que: '*Função de Assessoramento Superior – FAS. Por ser de provimento em confiança, não fazem jus, os seus ocupantes, ao benefício da estabilidade extraordinária outorgada pelo art. 19 do ADCT, em face da restrição expressa no § 2º do mesmo dispositivo*. Estando, porém, vinculado o ato de dispensa do impetrante a motivo inexistente (norma de medida provisória não inserta na lei de conversão), deve o decreto ser anulado e reintegrado o agente na função, conservada a característica da possibilidade de exoneração, ao nuto da autoridade. Mandado de segurança, para essa finalidade concedido'.

"10. O *Aviso-Circular n. 021/2003-SAG/C.Civil-PR, de 25.8.2003*, da Casa Civil da Presidência da República, ao menos em tese, é revelador de novos paradigmas na interpretação desse problema pelo Governo da República. Contudo, esse aviso-circular *é destituído da mesma eficácia que os pareceres da Advocacia-Geral da União*, especialmente os acolhidos por seu Ministro Chefe. Nada impede, porém, que a Administração reveja, a qualquer tempo, e desde que não cause prejuízos a terceiros, seus próprios atos ou sua posição jurídica acerca de determinado fato.

"11. Em função dessas razões, a edição da portaria em exame está a depender do estabelecimento de posição uniforme no âmbito administrativo, de natureza diversa da anteriormente veiculada nos pareceres da Advocacia-Geral da União. Sem essa providência, o ato normativo padecerá de genética incompatibilidade jurídica com o entendimento ora vinculante em sede federal. Ao ser adotada essa opção, o Sr. Ministro de Estado das Comunicações deverá suscitar, pelos meios adequados, o reexame do caso ante o Advogado-Geral da União.

"Estas, Sr. Secretário Executivo, as observações que haviam de ser lançadas, que se lhe apresentam com as homenagens de que V. Sa. se faz merecedor.

"Brasília, 18 de junho de 2004

"OTÁVIO LUIZ RODRIGUES JR. (AGU), Consultor Jurídico."

II – A propósito da matéria em questão, cumpre citar os seguintes pareceres, aprovados pelo Exmo. Sr. Presidente da República:

a) Processos ns. 46040.023731/93-01 e 52000.002130/94-06

Origem: Ministério da Indústria, do Comércio e do Turismo – MICT.

Assunto: "Anistia" dos ex-ocupantes de Função de Assessoramento Superior, prevista na Lei n. 8.878, de 1994.

"PARECER N. GQ-44

"Adoto, para os fins e efeitos dos arts. 40 e 41 da Lei Complementar n. 73, de 10.2.1993, o anexo *Parecer n. AGU/WM-16/1994*, da lavra do eminente Consultor da União, Dr. Wilson Teles de Macêdo.

"Brasília, 8 de dezembro de 1994 – Geraldo Magela da Cruz Quintão, Advogado-Geral da União.

"PARECER N. AGU/WM-16/1994

"(Anexo ao Parecer n. GQ-44)

"a) Processos ns. 46040.023731/93-01 e 52000.002130/94-06

"*Assunto:* 'Anistia' dos ex-ocupantes de Função de Assessoramento Superior, prevista na Lei n. 8.878, de 1994.

"*Ementa:* Por determinação expressa do art. 1º, parágrafo único, da Lei n. 8.878, de 1994, a 'anistia' nele versada somente se aplica ao servidor exonerado de cargo efetivo ou dispensado de emprego permanente, motivo por que não se a estende àqueles desinvestidos de Função de Assessoramento Superior."

b) Processo n. 00002.001637/95-19

Origem: Casa Civil da Presidência da República.

Assunto: Reexame de parecer emitido por esta Advocacia-Geral da União.

"PARECER N. GQ-103

"Adoto, para os fins do art. 41 da Lei Complementar n. 73, de 10.2.1993, o anexo Parecer n. AGU/WM-03/1996, de 10.4.1996, da lavra do eminente Consultor da União, Dr. Wilson Teles de Macêdo, e submeto-o ao Exmo. Sr. Presidente da República, para os efeitos do art. 40 da referida lei complementar.

"Brasília, 31 de maio de 1996 – *Geraldo Magela da Cruz Quintão*, Advogado-Geral da União.

"PARECER N. AGU/WM-03/1996

"(Anexo ao Parecer n. GQ-103)

"PROCESSO N. 00002.001637/95-19

"*Assunto:* Reexame de parecer emitido por esta Advocacia-Geral da União.

"*Ementa:* As Funções de Assessoramento Superior, previstas nos arts. 122 a 124 do Decreto-lei n. 200, de 1967, *de lege lata*, são caracterizadas como de confiança, qualidade que as exclui do alcance da Lei n. 8.878, de 1994, adstrita ao servidor exonerado de cargo efetivo ou dispensado de emprego permanente. Mantença de pronunciamento desta Instituição."

c) Processo n. 25000.002346/95-35

Origem: Ministério da Saúde.

Assunto: Declaração de nulidade absoluta de ato ministerial editado para autorizar o retorno de servidores dispensados de Funções de Assessoramento Superior.

"PARECER N. GQ-116

"Adoto, para os fins do art. 41 da Lei Complementar n. 73, de 10.2.1993, o anexo Parecer n. AGU/WM-07/1996, de 29.8.1996, da lavra do eminente Consultor da União, Dr. Wilson Teles de Macêdo, e submeto-o ao Exmo. Sr. Presidente da República, para os efeitos do art. 40 da referida lei complementar.

"Brasília, 30 de setembro de 1996 – *Geraldo Magela da Cruz Quintão*, Advogado-Geral da União.

"PARECER N. AGU/WM-07/1996

"(Anexo ao Parecer n. GQ-116)

"PROCESSO N. 25000.002346/95-35

"*Assunto:* Declaração de nulidade absoluta de ato ministerial editado para autorizar o retorno de servidores dispensados de Funções de Assessoramento Superior.

"*Ementa:* A ratificação de atos administrativos cinge-se aos inseridos na área de competência da autoridade ratificante e aos praticados pelo agente por esta delegado, defesa a extensão de efeitos, por via interpretativa, a atos conexos, inclusive nulos, editados por autoridade diversa."

Esses pareceres foram aprovados pelo Exmo. Sr. Presidente da República, com efeito vinculante para toda a Administração.

III – E no primeiro deles, de n. GQ-44, deve-se destacar o seguinte trecho, da lavra do então Consultor da União, Dr. Wilson Teles de Macêdo:

"Afirmar que o ocupante de FAS, sem vínculo permanente com o serviço público, deveria ser considerado como detentor de emprego permanente é burlar a verdade, é fugir à realidade, porque a lei federal e o Direito são unos em toda parte do território nacional. Demais disso, a legislação pertinente não estabeleceu distinção ou privilégios.

"Efetivamente, é justo e correto o que se faz com permissão da lei, e a Lei da Anistia não foi tão abrangente, ao ponto de permitir o retorno à Administração Federal de ocupantes de função, demissíveis *ad nutum*.

"A Lei da Anistia, em absoluto, não alcança os ocupantes de FAS, nem de cargo em comissão, vez que esses, embora contratados em obediência a determinados critérios previamente estipulados na legislação, não detinham empregos permanentes, mas, tão-somente, funções de confiança.

"Além do mais, inexistem atualmente essas funções, que foram extintas em face da dispensa dos contratados e designados que as exercem e em virtude do que dispõe o § 3º do art. 243 da Lei n. 8.112, de 1990. Anistiá-los significa transformar, ao arrepio da lei, funções de confiança extintas em cargos de provimento efetivo, e isto é inadmissível, em face do que prescreve o inciso II do art. 37 da CF, que exige concurso público para investidura em cargo de provimento efetivo.

"Em harmonia com as normas legais supracitadas, há de se afirmar que a FAS não integra o rol dos empregos permanentes, mas apresenta-se na mesma linha horizontal das funções de confiança. Argumentar de forma diferente é forçar sua conceituação. Não é despiciendo lembrar que as leis permitiram sua incorporação, para efeito de cálculo de quintos, à remuneração daqueles que a exerceram e atualmente ocupam cargo efetivo.

"7. Com o intuito de viabilizar a consecução dos objetivos do Estado, consistentes em proporcionar a maior utilidade pública à coletividade, a Administração se utiliza de servidores que se incumbem das atividades ligadas às suas necessidades permanentes e temporárias. As primeiras são atendidas pelos servidores permanentes ou investidos em cargos de confiança, em caráter precário e transitório. O pessoal efetivo é recrutado mediante a realização de concurso público, de provas ou de provas e títulos; prescinde desse processo seletivo o provimento dos cargos de confiança, pois assim o admite o inciso II do art. 37 da Lei Fundamental, desde que seja declarado em lei 'de livre nomeação e exoneração', ou seja, neles podem ser investidas pessoas que preencham os requisitos estabelecidos em lei para a posse em cargo público, mas são demissíveis ao nuto da autoridade competente. As necessidades temporárias são adnumeradas na Lei n. 8.745, de 1993, e ensejam a contratação de pessoal por tempo determinado, nas condições e prazos especificados no mesmo diploma legal, promulgado em observância ao art. 37, inciso IX, da Carta. Os ocupantes de cargos efetivos e em comissão desempenham atividades permanentes, diferindo, apenas, a natureza do provimento e o poder de decisão e mando, em se cuidando de cargos de direção ou chefia.

"8. *As funções de que se trata estão compreendidas no Assessoramento Superior da Administração Federal direta e se caracterizam pela especificidade, complexidade e responsabilidade, em alto nível, e nelas se investem pessoas sem vinculação efetiva com o Estado* ou servidores permanentes. Nesta hipótese, o servidor se afasta do exercício do respectivo cargo efetivo, enquanto dure a investidura nessa função, a exemplo do que ocorre no provimento dos demais cargos de confiança. Seria inadmissível o provimento de dois cargos e funções efetivos, face às regras que regem a acumulação de cargos. Esta peculiaridade dos exercícios das Funções de Assessoramento Superior pelo pessoal permanente se constitui em mais um aspecto de que exsurge a característica de seu provimento em caráter precário e transitório (funções de confiança).

"9. As circunstâncias fáticas e a ordem jurídica são silentes a respeito da distinção que se pretende estabelecer entre as atribuições pertinentes aos cargos efetivos e as de assessoramento. A ambos são afetas atribuições de alta complexidade, e é certo que nenhum de seus titulares é investido no poder decisório e de mando. As especificações de classes de cargos efetivos integrantes do Plano de Classificação de Cargos, instituído na conformidade da Lei n. 5.645, de 1970, relativas às classes mais elevadas, expressam a complexidade das atribuições dessas partículas de planos de classificação. Se não, veja-se:

"'Descrição sumária das atribuições relativas às classes 'C' das categorias funcionais de Técnico de Administração (atualmente, Administrador), de Contador e de Técnico em Comunicação Social, respectivamente:

"'Atividades de supervisão, programação, coordenação ou execução especializada, em grau de maior complexidade, referentes a estudos, pesquisas, análise e projetos sobre administração de pessoal, material, orçamento, organização e métodos.

"'Atividades de supervisão, coordenação ou execução em grau de maior complexidade, relativas à administração financeira e patrimonial, contabilidade e auditoria, compreendendo análise, registro e perícia contábeis, de balancetes, balanços e demonstrações contábeis.

"'Atividades de supervisão, coordenação e execução, em grau de maior complexidade, de trabalhos de relações públicas, redação, com ou sem apreciações ou comentários, de supervisão de trabalhos de revisão, de coleta e preparo de informações, para divulgação oficial escrita, falada ou televisionada.'

"São exemplificações das atribuições descritas nos anexos da Portaria n. 146, de 1973, do antigo DASP, publicada em suplemento ao *DOU* de 31.8.1973.

"10. Verificadas distorções na aplicação do regramento do assunto, impor-se-ia sua correção, mas não devem ser tidas como de molde a desautorizar a caracterização das funções contida em inúmeras leis e justificar a constituição de situação efetiva contrária a preceitos constitucionais e legais, que exigem a habilitação em concurso público para o provimento de cargos e empregos dos quadros de pessoal do Estado. O processo seletivo público é condição imprescindível ao provimento de cargos efetivos e empregos permanentes, por imperativo da Lei n. 5.117, de 1966, e do art. 37, item II, da Carta atual (o art. 97, § 1º, da Constituição de 1967 também o exigia). *Apropriada a invocação do princípio de que ilegalidade ou inconstitucionalidade não é suscetível de gerar direito, para refutar a pretensão de que a investidura nas Funções de Assessoramento Superior tenha constituído vinculação empregatícia de fato, face ao disposto no art. 3º da CLT.* Não há como prosperar o propósito de fazer incidir esse preceito trabalhista, a fim de reconhecer-se vínculo empregatício diverso do constituído nos termos de lei posterior, mormente em se considerando que sua aplicação, como cogitada, dissentiria da legislação acima referida, promulgada após a vigência da Consolidação das Leis do Trabalho.

"11. Os servidores foram investidos nessas funções tidas e havidas como de confiança, *ex vi legis*, exerceram-nas e sua vida funcional se pautou em respeito a essa condição, sujeitando-se a deveres e adquirindo direitos a elas pertinentes.

"12. *A proposição de que titulares dessas funções seriam considerados estáveis, com supedâneo no art. 19 do ADCT, relativo à atual Constituição, se afigura dissonante desse preceptivo, que, de forma expressa, exclui de seu alcance os 'ocupantes de cargos, funções e empregos de confiança ou em comissão' (cf. o § 2º do art. 19).*

"III

"13. *Demonstrada a característica do provimento precário e transitório das Funções de Assessoramento Superior, há de perquirir-se quanto à abrangência da Lei n. 8.878, de 1994.*

"14. São destinatários da denominada 'anistia' também os servidores públicos civis e empregados da Administração Pública Federal direta, das autarquias e das fundações públicas, *desde que exonerados ou demitidos de cargos ou empregos públicos efetivos, tão-só*. Esse o limite do art. 1º da Lei n. 8.878, de 1994, norma de ordem pública, que inadmite a ampliação de seu alcance mediante extensões de ordem interpretativa.

"15. Ainda assim, para obter o amparo da Lei n. 8.878, de 1994, é imprescindível que esse pessoal tenha sido exonerado ou demitido no período que medeia 16.3.1990 e 30.9.1992: a) com violação de dispositivo legal ou constitucional; ou b) por motivação política, devidamente caracterizada, ou paralisação das respectivas atividades, decorrente de movimentação grevista.

"16. *Menciona-se, no processo, o Decreto n. 99.208, de 1990, que dispensou inúmeros ocupantes dessas funções*, então pertencentes aos órgãos que especifica, ato executório *editado com fulcro, inclusive, no art. 52 da Medida Provisória n. 150*, do mesmo ano. Este dispositivo revogava, de forma expressa, os arts. 122 a 124 do Decreto-lei n. 200, de 1967 (disciplina das Funções de Assessoramento Superior), medida legislativa que não logrou prosperar, vez que a referência aos mesmos arts. 122 a 124 não se reproduziu na lei de conversão da medida provisória (Lei n. 8.028, de 1990, art. 60).

"17. *A mantença desses preceitos no ordenamento jurídico, por si só, não imprime à dispensa dos servidores conotação política, como se assevera, a fim de ser-lhes reconhecido o direito de retorno ao serviço.*

"18. A *Medida Provisória n. 150*, supramencionada, e, por conseguinte, a lei que dela proveio (a Lei n. 8.028, de 1990, foi revogada pelo art. 34 da Lei n. 8.490, de 1992) *foram editadas para procederem à reestruturação da Presidência da República e dos Ministérios, bem assim estabelecer outras medidas tendentes a tornar efetiva uma reforma da Administração Federal*. Esse propósito é consignado inclusive na 'Exposição de Motivos' n. 84, de 15.3.1990, através da qual o Sr. Ministro de Estado da Justiça submeteu à apreciação presidencial o projeto de medida provisória de que resultou a de n. 150, consoante se vê, *verbis*:

"'Objetiva a proposta, essencialmente, racionalizar a máquina administrativa, com substancial economia na despesa pública.

"'Insere-se, portanto, no compromisso assumido por V. Exa., durante toda a campanha eleitoral, com vistas à renovação institucional do país.

"'Os atuais Ministérios são reduzidos para doze, sendo nove civis e três militares, não representando uma mera aglutinação de órgãos, mas, verdadeiramente, uma nova concepção organizacional.

"'A estrutura da Presidência da República é também reformulada, de modo a atender adequadamente a seus elevados encargos e aos interesses nacionais.

"'O Projeto anexo inclui outras providências de ajustamento, indispensáveis ao pleno e eficiente funcionamento do Poder Executivo.'

"19. *É de clareza meridiana o caráter meramente administrativo da dispensa dos então ocupantes das funções de que se trata. Não há como imprimir preeminência a resultado exegético de modo a contrariar disposição expressa de lei, por mais autorizado que seja o intérprete.*

"IV

"20. Em conclusão, tem-se que as Funções de Assessoramento Superior se revestiam das características de função de confiança e, como tais, **não foram alcançadas pela Lei n. 8.878, de 1994**. *Não fosse assim, para se configurar o* *direito de reassunção do exercício das funções, o que não se verifica, haveria de ser demonstrada a violação de dispositivo legal, ou constitucional, na dispensa dos seus ocupantes ou a motivação política, suficientemente caracterizada, bem assim a paralisação das atividades de que se incumbiam seus titulares, em conseqüência de movimentação grevista.*

"*Sub censura.*

"Brasília, 10 de dezembro de 1994

"WILSON TELES DE MACÊDO, Consultor da União."

IV – Com efeito, assim dispõem o art. 1°, incisos e parágrafo, da Lei n. 8.878, de 11.5.1994:

"Art. 1º. É concedida anistia aos servidores públicos civis e empregados da Administração Pública Federal direta, autárquica e fundacional, bem como aos empregados de empresas públicas e sociedades de economia mista sob controle da União que, no período compreendido entre 16 de março de 1990 e 30 de setembro de 1992, tenham sido: I – exonerados ou demitidos com violação de dispositivo constitucional ou legal; II – despedidos ou dispensados dos seus empregos com violação de dispositivo constitucional, legal, regulamentar ou de cláusula constante de acordo, convenção ou sentença normativa; III – exonerados, demitidos ou dispensados por *motivação política*, devidamente caracterizada, ou por interrupção de atividade profissional em decorrência de movimentação grevista.

"*Parágrafo único. O disposto neste artigo aplica-se, exclusivamente, ao servidor titular de cargo de provimento efetivo ou de emprego permanente à época da exoneração, demissão ou dispensa.*"

V – Por outro lado, realmente o Decreto n. 99.208/1990, anexo, dispensou servidores de Ministérios então *extintos*, caracterizando-se como medida de natureza administrativa.

E a Portaria Ministerial n. 790, de 18.10.1994, a que faz referência o aviso do atual Ministro das Comunicações, é nula, pois incidiu e incide em ilegalidade e inconstitucionalidade por motivos *expressamente declarados, desde o mesmo ano de 1994*, pelos pareceres da Advocacia-Geral da União, já referidos, com força normativa para toda a Administração.

VI – São as razões pelas quais não há como atender ao pleito formulado ou reexaminar os pareceres da Advocacia-Geral da União sobre a matéria.

Sub censura.

Brasília, 15 de junho de 2005

GALBA VELLOSO, Consultor da União.

Obs.: Seria desvio de finalidade pretender utilizar a competência de anistiar para reintegrar quem não foi perseguido e não reúne os pressupostos para beneficiar-se da anistia, dentro da finalidade social estabelecida pela regra de competência.

9
INFORMAÇÕES DA ADVOCACIA-GERAL DA UNIÃO ENCAMINHADAS AO STF

9.1 Informações n. AGU/GV-05/2004

Além das manifestações da Advocacia-Geral da União já transcritas, releva notar que o tema deste trabalho consta também de informações encaminhadas ao Supremo Tribunal Federal através de mensagens presidenciais, como se vê por aquelas abaixo transcritas (*especialmente no item XVII*) das Informações AGU/GV-05/2004, a seguir.

INFORMAÇÕES N. AGU/GV-05/2004

ADI n. 3.145

Origem: STF.

Requerentes: Partido da Frente Liberal – PFL e Partido da Social Democracia Brasileira – PSDB.

Requerido: Exmo. Sr. Presidente da República.

Exmo. Sr. Consultor-Geral da União:

I – Trata-se de argüição de inconstitucionalidade dos arts. 11 e 14 da Medida Provisória n. 163, de 23.1.2004, sustentando-se que o primeiro deles institui, "mesmo que não tenha havido incremento da estrutura administrativa, mas mera reorganização, 1.220 cargos em comissão de Direção e Assessoramento Superior (DAS) e 1.475 Funções Gratificadas, também a serem preenchidas mediante livre nomeação". Quanto ao art. 14, alega-se que infringe a Constituição ao delegar "ao Poder Executivo competência para dispor sobre matéria reservada à lei orçamentária anual (art. 165, §§ 5º ao 8º, da Constituição), ao permitir que, por ato de hierarquia infralegal, sejam redirecionadas dotações orçamentárias fixadas no instrumento legislativo próprio. Em segundo lugar, a delegação do poder de redirecionar dotações orçamentárias, constante do dispositivo em exame, não cabe ser introduzido por medida provisória, pois a ela é vedado versar sobre orçamento, ressalvada apenas – e este não é o caso – a abertura de crédito extraordinário".

II – Preliminarmente, considerando, no conjunto, o conteúdo da medida provisória em que se inserem as disposições impugnadas, cuja ementa esclarece alterar "a Lei n. 10.683, de 26 de maio de 2003, que dispõe sobre a organização da Presidência da República e dos Ministérios, e dá outras providências", cumpre lembrar, caracterizando o descabimento da presente ação direta de inconstitucionalidade, o seguinte posicionamento do STF:

"ADI n. 1.496-0-DF

Ementa: Ação direta de inconstitucionalidade – Pedido de liminar – Medida Provisória n. 1.513/1996 e suas reedições – *Não cabimento da ação contra ato administrativo editado sob a forma de lei* – Impossibilidade de discussão, em ação dessa natureza, de fatos que não decorram objetivamente do ato impugnado.

"Não cabe ação direta de inconstitucionalidade por não configurar a medida provisória atacada ato normativo, mas, sim, ato administrativo que tem objeto determinado e destinatário certo ainda que, por exigência constitucional, tenha de ser editado por medida provisória (art. 167, § 3º, da CF).

"Não é admissível, também, discutirem-se, em ação direta de inconstitucionalidade em abstrato, fatos que não decorram objetivamente do ato impugnado.

"Ação não conhecida, ficando, em conseqüência, prejudicado o pedido de liminar."

III – No voto de que resultou o acórdão, o eminente Relator, Min. Moreira Alves, assim detalhou o pensamento acolhido pelo Pretório Excelso:

"*O Sr. Min. Moreira Alves* (relator): 1. Acolho a preliminar levantada nas *informações* de que, no caso, não cabe ação direta de inconstitucionalidade por não configurar a medida provisória atacada ato normativo, mas, sim, ato administrativo que tem objeto determinado e destinatário certo ainda que, por exigência constitucional, tenha de ser editado por medida provisória (art. 167, § 3º, da CF).

"Esta Corte, ao julgar a ADI n. 647 (*RTJ* 140/36), de que fui Relator, dela não conheceu, porque: 'A *ação direta de inconstitucionalidade* é o meio pelo qual se procede, por intermédio do Poder Executivo, ao controle da constitucionalidade das normas jurídicas *in abstracto. Não se presta ela, portanto, ao controle da constitucionalidade de atos administrativos que têm objeto determinado e desti-

natários certos, ainda que esses atos sejam editados sob a forma de lei – as leis meramente formais, porque têm forma de lei, mas seu conteúdo não encerra normas que disciplinem relações jurídicas em abstrato'.

"No mesmo sentido, o eminente Ministro Celso de Mello negou seguimento à ADI n. 203 relativa a emenda do Congresso à proposta orçamentária do Poder Executivo – despacho mantido quando do julgamento do agravo regimental (*RTJ* 131/1.001) –, salientando, com citação de precedentes relativos a representações de inconstitucionalidade sob o império da Emenda Constitucional n. 1/1969, que 'não se tipificam como normativos os atos estatais desvestidos de abstração, generalidade e impessoalidade. Esta Corte, em algumas oportunidades, já proclamou, sem maiores disceptações, a impropriedade da ação direta de inconstitucionalidade cujo objeto de impugnação fosse 'ato concreto, despido de qualquer atributo de abstração, generalidade ou normatividade'.

"No caso, é o que ocorre. Trata-se de medida provisória que abre crédito extraordinário até certo limite a órgão determinado para atender a programação certa (vêm consignados no Anexo I os programas emergenciais de recuperação rodoviária nos Estados ali indicados). Em seguida, indica que os recursos necessários decorrerão da Reserva de Contingência conforme Anexo II, e declara alterada, em conseqüência, a receita do Departamento Nacional de Estradas de Rodagem, na forma do Anexo III. Atos concretos sob forma de medida provisória, por imposição constitucional, sem nenhuma abstração, generalidade e impessoalidade.

"Observo, por outro lado, que não é admissível, também, para verificar se se trata, ou não, de crédito extraordinário, discutir-se em ação direta de inconstitucionalidade em abstrato fatos que não decorram objetivamente do ato impugnado, como o da previsibilidade, ou não, do montante necessário para atender a despesas de emergência, o qual consta de outra lei (a lei orçamentária para o exercício de 1996), cujo exame será indispensável, além da análise, também indispensável, do agravamento das situações de emergência por condições fáticas.

"2. Em face do exposto, não conheço, preliminarmente, da presente ação, ficando, em conseqüência, prejudicado o pedido de liminar."

IV – A "Exposição de Motivos" que propôs a medida provisória aqui examinada demonstra seu perfeito enquadramento na posição adotada pelo STF, bem como atendimento aos pressupostos constitucionais para edição da medida provisória, respondendo ainda a objeções de mérito formuladas pelos requerentes, inadequadamente, no presente feito:

"EXPOSIÇÃO DE MOTIVOS N. 1-CCIVIL/MP

"Em 23 de janeiro de 2004

"Exmo. Sr. Presidente da República:

"Submetemos à superior deliberação de V. Exa. a anexa proposta de medida provisória que 'Altera a Lei n. 10.683, de 28 de maio de 2003, que dispõe sobre a organização da Presidência da República e dos Ministérios, e dá outras providências'.

"2. As ações implementadas no primeiro ano do Governo e os resultados efetivos alcançados, aliados à experiência prática de trabalho com a estrutura ministerial e de órgãos da Presidência da República, demonstraram a *consistência da organização governamental implementada pela Medida Provisória n. 103, de 1º de janeiro de 2003 – posteriormente convertida na Lei n. 10.683, de 28 de maio de 2003*.

"3. No entanto, alguns *ajustes tópicos* mostram-se necessários para conferirem maior efetividade à ação governamental, especialmente no que se refere às áreas social e de coordenação política e institucional da estrutura da Administração Pública Federal. A presente proposta de medida provisória tem como objetivo promover essas alterações na organização da Presidência da República e dos Ministérios, *propiciando melhores condições para a formulação, acompanhamento e avaliação das políticas públicas e para a conseqüente execução das ações do Governo*.

"4. Do ponto de vista das alterações propostas, deve ser salientado:

"a) a criação, na estrutura da Presidência da República, como órgão essencial, da Secretaria de Coordenação Política e Assuntos Institucionais, cuja competência envolverá a coordenação política do Governo, a condução do relacionamento do Governo com o Congresso Nacional e Os partidos políticos e a interlocução com os Estados, o Distrito Federal e os Municípios, absorvendo assim parte das atribuições ora desempenhadas pela Casa Civil da Presidência da República;

"b) por sua vez, à Casa Civil da Presidência da República é agregada a competência para a coordenação dos sistemas de organização e modernização administrativa, a formulação de políticas e diretrizes para a modernização do Estado e de gestão relativas aos recursos humanos, à organização de carreiras e à remuneração, ao dimensionamento da força de trabalho, à capacitação, ao desenvolvimento e à avaliação de desempenho dos servidores da Administração Pública Federal direta, autárquica e funcional, funções estas até então a cargo do Ministério do Planejamento, Orçamento e Gestão;

"c) na área social, com o objetivo de tornar mais eficaz e sinérgica a ação governamental, o Ministério da Assistência Social é transformado no Ministério do Desenvolvimento Social e Combate à Fome. A esse novo Ministério também são incorporadas as funções que eram desenvolvidas pelas estruturas transitórias do Gabinete do Ministro de Estado Extraordinário de Segurança Alimentar e Combate à Fome e pelo Conselho de Gestão Interministerial do Programa Bolsa-Família e sua Secretaria-Executiva, consolidando assim a estrutura governamental que atua mais diretamente na área social, potencializando os resultados das políticas implementadas nessa área prioritária. São mantidos o Programa Fome Zero e o Programa Bolsa-Família, mas a sua gestão, antes distribuída por dois órgãos, passa a ser de competência do Ministério do Desenvolvimento Social e Combate à Fome, que terá cinco Secretarias. São também extintos a Secretaria Executiva do Programa Comunidade Solidária e o Conselho do Programa Comunidade Solidária, tendo em vista a configuração da nova estrutura proposta, que absorverá as competências desses órgãos nos demais que integrarão a estrutura do Ministério do Desenvolvimento Social e Combate à Fome. No entanto, as ações a cargo do Programa Comunidade Solidária são também mantidas, na forma em que estão previstas no Orçamento recém-sancionado pelo Presidente e no PPA. Os programas sociais nas áreas de desenvolvimento social, segurança alimentar e nutricional, assistência social, transferência de renda e renda de cidadania, porém, passarão a ter uma gestão única, concentrando-se a formulação, implementação e avaliação num único órgão. Além de evitar-se a superposição de estruturas e permitir-se a simplificação do processo decisório, tornando, ainda, mais ágil a implementação das ações, a articulação das políticas e a formulação de diretrizes poderá ser feita de forma mais integrada, assegurada a consistência e compatibilidade com as diretrizes emanadas da Câmara de Políticas Sociais e aprovadas por V. Exa.

"5. Além disso, a proposta visa a *suprir a carência de cargos* em comissão gerenciados pela Secretaria de Gestão, do Ministério do Planejamento, Orçamento e Gestão, a fim de possibilitar o atendimento das demandas dos órgãos e entidades do Poder Executivo Federal, viabilizando o redesenho de suas estruturas organizacionais, para um melhor desempenho de suas competências institucionais.

"6. No processo de reestruturação da Administração Pública Federal deparou-se com gravíssimos problemas de déficit institucional em áreas estratégicas de governo. Esse déficit ou gerou lacunas, uma vez que os problemas não foram resolvidos, ou foram precariamente resolvidos pela via da terceirização, contratação no âmbito de projetos internacionais ou a utilização de cargos comissionados em caráter temporários. *Assim, ao mesmo tempo em que cresceram as competências e responsabilidades dos órgãos, não houve ampliação equivalente de suas estruturas de recursos humanos.* Paralelamente à realização de concursos para cargos de carreira, são necessários cargos em comissão e funções gratificadas que permitam melhor distribuição das responsabilidades executivas e de assessoramento nos diversos órgãos que apresentam dificuldades mais acentuadas.

"7. As medidas ora propostas irão permitir o redesenho de estruturas organizacionais de cerca de vinte diferentes órgãos e entidades do Governo e o atendimento de *gravíssimos problemas de déficit institucional nessas áreas estratégicas*, tais como segurança pública (Polícia Federal, Departamento de Recuperação de Ativos Ilícitos e Departamento Penitenciário Nacional, no Ministério da Justiça) auditoria e fiscalização (Secretaria da Receita Federal, Secretaria de Previdência Complementar, Instituto Nacional de Seguro Social, Conselho de Controle de Atividades Financeiras), regulação do mercado (Conselho Administrativo de Defesa Econômica, Comissão de Valores Mobiliários), reforma agrária (INCRA e Ministério do Desenvolvimento Agrário), Ministério da Cultura e Advocacia-Geral da União, entre outras.

"8. Assim, para atender a tais demandas da Administração Pública Federal e para estruturar os órgãos criados e transformados, propõe-se criar cargos em comissão do Grupo-Direção e Assessoramento Superiores – DAS e Funções Gratificadas (FGs), assim distribuídos: doze DAS 6, setenta DAS 5, duzentos e oitenta DAS 4, duzentos e sessenta DAS 3, quatrocentos e oitenta DAS 2, duzentos e vinte DAS 1, duzentas FG 2 e cem FG 3.

"9. *Além disso, a fim de incentivar a **profissionalização** do exercício dos cargos em comissão, propomos alteração na regra que permite aos ocupantes de cargos em comissão do Grupo-Direção e Assessoramento Superiores – DAS e Cargos de Direção nas Instituições Federais de Ensino – CD optar pela percep-*

ção a título de gratificação, quando ocupantes de cargos efetivos, a fim de que seja homogeneizado o percentual de opção, que é hoje diferenciado em razão do nível do cargo ocupado. Dessa maneira, estar-se-á conferindo maior incentivo aos servidores de carreira que exercem os cargos DAS de níveis 4, 5 e 6 e Cargos de Natureza Especial – CNE e Cargos de Direção – CD de níveis 1, 2, 3 e 4 das Instituições Federais de Ensino – IFEs, valorizando-se o servidor cujo nível de responsabilidade é maior e permitindo-se melhor recompensa aos que exercem tais cargos.

"10. Do ponto de vista orçamentário, quanto aos cargos em comissão e funções gratificadas a serem criados, se todos os cargos forem prontamente alocados na estrutura dos órgãos e entidades do Poder Executivo Federal e efetivamente providos, a despesa prevista para o exercício de 2004, com o provimento dos novos cargos, será da ordem de R$ 38,6 milhões. O efeito total das medidas, todavia, será de R$ 93,5 milhões de Reais em 2004, e de R$ 98,7 milhões nos exercícios seguintes, considerando-se a atual proporção de servidores que percebem apenas a parcela de opção. **Contudo, a despesa real será inferior, não somente porque os referidos cargos não serão totalmente providos de imediato, mas sim ao longo do exercício, como porque parcela desses cargos será provida por servidores que não serão atingidos pela mudança do critério de opção ora estabelecido.**

"11. Quanto ao disposto nos art. 16 e 17 da Lei Complementar n. 101, de 4 de maio de 2001, pode ser considerado plenamente atendido, uma vez que o acréscimo de despesa previsto para o exercício de 2004 está previsto no Anexo VII, item 4, da Lei n. 2 10.837, de 16 de janeiro de 2004. Para os exercícios de 2005 e 2006, as estimativas de custos reduzirão a margem líquida de expansão para despesas de caráter continuado daqueles exercícios. No entanto, esse aumento de despesa mostra-se compatível com o aumento de receita decorrente do crescimento real da economia previsto, conforme demonstra a série histórica relativa à ampliação da base de arrecadação nos últimos anos.

"12. A matéria reveste-se de relevância e urgência em decorrência da necessidade de otimizar a organização da Administração Pública Federal, especialmente para tornar mais sinérgicas as ações na área social, tornando ainda mais efetivas as medidas de combate à miséria e à fome, bem assim a necessidade de estabelecer estrutura gerencial adequada para a execução das prioridades governamentais. Ademais, os cargos criados permitirão implementar, desde logo, as *necessárias reestruturações de órgãos e entidades de grande importância para o cumprimento do programa de governo de V. Exa.*, dotando-os de melhor capacidade de coordenação e supervisão, assim como de assessoramento, *e permitir que as retribuições percebidas pelos servidores de carreira, no exercício desses cargos comissionados, se aproximem das que são atribuídas aos demais Poderes, evitando-se o desestímulo decorrente da atual situação.*

"13. Esse conjunto de medidas permitirá, de imediato, *melhoria significativa na qualidade da gestão pública e da coordenação política e administrativa do Governo*, em particular da área social, o que se refletirá, ao longo do ano, em ganhos de eficiência para a Administração Federal e toda a sociedade.

"Essas, Sr. Presidente, são as razões que envolvem a matéria e justificam a presente proposta que ora submeto à apreciação de V. Exa.

"Respeitosamente:

"José Dirceu de Oliveira e Silva, Ministro de Estado Chefe da Casa Civil da Presidência da República

"Guido Mantega, Ministro de Estado do Planejamento, Orçamento e Gestão."

V – O posicionamento do ilustre Min. Moreira Alves, acima exposto, e que abrange a medida provisória em causa, como se vê pela sua "Exposição de Motivos", constitui entendimento reiterado em outras ações diretas de inconstitucionalidade, como a de n. 1.496-0, que teve o mesmo Relator e a seguinte ementa: *"Ementa:* "Ação direta de inconstitucionalidade – Pedido de liminar – *Medida Provisória* n. 1.513/1996 e suas reedições – *Não cabimento da ação contra ato administrativo editado sob a forma de lei* – Impossibilidade de discussão, em ação dessa natureza, de fatos que não decorram objetivamente do ato impugnado – Não cabe ação direta de inconstitucionalidade por não configurar a *medida provisória* atacada ato normativo, mas, sim, ato administrativo que tem objeto determinado e destinatário certo ainda que, por exigência constitucional, tenha de ser editado por *medida provisória* (art. 167, § 3º, da CF) – Não é admissível, também, discutirem-se, em ação direta de inconstitucionalidade em abstrato, fatos que não decorram objetivamente do ato impugnado – Ação não conhecida, ficando, em conseqüência, prejudicado o pedido de liminar".

VI – O mesmo e ilustre Relator assevera ainda na ADI n. 647-9-DF:

"A ação direta de inconstitucionalidade é o meio pelo qual se procede, por intermédio do Poder Judiciário, ao controle da constitucionalidade das normas jurídicas *in abstracto. Não se presta ela, portanto, ao controle da constitucionalidade de atos administrativos que têm objeto determinado e destinatários certos, ainda que esses atos sejam editados sob a forma de lei – as leis meramente formais,* porque têm forma de lei, mas seu conteúdo não encerra normas que disciplinem relações jurídicas em abstrato.

"No caso, tanto o art. 7º como o art. 9º da Lei n. 8.029 são leis meramente formais, pois, em verdade, têm por objeto atos administrativos concretos."

VII – E o Min. Celso de Mello, na ADI n. 203-1, corrobora as decisões até aqui citadas:

"A *ação direta de inconstitucionalidade* configura meio de preservação da integridade da ordem jurídica plasmada na Constituição vigente, atua como instrumento de ativação da jurisdição constitucional concentrada do STF e enseja a esta Corte, no controle em abstrato da norma jurídica, o desempenho de típica função política ou de governo.

"*Objeto do controle concentrado, perante o STF, são as leis e os atos normativos emanados da União, dos Estados-membros e do Distrito Federal.*

"No controle abstrato de normas, em cujo âmbito instauram-se relações processuais objetivas, visa-se a uma só finalidade: a tutela da ordem constitucional, sem vinculações quaisquer a situações jurídicas de caráter individual ou concreto.

"A ação direta de inconstitucionalidade não é sede adequada para o controle da validade jurídico-constitucional de atos concretos, destituídos de qualquer normatividade."

VIII – Ora, não há nada mais administrativo que uma reorganização administrativa. E a jurisprudência do STF se aplica tanto ao conjunto da medida provisória como a cada um de seus artigos, da mesma forma que no contrato administrativo cada cláusula é considerada, em si mesma, um ato administrativo.

IX – No que tange à pretensão de medida liminar, além de inexistentes o *fumus boni juris* e o *periculum in mora*, de que trataremos mais adiante, relevante o posicionamento do STF em duas ações diretas de inconstitucionalidade de grande importância, as de ns. 272-MC-QO/DF e 273-MC-QO/DF, relatadas pelo Min. Aldir Passarinho, e com a seguinte ementa: "*Ementa:* Liminares – Proibição de sua concessão em mandados de segurança e em ações ordinárias e cautelares, decorrentes de medidas provisórias (Medidas Provisórias ns. 181 e 182) – Indeferimento de pedido de liminar para suspender aquela proibição. Tendo-se que o pedido de concessão de liminar para suspender os efeitos das Medidas Provisórias ns. 181 e 182 – que proibiam cautelares em determinadas ações – não satisfaz os requisitos necessários ao seu deferimento, cabe indeferi-lo. *Ademais, devendo ser decidida, pelo Congresso Nacional, em breves dias, a conversão ou não de tais medidas em lei, desaconselha-se o deferimento da liminar*. De relembrar que a própria inicial da OAB ressalta que podem os juízes por via incidental, no exame dos casos concretos, deixar de atender à vedação, se a considerarem inconstitucional, contida nas medidas provisórias".

X – A parte grifada na citação constante do item anterior faz com que se ressalte a absoluta inadequação de duas agremiações partidárias com ampla representação no Congresso Nacional tentarem obter pela via judicial resultado indissociável das atribuições precípuas do exercício do mandato parlamentar, como se fosse o Pretório Excelso campo próprio para procedimento que nas palavras de von Clausewitz pode ser descrito como "a continuação da política por outros meios", pois esse é o verdadeiro propósito do presente feito, partidário e injurídico. O Parlamento é, necessariamente, o âmbito em que primeiro os autores deveriam formular objeções e pleitear eventuais correções.

XI – Feita essa observação e retomando a linha de raciocínio baseada nas decisões do STF, saliente-se que as providências adotadas pelo Governo, de caráter nitidamente administrativo, consumaram-se através de medida provisória por efeito conjunto dos arts. 61 e 62 da Constituição. O § 1º do art. 61 estabelece: "§ 1º. São de iniciativa privativa do Presidente da República *as leis* que: I – fixem ou modifiquem os efetivos das Forças Armadas;

II – disponham sobre: a) criação de cargos, funções ou empregos públicos na Administração direta e autárquica ou aumento de sua remuneração; b) organização administrativa e judiciária, matéria tributária e orçamentária, serviços públicos e pessoal da Administração dos Territórios; c) servidores públicos da União e Territórios, seu regime jurídico, provimento de cargos, estabilidade e aposentadoria; d) organização do Ministério Público e da Defensoria Pública da União, bem como normas gerais para a organização do Ministério Público e da Defensoria Pública dos Estados, do Distrito Federal e dos Territórios; e) criação e extinção de Ministérios e órgãos da Administração Pública, observado o disposto no art. 84, VI; f) militares das Forças Armadas, seu regime jurídico, provimento de cargos, promoções, estabilidade, remuneração, reforma e transferência para a reserva".

E o art. 62 da Carta dispõe da seguinte forma: "Em caso de relevância e urgência, o Presidente da República poderá adotar medidas provisórias, com força de lei, devendo submetê-las de imediato ao Congresso Nacional".

Ora, a Medida Provisória de que aqui tratamos está rigorosamente de acordo com os arts. 61 e 62 da Carta, não incorrendo em qualquer das vedações estabelecidas no último dos dois dispositivos citados. Acrescente-se, por oportuno, que a necessidade de lei ou medida provisória decorre apenas de uma opção do legislador, que não muda a natureza administrativa da matéria nelas contida. A propósito, cabe lembrar que o art. 84, VI, "a", da Carta admite a possibilidade de dispor através de decreto sobre organização e funcionamento da Administração Federal, quando não houver aumento de despesa nem criação ou extinção de órgãos públicos. Em resumo, seja objeto de portaria, regulamento, decreto, lei ou medida provisória, a natureza administrativa do conteúdo não muda em função do instrumento utilizado.

XII – Isto posto, e considerando agora, especificamente, as disposições atacadas, cumpre assinalar que a impugnação ao art. 11 da medida provisória, concernente à criação de cargos em comissão e funções gratificadas, é pífia, procurando apenas os requerentes fingirem-se surpresos com o seu número, ignorando a relevância e abrangência das áreas a serem atendidas, como segurança pública, auditoria e fiscalização, regulação do mercado, reforma agrária, cultura e representação judicial da União. Desvio de poder e ausência de razoabilidade não têm caracterização *numérica*. Não ocorrem no presente caso, mas poderiam consumar-se em um único ato, desde que intolerável aos princípios que informam a ordem jurídica.

XIII – Ignoram também, propositadamente, a assertiva contida no item 6, *in fine*, da "Exposição de Motivos", declarando que "*paralelamente à realização de concursos para cargos de carreira*, são necessários cargos em comissão e funções gratificadas que permitam melhor distribuição das responsabilidades executivas e de assessoramento nos diversos órgãos que apresentam dificuldades mais acentuadas". Não há qualquer intenção de burla ao salutar princípio da exigência de concurso.

XIV – Ignoram também, de fato ou por conveniência, que o exercício de cargos em comissão e funções gratificadas é facultado também a exercentes de cargos efetivos ou seja, concursados, quando designados para determinadas funções. Resulta claro que não se trata de fraudar o disposto no art. 37, II, da Constituição, até porque ele próprio é que faculta a declaração, em lei, de livre nomeação para cargo em comissão por ela criado. Cabe repetir aqui o que consta do item 9 da "Exposição de Motivos" transcrita, onde se afirma: "Além disso, a fim de incentivar a *profissionalização* do exercício dos cargos em comissão, propomos alteração na regra que permite aos ocupantes de cargos em comissão do Grupo-Direção e Assessoramento Superiores – DAS e Cargos de Direção nas Instituições Federais de Ensino – CD optar pela percepção, a título de gratificação, *quando ocupantes de cargos efetivos*, a fim de que seja homogeneizado o percentual de opção, que é hoje diferenciado em razão do nível do cargo ocupado. Dessa maneira, estar-se-á conferindo maior incentivo aos *servidores de carreira* que exercem os cargos DAS de níveis 4, 5 e 6 e Cargos de Natureza Especial – CNE e Cargos de Direção – CD de níveis 1, 2, 3 e 4 das Instituições Federais de Ensino – IFEs, *valorizando-se o servidor cujo nível de responsabilidade é maior e permitindo-se melhor recompensa aos que exercem tais cargos*".

Conveniente ainda lembrar o que consta do item 12, *in fine*, da mesma justificativa ministerial referida, onde se assinala: "A matéria reveste-se de relevância e urgência em decorrência da necessidade de otimizar a organização da Administração Pública Federal, especialmente para tornar mais sinérgicas as ações na área social, tornando ainda mais efetivas as medidas de combate à miséria e à fome, bem assim a necessidade de estabelecer estrutura gerencial adequada para a execução das prioridades governamentais. Ademais, os cargos criados permitirão implementar, desde logo, as necessárias reestruturações de órgãos e entidades de grande importância para o cumprimento do programa de Governo de V. Exa., dotando-os de melhor capacidade de coordenação e supervisão, assim como de assessoramento, *e permitir que as retribuições percebidas pelos servidores de carreira, no exercício desses cargos comissionados, se aproximem das que são atribuídas aos demais Poderes, evitando-se o desestímulo decorrente da atual situação*".

XV – Quanto à jurisprudência citada pelos próprios autores, do STF, não socorre os requerentes, pois não está caracterizada qualquer semelhança entre as medidas de que aqui se trata e os fatos que foram objeto de decisão por parte do Pretório Excelso. A decisão relatada pelo ilustre Min. Celso de Mello, ADI n. 1.158-8 AM, manifestou-se contra a concessão de *gratificação de férias a inativos* (1/3 da remuneração mensal). O *decisum* prolatado pelo eminente Min. Sepúlveda Pertence, ADI n. 1.141-3-GO, concerne à definição de cargos de oficial de justiça como de provimento em comissão. O voto da Min. Ellen Gracie refere-se também a essa ação direta de inconstitucionalidade. Ambos os votos tiveram como motivação a ocorrência de desvio de poder legislativo, o que não é o caso presente.

XVI – Quanto a citar o art. 5º, LIV, da Constituição, *tout court*, parece tratar-se de um equívoco, pois o mesmo estabelece que "ninguém será privado da liberdade ou de seus bens sem o devido processo legal", o que inutiliza todas as considerações feitas em torno desse dispositivo.

XVII – No que concerne à insinuação de desvio de poder pela assertiva de que "ultrapassa o limite da razoabilidade presumir, ante os milhares de cargos em comissão já existentes na Administração Pública Federal, que urge a criação de mais três milhares de novos cargos e funções, cujo exercício esteja estritamente vinculado à confiança das autoridades constituídas, embora sua função tenha natureza tipicamente executiva (auditoria, fiscalização, representação judicial do Estado, segurança pública etc.)", a própria "Exposição de Motivos" constitui a melhor defesa, pois é no expediente, no processo que antecede os atos e medidas, que se busca, como ensina Hely Lopes Meirelles, in *Direito Administrativo Brasileiro*, 27ª ed., p. 109, os elementos que possam caracterizar ou não procedimento inadequado: "A propósito, observou Sayagués Laso, com muita agudeza, que: 'La prueba de la desviación de poder se busca generalmente en la documentación que figura en el expediente administrativo o que se incorpora luego al expediente judicial. También se ha admitido la prueba testimonial, así como la prueba indiciaria, pero apreciándolas con criterio restrictivo y exigiendo que las presunciones sean graves, concordantes y precisas. No pueden establecerse reglas generales sobre cuales circunstancias o detalles dan base para afirmar que existe desviación de poder. Pero, indudablemente, uno de los más característicos es la inexactitud o discordancia de los motivos que aparentemente justifican el acto'".

XVIII – Cabem ainda duas observações, além daquelas já feitas: em primeiro lugar, o número de servidores não pode permanecer estático, tendo em vista, por exemplo, que se destina a atender a uma população cujo crescimento anual equivale à soma de toda a população de um país de médio porte. Por outro, os requerentes estão impugnando a sua própria atuação, visto como, tendo exercido o poder durante décadas, anteriores à renovação ocorrida em outubro de 2002, produziram eles próprios a situação que agora simulam denunciar.

XIX – Exótica também a sustentação do *periculum in mora* com a alegação de que, "de outra parte, o célere trâmite das medidas provisórias inaugurado pela Emenda Constitucional n. 32/2001 exige o exame preferencial da presente ação antes de sua conversão em lei, de modo a não prejudicar a apreciação dos vícios formais existentes". Os autores abdicam de suas prerrogativas congressuais e se empenham pela não-correção dos supostos vícios formais que apontam. De tudo isso, o que resulta claro, como já dito, é o acerto da postura do STF em não conceder liminar quando iminente a votação que decidirá o destino de medida provisória, que é exatamente o caso daquela em comento.

XX – Em relação ao art. 14 da medida provisória, os próprios requerentes se encarregam de anular a alegação de impossibilidade de "redirecionar dotações orçamentárias", quando eles próprios pedem que "nem se diga, por outro lado, que a autorização justifica-se em razão da própria reestruturação dos órgãos. Ora, no caso da fusão de órgãos que deu origem ao Ministério do Desenvolvimento Social, basta que as receitas destinadas a esses órgãos sejam repassadas ao novo Ministério, o que ocorre como efeito natural da substituição promovida pela medida provisória. No caso da cisão que deu origem à Secretaria de Coordenação Política da Presidência da República, o mesmo ocorre, isto é, as dotações orçamentárias voltadas ao custeio das atividades Subchefias de Assuntos Parlamentares e de Assuntos Federativos continuam vinculadas a esse órgão, agora sob a direção superior do novo órgão. Se esse é o desiderato da norma – o mero e natural redirecionamento das verbas do substituído para o substituto –, trata-se de dispositivo inócuo (...)".

XXI – O que é inócuo, exatamente por essa característica, não é inconstitucional. No caso, não é inócuo, nem inconstitucional, mas necessário como referência expressa de caráter indispensável, visto como não se pode, como desejam os autores, presumir ou intuir questões orçamentárias. Diga-se ainda, a bem da verdade, que, se a referência não existisse, os requerentes buscariam uma forma de atacar o que considerariam omissão. Acrescente-se que os textos dos arts. 14 e 15 rebatem, por si sós, qualquer impugnação:

> "Art. 14. É o Poder Executivo autorizado a remanejar, transpor, transferir ou utilizar as dotações orçamentárias aprovadas na Lei Orçamentária de 2004 em favor dos órgãos extintos, transformados, transferidos, incorporados ou desmembrados por esta Medida Provisória, mantida a mesma classificação funcional-programática, expressa por categoria de programação em seu menor nível, conforme definida no art. 4º, § 2º, da Lei n. 10.707, de 30 de julho de 2003, inclusive os títulos, descritores, metas e objetivos, assim como o respectivo detalhamento por esfera orçamentária, grupos de despesa, fontes de recursos, modalidades de aplicação e identificadores de uso.

> "Art. 15. São transferidas aos órgãos que receberam as atribuições pertinentes e a seus titulares as competências e incumbências estabelecidas em leis gerais ou específicas aos órgãos transformados, transferidos ou extintos por esta Medida Provisória, ou a seus titulares."

Tudo absolutamente claro e de acordo com a Constituição e a legislação própria.

XXII – São as razões pelas quais inadmissível a presente ação; e, ainda que superada a preliminar, improcedente é a mesma, como resulta de todo o alegado. E, com maior razão, insustentável o pedido de liminar, inclusive pela iminência da votação da medida provisória.

Brasília, 18 de março de 2004

GALBA VELLOSO, Consultor da União.

9.2 Informações n. AGU/GV-16/2003

Além desse caso, merecem também ser transcritas as informações seguintes, com destaque para os itens 21 a 24 e 27:

INFORMAÇÕES N. AGU/GV-16/2003

ADI n. 2.984

Origem: STF.

Requerentes: Partido da Social Democracia Brasileira – PSDB e Partido da Frente Liberal – PFL.

Requerido: Exmo. Sr. Presidente da República.

Relatora: Min. Ellen Gracie.

Exmo. Sr. Consultor-Geral da União:

1. Suscitam os autores a inconstitucionalidade da Medida Provisória n. 128, de 1º de setembro de 2003, que "Revoga a Medida Provisória n. 124, de 11 de julho de 2003, que dispõe sobre o Quadro de Pessoal da Agência Nacional das Águas, e dá outras providências", sustentando que tal revogação afronta os arts. 2º e 62, *caput* e § 6º, da Constituição da República, visto como, nos termos da "Exposição de Motivos" da Medida Provisória n. 128, está expressamente declarado que a revogação se impunha de forma a permitir a votação pelo Congresso de reformas constitucionais.

2. Antes de mais nada, considerando que as informações, como o nome indica, abrangem necessariamente fatos e circunstâncias, sem embargo de terem evoluído para uma caracterização de defesa jurídica, é preciso desde logo declarar a natureza deste processo, que nas palavras de von Clausewitz

pode ser descrita como "a continuação da política por outros meios", uma batalha – judicial, embora – injurídica e desfundamentada, que constitui apenas movimento tático dentro da estratégia das agremiações autoras que buscam, como é notório, conciliar diretrizes programáticas genéricas e apoio difuso à idéia de reforma com divergências específicas e pontuais em relação à proposta governamental, no intuito de atender ao mesmo tempo pólos opostos da opinião pública.

3. Isto posto, apresentam os autores a surpreendente teoria do direito constitucional ao que chamam de "travamento da pauta" congressual, não tendo percebido que o art. 62 e §§ da Constituição obviamente não garantem o travamento, mas sim a urgência, baseada no interesse público. O sobrestamento das votações é, portanto, um meio para assegurar a urgência, e não um fim em si mesmo. O sobrestamento existe para garantir a urgência, e não a urgência para assegurar o sobrestamento.

4. A urgência que se busca assegurar na tramitação está também na raiz inspiradora das medidas provisórias, a serem editadas a juízo do Presidente da República, na avaliação de relevância e urgência *para o interesse público*, em benefício deste, e não em proveito das próprias medidas provisórias por si mesmas, as quais constituem instrumento do Governo enquanto *comissário da República*.

5. Ora, se a relevância e a urgência, do ponto de vista do interesse público, é que fundamentam as disposições constitucionais sobre medidas provisórias, não se pode pretender que tal avaliação se faça em termos absolutos e sem comparação, inclusive hierárquica, com a relevância e urgência de outras proposições, como é o caso das reformas constitucionais em curso, que certamente preponderam, pela natureza, pela hierarquia e pelo conteúdo, sobre a relevância e urgência, por exemplo, de disposições sobre o quadro de pessoal da Agência Nacional de Águas – ANA. Vale dizer, por mais importante que fossem as normas contidas na medida provisória revogada, certamente não prevaleceriam sobre reformas constitucionais de natureza tributária e previdenciária, de natureza, hierarquia e urgência superiores para todo o país.

6. Feita esta constatação, bem como aquela expressa pelos próprios autores de que nem a natureza urgente das medidas provisórias e nem o prazo estabelecido pelo art. 62 e §§ da Constituição foram capazes de motivar o exame da Medida Provisória n. 124, impunha-se a busca de uma solução baseada na exegese constitucional e na *construction*, sobretudo em se considerando que o travamento da pauta passou a produzir efeito diverso do que pretendera o legislador ao instituí-lo, já que, em lugar de apressar a votação da Medida Provisória n. 124, passou a interessar e atender aos interesses

daqueles que, se opondo às reformas, aí viram a oportunidade de travá-las indefinidamente, em detrimento do interesse nacional.

7. Cabe assinalar que não existe na Constituição nenhum dispositivo que impeça a revogação de uma medida provisória, que se fosse irrevogável estaria sendo equiparada às cláusulas pétreas da Carta, cuja condição decorre de assegurarem direitos individuais e terem sido consagradas pelo poder constituinte originário, intangíveis, portanto, pelo derivado. Salta aos olhos que a equiparação do mínimo com o máximo não é possível ou aceitável.

8. Além de não existir dispositivo constitucional expresso que assegure a irrevogabilidade de medida provisória, os poderes implícitos – *inherent powers* – contidos na Carta e aferíveis pela interpretação deixam clara a possibilidade segura da revogação. Cabe lembrar, sucintamente, os ensinamentos de Vieira de Mello, no Congresso Nacional, durante o episódio de afastamento do Presidente Café Filho, de que afirmar que "não há solução não é postura de intérpretes. Toda vez que a Constituição expressamente não prevê uma hipótese e esta se realiza, entra em função o intérprete: ele há de encontrar, dentro dos poderes que ela outorga, os meios de cobrir essa hipótese, de regular a matéria. Isto é doutrina interpretativa, ao alcance de qualquer um – onde a Constituição estabelece o fim, presume-se que ela concede os meios para chegar a esse fim". Da mesma forma, a lição de Darcy Bessone, de que "a lei não contém todo o Direito", e o intérprete deve aplicá-la como o próprio legislador teria disposto se pudesse prever a hipótese (*Do Contrato – Abuso do Direito*, Ed. Forense, Rio, 1959, p. 299). Finalmente, Carlos Maximiliano, ao tratar da "apreciação do resultado" (*Hermenêutica e Aplicação do Direito*, Ed. Forense, Rio de Janeiro, 2002, pp. 135-136), assinala a preferência pela interpretação mais razoável, justa e que atenda ao interesse da população.

9. Atentos a esses princípios, cabe destacar que, se os pressupostos das medidas provisórias são a relevância e a urgência, a critério do Presidente da República, e se uma medida provisória se torna instrumento protelatório de outra providência legislativa mais relevante, claro é que deixaram de existir os pressupostos de sua manutenção, pois não pode manter-se e subsistir em condições opostas àquelas que determinaram seu surgimento no mundo jurídico.

10. Tratando-se de iniciativa incluída entre as prerrogativas do Presidente da República, a ele cabe identificar qual a maior relevância e a urgência naquele momento crucial, e agir de acordo com esse entendimento, assegurando, de acordo com o interesse público, a urgência em favor da matéria mais relevante e da norma legislativa hierarquicamente superior. Em resumo, *não cabe* ao Presidente da República *garantir o travamento da pauta*

congressual, mas sim *a desobstrução da pauta nacional* e o *funcionamento regular do Congresso Nacional*, que interessa à própria Instituição e a todo o país, ainda que não interesse aos autores, dentro da linha de obstrução parlamentar.

11. Seria extraordinário que, após uma mobilização nacional em favor da votação das reformas pelo Congresso, o próprio Governo desejasse ou fosse compelido, por uma interpretação obtusa, a manter o obstáculo em que passou a se constituir medida provisória anterior por ele mesmo editada e, por isso, também por ele revogável.

12. Vale ainda salientar que o sobrestamento das votações é um comando constitucional contra o Congresso, para que vote, e não contra o Executivo, para que não revogue medida provisória, não se podendo interpretar o dispositivo em sentido diverso do propósito da norma; não existe direito constitucional ao sobrestamento, sendo de se lembrar que o direito à obstrução é matéria completamente diversa, detalhada em normas regimentais; acolher a interpretação dos autores quanto à impossibilidade de revogação de medida provisória por outra equivaleria a inutilizar a possibilidade de edição de medidas provisórias, pois o Executivo nunca saberia com antecedência se estaria resolvendo uma emergência de momento ou promovendo um sobrestamento futuro e incontornável da pauta congressual; as disposições contidas na Medida Provisória n. 128 revestem-se de relevância e urgência, atendendo aos pressupostos constitucionais, pois sempre foi e é relevante e urgente para o interesse público o funcionamento regular do Congresso Nacional – impedido pelos autores, e não pelo Executivo –, e no caso assegurado com o destravamento da pauta.

13. A essas considerações devem-se acrescentar as que constam deste e dos itens seguintes, principiando por destacar que os autores se demoram em questões relativas à reedição de medida provisória, quando aqui tratamos de revogação das mesmas. A partir de um complexo raciocínio, preocupam-se em que a revogação enseje a reedição, o que não é o caso presente, pois a mesma "Exposição de Motivos" que fundamentou a revogação declara o propósito do Governo de apresentar projeto de lei regulamentando a matéria. Ainda que assim não fosse, não caberia tentar bloquear a revogação pela impugnação de uma imaginária reedição, mas sim rejeitar a última, se ocorresse e se inconstitucional (CF, art. 62, § 10).

14. Cumpre enfatizar que no caso sob análise nem mesmo a nova redação do art. 62 da Carta Política logrou fazer com que se procedesse à votação. Estivéssemos em sede de mandado de segurança, e os autores o estariam impetrando contra resultado a que eles próprios deram causa, visto como somente às duas agremiações partidárias autoras, de oposição, pode-se atribuir o fato de a Medida Provisória n. 124/2003 não ter sido aprovada, já que

obviamente contava com o apoio da base parlamentar do Governo que a editou.

15. É relevante aditar que a jurisprudência citada, como se depreende de sua simples leitura, não socorre os autores. O voto do Min. Celso de Mello, citado pelos autores, acompanhando o Relator, no julgamento da MC na ADI n. 221, demonstra expressamente que ali se discute *retirada* de medida provisória submetida ao Congresso Nacional, e *não a revogação* de que aqui se trata. O voto do Relator, Min. Néri da Silveira, na ADI n. 2.070/600 contém o seguinte trecho, amplamente esclarecedor da primeira ação direta de inconstitucionalidade referida:

"*O Sr. Min. Néri da Silveira* (relator): Indefiro a medida liminar pleiteada. Faço-o na conformidade do voto que proferi na ADI n. 1.204-5/600, anexo por cópia, que deste passa a ser parte integrante.

"(...).

"Já afirmou esta Corte, na ADI n. 221-0, que o Presidente da República, submetida a medida provisória ao Congresso Nacional, não mais pode impedir o Poder Legislativo de sobre ela deliberar, descabendo o pedido de *devolução* do ato normativo. *Poderá*, é certo, *revogar* ou alterar a medida provisória, por outra, no curso do prazo de trinta dias de sua eficácia. Nesse caso, os efeitos da medida provisória ab-rogada ficam suspensos, até que o Congresso Nacional *aprecie a medida provisória ab-rogante*. Se esta for aprovada, a ab-rogação torna-se efetiva, devendo o Congresso Nacional, em princípio, disciplinar os efeitos da medida provisória ab-rogada, como se rejeitada fosse. Se, entretanto, for rejeitada a medida provisória ab-rogante, retoma seus efeitos a medida provisória ab-rogada, incumbindo ao Congresso Nacional sobre ela manifestar no prazo que ainda lhe reste de vigência."

16. Na verdade, o conjunto da jurisprudência do STF dirime qualquer dúvida e esclarece completamente a matéria sob exame, cabendo citar os seguintes acórdãos.

"ADI n. 1.636/MC-DF – rel. Min. Sepúlveda Pertence – j. 6.8.1997 – órgão julgador: Tribunal Pleno – publicação: *DJU* 26.9.1997, p. 47.475 – *Ement*. 01884-01, p. 00113 – requerente: Partido Progressista Brasileiro/PPB – requerido: Presidente da República: *Ementa:* I – Medida provisória – Revogação por outra medida provisória, pendente a primeira de apreciação pelo Congresso Nacional – *Suspensão da eficácia da medida provisória revogada até que se converta em lei a que a tenha revogado* – Conseqüente suspensão do processo da ação direta de inconstitucionalidade proposta contra o edito revogado. II – Ação direta de inconstitucionalidade – Ilegitimidade para propô-la da Confederação Brasileira de Aposentados e Pensionistas, que, na ADI n. 501, se assentou não ser nem confederação sindical, nem entidade de classe."

"ADI n. 1.637/MC-UF – rel. Min. Sepúlveda Pertence – j. 6.8.1997 – órgão julgador: Tribunal Pleno – publicação: *DJU* 16.9.2000. p. 47.475 – *Ement*. 01884-01, p. 00121: *Ementa:* I – Medida provisória – Revogação por outra medida provisória, pendente a primeira de apreciação pelo Congresso Nacional – *Suspensão da* eficácia da medida provisória revogada até que se converta em lei a que a tenha revogado – Conseqüente suspensão do processo da ação direta de inconstitucionalidade proposta contra o edito revogado. II – Ação direta de inconstitucionalidade – Ilegitimidade para propô-la da Confederação Brasileira de Aposentados e Pensionistas, que, na ADI n. 501, se assentou não ser nem confederação sindical, nem entidade de classe."

17. Além da admissão, retratada na própria ementa, da possibilidade de revogação de uma medida provisória por outra, encontram-se, no inteiro teor dos votos proferidos nas duas decisões referidas no item anterior, considerações e citações em cujo bojo estão questões de interesse específico da presente causa. Diz ali o ilustre Relator, Min. Sepúlveda Pertence: "A jurisprudência do STF – considerando a ineficácia derrogatória permanente das medidas provisórias, enquanto não convertidas estas, definitivamente, em lei – firmou orientação que consagra a diretriz prevalecente no magistério da doutrina: '(...) medida provisória que ab-rogue outra submetida à apreciação do Congresso Nacional apenas suspende a eficácia da ab-rogada *ex nunc*, e isso porque essa ab-rogação se dá sob a condição resolutiva de a medida provisória que a decretou ser convertida em lei pelo Congresso, pois, se não o for, a medida provisória ab-rogante, por força do disposto no parágrafo único do art. 62 da Constituição, perde sua eficácia desde sua edição (...), o que implica dizer que a medida provisória ab-rogada volta a vigorar pelo restante do tempo que faltava para completar os trinta dias dados ao Congresso para convertê-la em lei ou não (...). *Enquanto a medida provisória ab-rogante estiver em vigor, por estar sendo apreciada pelo Congresso, este, obviamente, não pode continuar o processo destinado à conversão, ou não, da medida provisória ab-rogada, pois esta deixa de existir enquanto a medida provisória ab-rogante estiver em vigor por não ter escoado o prazo dos trinta dias ou por não ter sido expressamente rejeitada*, mas voltará a existir como medida provisória se a que a ab-rogou não se converter em lei. Se a medida provisória ab-rogante vier a ser convertida em lei, a ab-rogação da medida provisória anterior passa a ser definitiva, e, como não mais pode ela ser convertida em lei, se tem como rejeitada para o efeito de perder ela sua eficácia desde a sua edição (...)' (*RTJ* 151/331 e 343-344, rel. Min. Moreira Alves – grifei)".

18. E mais adiante assinala o ilustre Min. Sepúlveda Pertence que "o STF, ao reiterar esse entendimento (ADI n. 1.370-DF, rel. Min. Ilmar Galvão) – e ao reconhecer a *possibilidade constitucional de o Presidente da República 'expedir medida provisória, revogando outra medida provisória*, ainda em curso no Congresso Nacional' –, tem salientado que: 'A medida provisória revogada fica, entretanto, com sua eficácia suspensa, até que haja pronunciamento do Poder Legislativo sobre a medida provisória ab-rogante. Se for acolhida pelo Congresso Nacional a medida provisória ab-rogante, e

transformada em lei, a revogação da medida anterior torna-se definitiva; se for, porém, rejeitada, retomam seu curso os efeitos da medida provisória abrogada, que há de ser apreciada, pelo Congresso Nacional, no prazo restante à sua vigência' (*RTJ* 157/856, rel Min. Néri da Silveira)".

19. Alexandre de Moraes, in *Constituição do Brasil Interpretada e Legislação Constitucional*, Ed. Atlas, São Paulo, 2002, p. 1126, cita ainda as seguintes decisões: "STF – 'Já se firmou a jurisprudência desta Corte (assim nas ADI/MC ns. 1.204, 1.370 e 1.636) no sentido de que, *quando medida provisória ainda pendente de apreciação pelo Congresso Nacional é revogada por outra, fica suspensa a eficácia da que foi objeto de revogação até que haja pronunciamento do Poder Legislativo sobre a medida provisória revogadora*, a qual, se convertida em lei, tornará definitiva a revogação; se não o for, retomará os seus efeitos a medida provisória revogada pelo período que ainda lhe restava para vigorar. Por outro lado, é também orientação deste Tribunal a de que, havendo reedição de medida provisória contra a qual foi proposta ação direta de inconstitucionalidade, e não sendo a inicial desta aditada para abarcar a nova medida provisória, fica prejudicada a ação proposta' (STF, Pleno, ADI 1.665-5/Medida Liminar, rel. Min. Moreira Alves, *DJU*, Seção I, 8.5.1998, p. 2). *No mesmo sentido*: STF – '1. Ação direta de inconstitucionalidade – Medida cautelar – Medida Provisória n. 876, de 30.1.1995, que revogou a Medida Provisória n. 824, de 6.1.1995, antes do decurso do prazo de trinta dias, enquanto submetida ao Congresso Nacional, reeditando-se, entretanto, o texto da anterior. 2. Alegações de ofensa ao princípio da separação dos Poderes e de abuso na edição de medidas provisórias. 3. As medidas provisórias e o sistema da Constituição de 1988 – Orientação adotada pelo STF. 4. *O Presidente da República pode expedir medida provisória revogando outra medida provisória, ainda em curso no Congresso Nacional*. A medida provisória revogada fica, entretanto, com sua eficácia suspensa, *até que haja pronunciamento do Poder Legislativo sobre a medida provisória ab-rogante*. Se for acolhida pelo Congresso Nacional a medida provisória ab-rogante, e transformada em lei, a revogação da medida anterior torna-se definitiva; se for, porém, rejeitada, retomam seu curso os efeitos da medida provisória ab-rogada, que há de ser apreciada, pelo Congresso Nacional, no prazo restante à sua vigência. 5. Hipótese em que não se justifica a medida cautelar pleiteada, visando a suspender os efeitos da medida provisória ab-rogante' (ADI n. 1.204-5, rel. Min. Néri da Silveira, *Informativo STF* 16). *Conferir, ainda*: STF – 'Já se firmou a jurisprudência desta Corte (assim, nas ADI/MC ns. 1.204, 1.370 e 1.636) no sentido de que, quando medida provisória ainda pendente de apreciação pelo Congresso Nacional é revogada por outra, fica suspensa a eficácia da que foi objeto de revogação *até que haja pronunciamento do Poder Legislativo sobre a medida provisória revogadora*, a qual, se convertida em lei, tornará

definitiva a revogação; se não o for, retomará os seus efeitos a medida provisória revogada pelo período que ainda restava para vigorar' (STF, Pleno, ADI n. 1.659-UF/Medida Liminar, rel. Min. Moreira Alves, *DJU*, Seção I, 8.5.1998, p. 2)".

20. E a própria "Exposição de Motivos" do Exmo. Sr. Ministro Chefe do Gabinete Civil da Presidência da República, de n. 33 e ensejadora da medida provisória em discussão, aponta o precedente de ter a Medida Provisória n. 53, de 11 de julho de 2002, revogado dispositivos da Medida Provisória n. 51, de 4 de julho de 2002, quando os autores, hoje na Oposição, integravam a base parlamentar do Governo da época.

21. Não há que falar em *desvio de finalidade*, pois cabendo ao Presidente da República, até por juramento, promover o bem-estar e zelar pelo interesse do país como um todo, a iniciativa que garanta urgência ao objetivo mais relevante, desobstruindo, repetimos, a pauta da Nação e *assegurando o funcionamento do Congresso Nacional*, está de pleno acordo com os seus compromissos constitucionais – que não se limitam ao campo estreito de medidas provisórias – bem assim com a regra de competência e os pressupostos para edição de medida provisória.

22. Para que os autores entendessem corretamente o conceito de desvio de finalidade, teria sido necessário, mais que a breve citação feita, que se recordassem de sua origem, objeto de parecer da Consultoria-Geral da República em 1985, no qual Darcy Bessone lembra que "a teoria da relatividade dos direitos, extraída por Josserand da jurisprudência francesa, conduziu à do abuso de direito, que o nosso direito positivo acolheu até em textos constitucionais (art. 35, § 1º, e art. 154 da Constituição). Dessas concepções derivou a teoria do *détournement de pouvoir*", desvio de poder no âmbito administrativo ou legislativo.

23. Na jurisprudência brasileira, o *leading case* é constituído por decisão do TJRN, tendo como Relator o eminente jurista Seabra Fagundes, em caso que muito se aproxima do precedente francês, processo entre a *Empresa Potiguar Ltda.* e *Inspetoria Estadual de Trânsito*, no qual a autoridade incidiu em *desvio de finalidade*, assim resumido, em seu voto, pelo ilustre Julgador:

> "O ato administrativo que fixou horários para as viagens de vinda e ida de terceiro ônibus do impetrante (10h e 22h), se depreende do exame conjunto das peças do processo (pedido, informação, contestação e documentos), apesar de praticado no exercício de legítima competência (Código de Trânsito, arts. 56, § 2º, e 57, 'c') e de ter objetivo lícito (coordenação dos transportes coletivos entre São José de Mipibu e esta Capital), peça por *desvio de finalidade*, pois, longe de visar, como seria de supor, ao exclusivo interesse público a um bom serviço de comunicações, o que teve em mira foi cercear a atividade do impetrante, favorecendo o seu concorrente (Serviço de Transporte Mipibuense).

"Não visou ao interesse público, que é mister esteja na base de todo ato administrativo (até mesmo os aparentemente individualíssimos, no seu alcance, repercutem sobre o interesse coletivo ou a ele se ligam, ainda que remotamente), carecendo, assim, de um dos elementos essenciais à sua validade (nosso *O Controle dos Atos Administrativos*, pp. 30, 31 e 57).

"É sabido que a teoria do *détournement de pouvoir*, hoje definitivamente incorporada no direito administrativo francês, teve origem no caso de um prefeito que, tendo atribuições para regular a circulação e permanência de veículos de passageiros e cargas na proximidade das estações ferroviárias, com o fim de ordenar o movimento de interesse público, usou de tal poder para conferir monopólio a certa empresa (H. Berthélemy, *Droit Administratif*, p. 1.137; Oreste Ranelletti, *Le Guarentigie della Giustizia nella Pubblica Amministrazione*, pp. 101-102).

"Examinado o assunto pelo Conselho de Estado, este teve o ato como contrário ao Direito porque através dele se usara a competência outorgada na lei com uma finalidade diversa da prevista.

"A teoria de tal forma impressionou pela solidez do seu fundamento capital – à base de todo ato da Administração Pública, porque do Poder Público, há de haver, precipuamente, um interesse público, e não interesse de pessoas ou grupo privados, pois que estes se assistem e protegem em nome daquele e enquanto assim seja possível –, que a acolheu o Direito Italiano (Ranelletti, ob. cit., p. 101)."

24. Constata-se, portanto, que nenhuma das características definidoras do *desvio de finalidade* ocorre no caso sob análise, pois o interesse público não é contrariado, mas atendido; não se favorecem interesses de um grupo, nem se contrariam os de outro; e não se age à socapa, mas, ao contrário, declarando alto e bom som a relevância e urgência em assegurar o funcionamento normal do Congresso, que nessas circunstâncias não poderia ser garantido por outra forma.

25. Deve-se acrescentar que a relevância e a urgência necessariamente têm que ser avaliados pelo Exmo. Sr. Presidente da República, pois assim não o fosse não haveria como atender à *relevância* com a devida *urgência*. Além do mais, sem embargo do fato de nenhuma matéria ser passível de subtração ao exame do Poder Judiciário, claro é que a relevância e a urgência têm normalmente como primeira prova o exame pelo próprio Congresso – em que os autores estão representados mas de cujo julgamento desejam fugir –, o qual pode rejeitar a medida provisória quer pelos seus aspectos intrínsecos ou extrínsecos. Sem embargo das controvérsias e debates habituais, os doutrinadores concordam em que somente em caso gritante de inexistência de relevância e urgência poderia a medida provisória ser considerada em desacordo com os princípios da Carta Política. Acrescente-se que a avaliação de urgência e relevância não é matéria estritamente jurídica, mas sobretudo de natureza política e administrativa, cuja aferição somente o chefe de governo – não apenas com visão de conjunto que não pode ser equiparada por outrem, mas também, muitas vezes, com informações que só a natu-

reza ímpar de seu cargo permitem ter – pode realizar considerando os interesses da República.

26. A medida provisória, como sabido, é instituto associado ao regime parlamentarista, no qual o chefe de governo, além da liderança política e partidária, exerce pessoalmente a liderança parlamentar de sua base de sustentação, inclusive participando das sessões das Câmaras ou Assembléia Nacional. Não sendo possível a sobrevivência de um governo parlamentarista em face de uma derrota em votação congressual, claro é que nesse regime a medida provisória expressa, desde o início, a vontade da maioria parlamentar que irá votá-la. Presente na Constituição do Brasil porque ali colocada na convicção de que a Carta Maior terminaria por consagrar o parlamentarismo, nela permaneceu após a encruzilhada em que se optou pelo presidencialismo, constituindo-se em alternativa ao decreto-lei. Sendo, portanto, instrumento legislativo de um tipo de regime, que terminou por sobreviver em outro, é necessário que a exegese quanto à sua utilização se faça com tolerância e com cautela, se é que se deseja a sobrevivência da medida provisória como instrumento hábil a acudir emergências, provendo soluções inadiáveis. Trata-se de instrumento híbrido, tanto na origem quanto na essência, visto como não é apenas projeto e não chega a ser lei. Em face de tal peculiaridade, sua tramitação e eventual revogação não implicam tampouco em afronta ao art. 2º da Constituição da República, que consagra a harmonia e independência dos Poderes, mas representam, isto, sim, forma de suprir, nas palavras de Karl Löewenstein, in *Teoría de la Constitución*, 1975, a impossibilidade de votações ordinárias acompanharem o ritmo dos acontecimentos no mundo moderno.

27. A vingar a tese dos autores, teríamos que admitir, em tese, que a reforma constitucional que pretendesse eliminar da Constituição a medida provisória poderia ter sua votação *trancada* ... por uma *medida provisória*!...

28. Vê-se, portanto, que, através do casuísmo político em que se constitui a presente ação, pede-se simplesmente ao STF que opte por um posicionamento que equivalerá à inutilização, sem sucedâneo, da medida provisória como instrumento legislativo e de governo.

29. Causa ainda espécie a afirmativa de que, "ao promover a *desobstrução* da pauta de votações na Câmara dos Deputados por meio de revogação de medida provisória que vinha sobrestando as decisões da Casa, o Governo Federal *impediu* o regular (e constitucional) *funcionamento* do Poder Legislativo (...)". Além dessa afirmativa, que é uma contradição em si mesma, já que desobstruir a pauta não impede, mas garante, o funcionamento do Congresso, os autores, que não votaram a Medida Provisória n. 124 nem mesmo diante da possibilidade de trancamento da pauta, que acabou

ocorrendo, pretendem convencer a mais alta Corte do país de que desejavam votá-la e desejam fazê-lo, agora que foi revogada.

30. Suas verdadeiras intenções, no entanto, são reveladas pelo noticiário político da véspera da votação em segundo turno, na Câmara dos Deputados, da Reforma Tributária. Com efeito, o *Correio Braziliense* de 23 de setembro de 2003, primeiro caderno, p. 5, coluna "Brasília-DF", assinada pela jornalista Arlete Salvador, registra: *"Efeito surpresa*. O Líder do PFL na Câmara, José Carlos Aleluia (BA), não enjoa de usar o verbo 'obstruir'. Promete mais uma rodada de obstrução na votação da medida provisória que tranca a pauta da Casa. O Governo quer votar a medida provisória ainda hoje, para ficar com a quarta livre e encerrar a votação da Reforma Tributária. 'Quem foi que disse que votará hoje? Vamos deixar apenas haver a discussão', provoca Aleluia (...)".

Isso explica por que os autores não se insurgem contra a revogação de qualquer medida provisória, mas apenas daquelas que providencialmente trancam a pauta em véspera de votação de reforma constitucional.

31. Temos, portanto, que o STF, através de substanciosa jurisprudência, reconhece a possibilidade de revogação de uma medida provisória por outra, ocorrendo ab-rogação da primeira, até a votação da medida provisória ab-rogante pelo Congresso Nacional; não existe *desvio de finalidade*; estão presentes os pressupostos de urgência e relevância, inegáveis na garantia de funcionamento regular do Congresso e desobstrução da pauta nacional, com observância, ainda, da hierarquia que posiciona a emenda constitucional, e especialmente aquela que caracteriza reforma constitucional ampla, acima da medida provisória, cujos objetivos, de resto, foram atendidos pela alternativa do envio de projeto de lei, em regime de urgência, à Câmara dos Deputados, por onde se inicia o processo; e, se rejeitar a Medida Provisória n. 128, o Congresso poderá prosseguir no exame daquela de n. 124, conforme jurisprudência do STF.

32. São as razões pelas quais deve ser julgada improcedente a presente ação direta de inconstitucionalidade.

Brasília, 23 de setembro de 2003

GALBA VELLOSO, Consultor da União.

10

JURISPRUDÊNCIA DO STJ E DO STF

A par da jurisprudência inicial, cumpre citar a que se segue, do STJ e do STF, quanto ao papel do Judiciário, interessando conhecer algumas peculiaridades das decisões quanto a desapropriação, em função da destinação do bem:

10.1 STJ – MS 7.330-DF – Processo 2000/0144499-9 – 3ª Seção – rel. Min. Hélio Quaglia Barbosa – j. 9.11.2005 – DJU 6.3.2006, p. 149:

Ementa oficial: Mandado de segurança – Administrativo – Processo disciplinar – Portaria que cassou aposentadoria – Ilegalidades não configuradas – Ausência de direito líquido e certo – Segurança denegada.

1. A apresentação de pareceres elaborados pelas Consultorias Jurídicas dos órgãos interessados, ao invés de configurar lesão aos princípios da ampla defesa e do contraditório, tem por escopo trazer elementos técnicos ao alcance da autoridade julgadora, a fim de subsidiar e formar convicção jurídica para o ato de julgamento, não se incrustando na fase instrutória, a ponto de exigir oportunidade de manifestação ao indiciado.

2. A sindicância, que visa a apurar a ocorrência de infrações administrativas, sem estar dirigida, desde logo, à aplicação de sanção, prescinde da observância dos princípios do contraditório e da ampla defesa, por se tratar de procedimento inquisitorial, prévio à acusação e anterior ao processo administrativo disciplinar.

3. Na fase de indiciação, onde não há juízo definitivo acerca da culpabilidade ou não do agente, à semelhança do que ocorre no processo penal,

vige o princípio *in dubio pro societate*, porquanto a comissão processante, ante a presença de indícios de infrações cometidas, opta por seguir investigando os fatos denunciados.

4. A Administração Pública, ao aplicar reprimenda de cassação de aposentadoria, com fulcro no inciso IV do art. 132 do Estatuto dos Servidores Públicos Civis ("improbidade administrativa"), exerce poder disciplinar, próprio seu, dentro do âmbito estritamente administrativo, não excedendo sua competência, nem usurpando a do Poder Judiciário, a quem cabem, na esfera civil, o processamento e julgamento do agente público, pela prática de atos de improbidade administrativa, na forma da Lei n. 8.429/1992.

5. Ao Poder Judiciário não é permitido adentrar o exame do mérito administrativo, mas exclusivamente controlar a regularidade, a legalidade e a constitucionalidade do processo administrativo disciplinar, a menos que se revele, *com nitidez, a prática abusiva de atos com excesso ou desvio de poder*.

6. O mandado de segurança somente se viabiliza se o alegado direito líquido e certo, que se visa a proteger, for comprovado de plano, aferindo-se sua existência apenas com as provas trazidas na impetração, nos limites do procedimento sumário, característico dos remédios constitucionais.

7. Segurança denegada.

Acórdão – Vistos, relatados e discutidos estes autos, em que são partes as acima indicadas: Acordam os Ministros da 3ª Seção do Superior Tribunal de Justiça, na conformidade dos votos e das notas taquigráficas a seguir, retomado o julgamento, após o voto-vista do Sr. Min. Arnaldo Esteves Lima, que acompanhou o Relator, denegando a ordem, a Seção por unanimidade, denegar a ordem, nos termos do voto do Sr. Ministro Relator. Votaram com o Relator os Srs. Mins. Arnaldo Esteves Lima, Nilson Naves, Paulo Gallotti, Laurita Vaz e Paulo Medina.

Ausente, justificadamente, o Sr. Min. Hamilton Carvalhido. Impedido o Sr. Min. Felix Fischer. Presidiu o julgamento o Sr. Min. Gilson Dipp.

10.2 STJ – REsp 710.065-SP – Processo 2004/0175236-3 – 1ª Turma – rel. Min. José Delgado – j. 12.4.2005 – DJU 6.6.2005, p. 216:

Ementa oficial: Processual civil e administrativo – Recurso especial – Indenização – Desapropriação – Retrocessão – Destinação diversa – Ausência de comprovação de que o desvio tenha favorecido ao particular – Finalidade pública atingida – Recurso especial provido desprovido [*cf. original*].

1. Ação de retrocessão, com pedido alternativo de transformação em perdas e danos, movida contra o Município de Cubatão, que desapropriou imóvel dos autores com a finalidade de implantação de um parque ecológico mas celebrou contrato de concessão real de uso de imóvel que tem por objeto a construção de um centro de pesquisas ambientais, um pólo industrial metal-mecânico e um terminal intermodal de cargas rodoviário com estacionamento – Sentença julgando improcedentes os pedidos, por entender que, apesar da nova destinação, a mesma mantém o interesse público – Apelação dos autores improvida pelo TJSP, em razão da mantença do interesse público pela geração de empregos aos munícipes e facilitação do transporte de cargas na região, além do fato de a doutrina e a jurisprudência terem mitigado, ao longo do tempo, o *conceito de desvio de finalidade* para efeito de retrocessão e da cláusula expressa de renúncia ao direito de recompra – Recurso especial dos autores sustentando, em síntese, a ineficácia da renúncia de recompra ante as prescrições imperativas contidas na lei substantiva civil, bem como a falta de interesse público na nova destinação dos bens, caracterizando desvio de finalidade – Não foram apresentadas contra-razões.

2. Acerca da natureza jurídica da retrocessão temos três correntes principais: aquela que entende ser a retrocessão um direito real em face do direito constitucional de propriedade (CF, art. 5º, XXII), que só poderá ser contestado para fins de desapropriação por utilidade pública (CF, art. 5º, XXIV). Uma outra entende que o referido instituto é um direito pessoal de devolver o bem ao expropriado, em face do disposto no art. 35 da Lei n. 3.365/1941, que diz que "os bens incorporados ao patrimônio público não são objeto de reivindicação, devendo qualquer suposto direito do expropriado ser resolvido por perdas e danos". Por derradeiro, temos os defensores da natureza mista da retrocessão (real e pessoal), em que o expropriado poderá requerer a preempção ou, caso isso seja inviável, a resolução em perdas e danos.

3. Esta Superior Corte de Justiça possui jurisprudência dominante no sentido de que não cabe a retrocessão no caso de ter sido dada ao bem destinação diversa daquela que motivou a expropriação.

4. Ou autos revelam que a desapropriação foi realizada mediante escritura pública para o fim de implantação de um parque ecológico, o que traria diversos benefícios de natureza ambiental, em face dos já tão conhecidos problemas relativos à poluição sofridos pela população daquela região. O imóvel objeto da expropriação foi afetado para instalação de um pólo industrial metal-mecânico, terminal intermodal de cargas rodoviário, um centro de pesquisas ambientais, um posto de abastecimento de combustíveis, um centro comercial com 32 módulos de 32m cada, um estacionamento, restaurante/lanchonete.

5. Não demonstrado favorecimento a pessoas de direito privado – Finalidade pública atingida.

6. Recurso improvido.

Acórdão – Vistos, relatados e discutidos os autos em que são partes as acima indicadas: Acordam os Ministros da 1ª Turma do Superior Tribunal de Justiça, por unanimidade, negar provimento ao recurso especial, nos termos do voto do Sr. Ministro Relator. Os Srs. Mins. Francisco Falcão, Luiz Fux, Teori Albino Zavascki e Denise Arruda votaram com o Sr. Ministro Relator.

***10.3** STJ – REsp 623.511-RJ – Processo 2004/0011216-9 – 1ª Turma – rel. Min. Luiz Fux – j. 19.5.2005 – DJU 6.6.2005, p. 186:*

Ementa oficial: Direito administrativo – Recurso especial – Retrocessão – Desvio de finalidade pública de bem desapropriado – Condenação do Município à devolução do bem mediante o ressarcimento da indenização recebida pela expropriada.

1. Acórdão fundado na exegese do art. 35 do Decreto n. 3.365 revela inequívoca natureza infraconstitucional, mercê da análise da influência do Código Civil no desate da lide.

2. A retrocessão é um instituto através do qual ao expropriado é lícito pleitear as conseqüências pelo fato de o imóvel não ter sido utilizado para os fins declarados na desapropriação. Nessas hipóteses, a lei permite que a parte, que foi despojada do seu direito de propriedade, possa reivindicá-lo e, diante da impossibilidade de fazê-lo (*ad impossibilia nemo tenetur*), subjaz-lhe a ação de perdas e danos.

3. A retrocessão é um direito real do ex-proprietário de reaver o bem expropriado, mas não preposto a finalidade pública (Celso Antônio Bandeira de Mello, *Curso de Direito Administrativo*, 17ª ed., p. 784).

4. A jurisprudência desta Corte considera a retrocessão uma ação de natureza real (STJ, REsp n. 570.483-MG, 2ª Turma, rel. Min. Franciulli Netto, *DJU* 30.6.2004).

5. Outrossim, o STF também assentou a natureza real da retrocessão: "Desapropriação – Retrocessão – Prescrição – Direito de natureza real – Aplicação do prazo previsto no art. 177 do CC e não do qüinqüenal do Decreto n. 20.910/1932 – Termo inicial – Fluência a partir da data da transfe-

rência do imóvel ao domínio particular, e não da desistência pelo poder expropriante" (STF, RE n. 104.591-RS, rel. Min. Djaci Falcão, *DJU* 10.4.1987).

6. Consagrado no Código Civil o direito de vindicar a coisa, ou as conseqüentes perdas e danos, forçoso concluir que a lei civil considera esse direito real, tendo em vista que é um sucedâneo do direito à reivindicação em razão da subtração da propriedade e do desvio de finalidade na ação expropriatória.

7. O STF concluiu que: "Desapropriação – Retrocessão – Alienação do imóvel – Responsabilidade solidária – Perdas e danos – CC, art. 1.150 – Transitado em julgado o reconhecimento da impossibilidade de retrocessão do imóvel, por já incorporado ao patrimônio público e cedido a terceiros, razoável é o entendimento, em consonância com doutrina e jurisprudência, do cabimento de perdas e danos ao expropriado – Recursos extraordinários não conhecidos" (STF, RE n. 99.571-ES, rel. Min. Rafael Mayer, *DJU* 2.12.1983).

8. *In casu*, depreende-se dos autos que não foi dada ao imóvel a finalidade prevista no decreto expropriatório, porquanto a propriedade fora cedida a terceiro para exploração de borracharia.

9. *Reconhecendo o v. acórdão recorrido que houve desvio de finalidade na desapropriação, porquanto não foi dada ao imóvel a destinação motivadora do decreto expropriatório*, determinou que o imóvel retornasse ao domínio das apelantes, ora recorridas, que em contrapartida devem restituir o valor da indenização recebida, devidamente corrigido e com a incidência de juros moratórios, retroativos à data do seu recebimento.

10. É aplicável *in casu* o art. 177 do CC Brasileiro/1916, que estabelece ser de dez anos o prazo prescricional para as ações de natureza real.

11. A mesma exegese foi emprestada pelo egrégio STF: "Retrocessão – Aplica-se-lhe o prazo de prescrição de dez anos, previsto no art. 177 do CC, e não o qüinqüenal, estabelecido pelo Decreto n. 20.910/1932. (...)" (STF, RE n. 104.591-RS, rel. Min. Octávio Gallotti, *DJU* 16.5.1986).

12. O art. 1.572 do CC de 1916 dispõe que, "aberta a sucessão, o domínio e a posse da herança transmitem-se, desde logo, aos herdeiros legítimos e testamentários", sendo certo que a regra é reiterada no Código Civil de 2002, que preceitua: "Aberta a sucessão, a herança transmite-se, desde logo, aos herdeiros legítimos e testamentários".

13. Sob essa ótica, mister concluir que os referidos dispositivos refletem o direito de *saisine*, que prevê a transmissão automática dos direitos que compõem o patrimônio da herança aos sucessores com toda a propriedade, a

posse, os direitos reais e os pessoais. Assim, a posse e a propriedade, com a morte, transmitem-se aos herdeiros, e, *a fortiori*, a indenização também. Nesse contexto, conclui-se que os herdeiros, tanto pelo direito de *saisine*, bem como pela natureza real da retrocessão, têm *legitimatio ad causam* para ajuizar a ação.

14. *É cediço na doutrina que o Poder Público não deve desapropriar imóveis sem lhes destinar qualquer finalidade pública ou interesse social, exigência constitucional para legitimar a desapropriação*. Com efeito, "*não pode haver expropriação por interesse privado de pessoa física ou organização particular*" (Hely Lopes Meirelles, *Direito Administrativo Brasileiro*, p. 576). O que caracteriza desvio de poder.

15. *O egrégio STJ, através da pena do Exmo. Sr. Min. Humberto Gomes de Barros, no julgamento do REsp n. 412.634-RJ, afirmou que a obrigação de retroceder "homenageia a moralidade administrativa, pois evita que o administrador – abusando da desapropriação – locuplete-se ilicitamente às custas do proprietário. Não fosse o dever de retroceder, o saudável instituto da desapropriação pode servir de instrumento a perseguições políticas e, ainda, ao enriquecimento particular dos eventuais detentores do poder*" (EDREsp n. 412.634-RJ, rel. Min. Francisco Falcão, *DJU* 9.6.2003).

16. Recurso especial a que se nega provimento.

Acórdão – Vistos, relatados e discutidos estes autos: Acordam os Ministros da 1ª Turma do Superior Tribunal de Justiça, na conformidade dos votos e das notas taquigráficas a seguir, por unanimidade, negar provimento ao recurso especial, nos termos do voto do Sr. Ministro Relator. Os Srs. Mins. Teori Albino Zavascki, Denise Arruda, José Delgado e Francisco Falcão votaram com o Sr. Ministro Relator.

10.4 STJ – REsp 570.483-MG – Processo 2003/0074207-6 – 2ª Turma – rel. Min. Franciulli Netto – j. 9.3.2004 – DJU 30.6.2004, p. 316:

Ementa oficial: Recurso especial – Retrocessão – Desvio de finalidade pública de parte do bem desapropriado – Condenação do Município recorrido ao pagamento de perdas e danos – Matéria De Direito – Recurso especial provido.

Cuida-se de ação ordinária de retrocessão, com pedido alternativo de indenização por perdas e danos, contra o Município de Maria da Fé/MG, ao fundamento de que parte da área expropriada não foi aplicada a qualquer finalidade pública. Acerca da polêmica existente na caracterização da natureza jurídica da retrocessão, há três correntes principais existentes: a que entende que retrocessão é uma obrigação pessoal de devolver o bem ao expropriado; a que caracteriza a retrocessão como direito real, direito à reivindicação do imóvel expropriado; e a que considera existente um direito de natureza mista (pessoal e real), cabendo ao expropriado a ação de preempção ou preferência (de natureza real) ou, se preferir, perdas e danos. Na lição de Celso Antônio Bandeira de Mello, harmônica com a jurisprudência pacífica desta egrégia Corte, "o pressuposto do instituto da retrocessão (seja concebida como mero direito de preferência, seja como direito real) só tem lugar quando o bem foi desapropriado inutilmente". Dessa forma, não cabe a retrocessão se ao bem expropriado foi dada outra utilidade pública diversa da mencionada no ato expropriatório. *In casu*, porém, do exame acurado dos autos ficou demonstrado o desvio de finalidade de parcela do bem expropriado, que restou em parte abandonado, foi destinado a pastagens e à plantação de hortas, *sem restar caracterizada qualquer destinação pública*. Como bem ressaltou o r. Juízo de primeiro grau, "pelo exame da prova coligada nos presentes autos, estendendo-se esta pelo laudo pericial e depoimentos testemunhais, vê-se que, de fato, a área remanescente do imóvel desapropriado não foi utilizada pelo Poder Público, ou seja, "àquela área não fora dada destinação pública, ainda que diversa da que ensejou o processo expropriatório". No mesmo diapasão, o douto *Parquet* Estadual concluiu que se caracteriza, *"claramente, o desvio de finalidade na conduta do administrador público que, além de desapropriar área infinitivamente maior que a efetivamente utilizada*, ainda permitiu que particulares dela usufruíssem, prejudicando, à evidência, o direito dos autores". Este signatário filia-se à corrente segundo a qual a retrocessão é um direito real. Na espécie, contudo, determinar a retrocessão da parte da propriedade não destinada à finalidade pública, nesta via extraordinária, em que não se sabe seu atual estado, seria por demais temerário. Dessa forma, o Município recorrido deve arcar com perdas e danos, a serem calculados em liquidação por arbitramento. A hipótese vertente não trata de matéria puramente de fato. Em verdade, cuida-se de qualificação jurídica dos fatos, que se não confunde com matéria de fato. Recurso especial provido em parte, para determinar a indenização por perdas e danos da área de 44.981m^2, que não foi aplicada a qualquer finalidade pública.

Acórdão – Vistos, relatados e discutidos os autos em que são partes as acima indicadas: Acordam os Ministros da 2ª Turma do Superior Tribunal de Justiça, prosseguindo-se no julgamento, após o voto-vista do Sr. Min. Francisco Peçanha Martins, acompanhando o Sr. Ministro Relator, por unanimidade, em dar parcial provimento ao recurso, nos termos do voto do Sr. Ministro Relator. Os Srs. Mins. João Otávio de Noronha, Castro Meira, Francisco Peçanha Martins e Eliana Calmon votaram com o Sr. Ministro Relator.

***10.5** STJ – ROMS 16.302-MT – Processo 2003/0064316-7 – 6ª Turma – rel. Min. Paulo Medina – j. 23.9.2003 – DJU 13.10.2003, p. 449:*

Ementa oficial: Recurso ordinário em mandado de segurança – Direito administrativo – Ato administrativo que anula concurso público – Controle de legalidade.

É ilegal o ato administrativo que anula concurso público porque:

a) A legalidade do concurso público já está afeta ao controle jurisdicional, o que importa ofensa ao princípio da inafastabilidade de lesão ou ameaça a direito do Poder Judiciário.

b) A própria Administração defendeu a legalidade do concurso público, *denotando desvio de finalidade*, porque, querendo revogar, anulou.

c) Ainda que houvesse ilegalidade, não ensejaria a anulação do concurso, porque as eventuais irregularidades referem-se ao critério interpretativo (conflitante com o edital) da Banca Examinadora acerca da classificação dos candidatos para a segunda etapa do certame.

d) Em se tratando de revogação, encontra óbice nas situações jurídicas consolidadas, importando violação ao direito adquirido dos candidatos classificados para a segunda etapa do concurso em prosseguir no certame, porque evidenciado o interesse da Administração no provimento dos cargos quando, incontinenti, procede à abertura de nova seleção.

Recurso ordinário parcialmente provido, segurança concedida.

Acórdão – Vistos, relatados e discutidos os autos em que são partes as acima indicadas: Acordam os Ministros da 6ª Turma do Superior Tribunal de Justiça, por unanimidade, dar parcial provimento ao recurso, prejudicada a medida cautelar, nos termos do voto do Sr. Ministro Relator. Os Srs. Ministros Fontes de Alencar, Hamilton Carvalhido e Paulo Gallotti votaram com o Sr. Ministro Relator. Sustentou oralmente o Dr. Euclídes Ribeiro S. Júnior pelos recorrentes. Presidiu o julgamento o Sr. Min. Hamilton Carvalhido.

***10.6** STJ – ROMS 13.617-MG – Processo 2001/0101563-0 – 2ª Turma – rela. Min. Laurita Vaz – j. 12.3.2002 – DJU 22.4.2002, p. 183:*

Ementa oficial: Recurso em mandado de segurança – Administrativo – Serviço de despachante – Penalidade – Cassação de seu credenciamento junto ao DETRAN – Teoria dos motivos determinantes – Inobservância aos princípios da proporcionalidade e da individualização da pena – Ausência de motivação e de fundamentação – Decisão nula de pleno direito.

I – *Os motivos que determinaram a vontade do agente público, consubstanciados nos fatos que serviram de suporte à sua decisão, integram a validade do ato, eis que a ele se vinculam visceralmente. É o que reza a prestigiada teoria dos motivos determinantes.*

II – A sanção, ainda que administrativa, não pode, em hipótese alguma, ultrapassar em espécie ou quantidade o limite da culpabilidade do autor do fato. A afronta ou a não-observância do princípio da proporcionalidade da pena no procedimento administrativo *implica em desvio de finalidade do agente público, tornando a sanção aplicada ilegal e sujeita a revisão do Poder Judiciário.*

III – Decisão da autoridade coatora que, pela ausência de fundamentação, afronta o disposto no art. 38, § 1º, da Lei n. 9.784/1999, imbuindo-a, portanto, de vicissitudes que a invalidam.

IV – Recurso conhecido e provido.

Acórdão – Vistos, relatados e discutidos estes autos: Acordam os Ministros da 2ª Turma do Superior Tribunal de Justiça, na conformidade dos votos e das notas taquigráficas a seguir, por unanimidade, dar provimento ao recurso ordinário, nos termos do voto da Ministra Relatora. Votaram com a Relatora os Mins. Paulo Medina, Francisco Peçanha Martins, Eliana Calmon e Franciulli Netto.

10.7 STJ – MS 6.803-DF – Processo 2000/0009983-0 – 1ª Seção – rel. Min. Milton Luiz Pereira – j. 12.9.2001 – DJU 15.4.2002, p. 162:

Ementa Oficial: Mandado de Segurança. Coletivo e Preventivo. Terminais Privativos e Utilização da Estrutura Portuária da União. Ato Administrativo. Efeitos nas Cláusulas Contratuais. Direito Líquido e Certo sem Demonstração Inequívoca. Dependência de Prova. Carência de Ação. Extinção do Processo. Constituição Federal, artigo 5º, LXIX e LXX, *b* – Lei 8.630/1993.

1. Funcionário sujeito à determinação de hierarquia superior, sem carga própria de autoridade para decidir, não podendo modificar ou revogar o ato editado e demonstrado que é mero executor, está órgão de legitimação para figurar no pólo passivo da relação processual.

2. Ato de autoridade competente e explicitando a finalidade, apropriado à atividade de interesse público na organização e administração dos fatos, não está maculado por ilegalidade formal. Efeitos lesivos ou ofensivos à garantia individual, somente dimensionáveis caso por caso e dependentes de comprovação específica, inviabilizam processualmente o mandamus, cuja ação tem como condição fundamental o direito líquido e certo. 3. Extinção do processo.

10.8 STJ – REsp 43.651-SP – Processo 1994/0003019-3 – 2ª Turma – rela. Min. Eliana Calmon – j. 7.12.1999 – DJU 5.6.2000, p. 135:

Ementa oficial: Administrativo – Desapropriação – Tredestinação – *Desvio de finalidade:* perdas e danos – Art. 1.150 do CC.

1. Resolve-se em perdas e danos o conflito surgido com o desvio de finalidade do bem expropriado.

2. Evidenciado o desvio de bem que, destinado à construção de uma quadra esportiva, veio a ser cedido para construção de "loja maçônica" – Infringência ao art. 1.150 do CC.

3. Recurso especial conhecido e provido.

Acórdão – Vistos, relatados e discutidos estes autos em que são partes as acima indicadas: Decide a 2ª Turma do Superior Tribunal de Justiça, por maioria, dar provimento ao recurso especial, nos termos do voto da Sra. Ministra Relatora, na forma do relatório e notas taquigráficas constantes dos autos, que ficam fazendo parte integrante do presente julgado. Votaram com a Relatora os Mins. Franciulli Netto e Nancy Andrighi. Vencido o Sr. Min. Francisco Peçanha Martins. Ausente, justificadamente, o Sr. Min. Paulo Gallotti.

10.9 STJ – REsp 77.779-DF[3] – Processo 1995/0055274-4 – 1ª Turma – rel. Min. Garcia Vieira – j. 12.11.1998 – DJU 12.4.1999, p. 100:

Ementa oficial: Administrativo – Ato discricionário – *Desvio de finalidade* – Abuso ou excesso – Ausência.

3. Processo referente à ação popular movida contra Rosane Collor que, com recursos públicos, ofereceu recepção para homenagear pessoas que colaboraram com atividades

Despesas de pequena monta, previstas em dotação orçamentária própria, não configuram abuso ou excesso. *Não havendo comprovação do desvio de finalidade* e violação a dispositivo legal, não há como prosperar o recurso especial – Recurso improvido.

Acórdão – Por unanimidade, negar provimento ao recurso.

10.10 STJ – ROMS 5.369-MS – Processo 1995/0003299-6 – 2ª Turma – rel. Min. Francisco Peçanha Martins – j. 9.5.1996 – DJU 21.10.1996, p. 40.224 – RSTJ 92/113:

Ementa oficial: Recurso ordinário – Mandado de segurança – Portaria do juiz corregedor do presídio – Remoção de presos provisórios – Interesse da coletividade – Predominância sobre interesse de grupos.

1. *Não constitui desvio de finalidade nem abuso de poder*, em detrimento de interesse de grupos, a portaria do juiz corregedor do presídio que, em situação excepcional, a fim de evitar mal maior e em benefício da coletividade, determina a remoção de presos provisórios e de menor periculosidade da penitenciária para celas de distrito policial.

2. Recurso ordinário conhecido ao qual se nega provimento.

Acórdão – Por unanimidade, conhecer do recurso e lhe negar provimento.

10.11 STJ – REsp 34.749-CE – Processo 1993/0012253-3 – 6ª Turma – rel. Min. Anselmo Santiago – j. 12.2.1996 – DJU 13.5.1996, p. 15.576:

Ementa oficial: Administrativo – Licenciamento de militar – Alegada conveniência do serviço destituída de motivação – *Ilegitimidade do ato por desvio de finalidade.*

1. Frente à obrigatoriedade de os atos administrativos serem motivados, impõe-se que a conveniência do serviço, invocada para exclusão do militar, seja devidamente revelada, eis que há respeito controle judicial dessa motivação e da verdade dessa conveniência.

assistenciais do Governo Federal e, especialmente, da Legião Brasileira de Assistência, da qual era presidente.

Intimamente relacionada com o conceito do comportamento no qual se viu classificado o recorrente, por força de sua autuação em flagrante, pela prática de delito culposo decorrente do disparo acidental de arma de fogo, a alegada conveniência do serviço, sem uma causa séria e idônea que a justifique, para o licenciamento do servidor militar, traduz ação abusiva da Administração, a tornar inválido o ato praticado, por desvio de finalidade.

A formulação do art. 42, § 2º, da Lei n. 6.880, de 9.12.1980 (Estatuto dos Militares) repugna qualquer medida, no âmbito da Administração, que, de forma ostensiva ou velada, revele caráter sancionador de eventual resíduo emergente de conduta delituosa ou contravencional praticada em concurso com transgressão disciplinar da mesma natureza.

2. Recurso provido.

Acórdão – Por unanimidade, conhecer e dar provimento ao recurso.

10.12 STJ – REsp 26.885-SP – Processo 1992/0022352-4 – 2ª Turma – rel. Min. Hélio Mosimann – j. 30.8.1995 – DJU 6.11.1995, p. 37.561 – Lex-STJ 80/147, RSTJ 81/170:

Ementa oficial: Ação popular – Ato lesivo ao patrimônio de entidade pública – *Desvio de finalidade* – Procedência do pedido – Recursos especiais e extraordinários – Contrariedade a dispositivos de lei federal e da Carta Magna.

Reexame dos fatos e das provas – Não conhecimento dos recursos especiais – Aplicados, nas instâncias ordinárias, os preceitos legais contidos na Lei da Ação Popular (Lei n. 4.717/1965, art. 2º, "e", c/c o parágrafo único, "e"). Afirmar, em sede de recurso especial, que não houve desvio de finalidade ou distinguir se o ato considerado lesivo estava dirigido para o fim legal da atividade administrativa importaria o reexame dos fatos e das provas, incompatível com a índole do recurso extremo, na esfera constitucional. Os temas de ordem constitucional serão objeto de cuidadoso exame pelo colendo STF, no julgamento do recurso extraordinário, como é da competência daquela egrégia Corte.

Acórdão – Por maioria, rejeitar a preliminar de nulidade do processo. Por unanimidade, não conhecer dos recursos.

10.13 *STJ – REsp 616.771-CE – Processo 2003/0222386-4 – 5ª Turma – rel. Min. Félix Fischer – j. 19.5.2005 – DJU 1.7.2005, p. 599:*

Ementa oficial: Administrativo – Recurso especial – Remoção *ex officio* – Poder Judiciário – Controle da legalidade (represália) – Desvio de finalidade – Súmula n. 07/STJ.

I – *A atuação do Poder Judiciário no controle dos atos administrativos limita-se aos aspectos da legalidade e moralidade, obstaculizado o adentrar no âmbito do mérito administrativo, da sua conveniência e oportunidade.*

II – Se o Tribunal *a quo*, com base na análise do acervo probatório produzido nos autos, reconheceu que a remoção do servidor ocorreu como represália, *com desvio de finalidade*, infirmar tal entendimento ensejaria o reexame de provas, o que encontra óbice no verbete da Súmula n. 07 deste Tribunal.

Recurso não conhecido.

Acórdão – Vistos, relatados e discutidos os autos em que são partes as acima indicadas: Acordam os Ministros da 5ª Turma do Superior Tribunal de Justiça, por unanimidade, não conhecer do recurso. Os Srs. Mins. Gilson Dipp, Laurita Vaz, Arnaldo Esteves Lima e José Arnaldo da Fonseca votaram com o Sr. Ministro Relator.

10.14 *STJ – REsp 704.917-RS – Processo 2004/0164480-0 – 1ª Turma – rel. Min. José Delgado – j. 24.5.2005 – DJU 27.6.2005, p. 267:*

Ementa oficial: Tributário – Recurso especial – Decreto-lei n. 399/1938 – Ausência de prequestionamento – Súmula n. 282/STF – Açúcar de cana – IPI – Diferenciação de alíquotas de acordo com a região produtora – Possibilidade – Função extrafiscal – Discricionariedade do Poder Público.

1. Mandado de segurança com pedido de liminar impetrado por COPERSUCAR – Cooperativa dos Produtores de Cana, Açúcar e Álcool do Estado de São Paulo Ltda. e outra contra o Delegado da Receita Federal em Porto Alegre, em que se discute a ilegalidade do Decreto n. 2.501/1998, que estabelece alíquotas diferentes de IPI sobre o açúcar, de acordo com o Estado Brasileiro – Sentença julgando improcedente o pedido, sob o fundamento de que o Poder Executivo está autorizado a fazer uso do IPI com fins

extrafiscais, de acordo com a política econômica – Interposta apelação pelas impetrantes, o TRF da 4ª Região negou-lhe provimento por entender que há previsão de seletividade do IPI no art. 153, § 3º, I, da CF e no Decreto-lei n. 1.199/1971, a ser analisada sob a ótica da discricionariedade da Administração Pública – Ademais, afirma que, caso se entendesse pelo desacordo da norma impugnada com o texto constitucional, a conseqüência seria a sua nulidade e não a extensão do benefício a outros contribuintes, e que não há prova de qualquer desvio de finalidade, excesso ou desvio de poder quando da concessão dos incentivos fiscais aos Estados beneficiados – Em sede de recurso especial, a COPERSUCAR alega violação do art. 4º do Decreto-lei n. 1.199/1971 e do Decreto-lei n. 399/1938, em razão da necessidade de observância das condições exigidas pelo Decreto-lei n. 1.199/1971 para a mudança de alíquota do IPI, não havendo como se legitimar a adoção do IPI como instrumento de intervenção direta no domínio econômico, em razão do fim da política intervencionista no setor sucro-alcooleiro e da inexistência de qualquer política governamental específica em relação ao mesmo – Aduz, ainda, que o Decreto-lei n. 399/1938 definiu o açúcar como essencial à vida, sendo ele integrante da cesta básica, que o Decreto n. 2.501/1998 demonstra desvio de finalidade, porque prejudica a livre concorrência, e que, conforme a Súmula n. 97 do extinto TFR, a motivação é imprescindível à validação do ato – Contra-razões sustentando a constitucionalidade do tema.

2. Ausência do necessário prequestionamento – A norma legal dita violada, Decreto-lei n. 399/1938, não foi abordada no âmbito do voto do aresto *a quo* – Súmula n. 282 do STF incidente na espécie.

3. Finda a política nacional de unificação do preço do açúcar de cana, deixou de vigorar a alíquota zero, de forma que o Poder Executivo poderia fixar alíquotas distintas, de acordo com o interesse nacional, nos lindes da legislação vigente.

4. A isenção ou fixação de alíquotas diferenciadas para a promoção do equilíbrio sócio-econômico entre as regiões está prevista na própria Constituição Federal, a qual autoriza o tratamento desigual entre partes desiguais.

5. *Cabe ao Governo, de forma discricionária, escolher os rumos da política sucro-alcooleira, utilizando-se, caso necessário, do IPI, tributo com função extrafiscal, não sendo possível ao Poder Judiciário imiscuir-se nesta seara sem a demonstração cabal de vícios de legalidade.*

6. Recurso especial conhecido em parte e, nessa, desprovido.

Acórdão – Vistos, relatados e discutidos os autos em que são partes as acima indicadas: Acordam os Ministros da 1ª Turma do Superior Tribunal de Justiça, por unanimidade, conhecer parcialmente do recurso especial e, nessa parte, negar-lhe provimento, nos termos do voto do Sr. Ministro Relator. Os Srs. Mins. Luiz Fux, Teori Albino Zavascki e Denise Arruda votaram com o Sr. Ministro Relator. Ausente, justificadamente, o Sr. Min. Francisco Falcão.

***10.15** STJ – REsp 97.748-RJ – Processo 1996/0035893-1 –
2ª Turma – rel. Min. João Otávio de Noronha – j. 5.4.2005 –
DJU 30.5.2005, p. 266:*

Ementa oficial: Administrativo e processo civil. Desapropriação para fins de utilidade pública. Mandado de segurança. Desvio de finalidade. Direito líquido e certo. Prazo decadencial. Verificação. Impossibilidade. Prequestionamento. Súmula n. 284 do STF.

1. Submetem-se ao conhecimento do Poder Judiciário a verificação da validade de utilidade pública da desapropriação e o seu enquadramento nas hipóteses previstas no Decreto-lei n. 3.365. O que refoge ao controle jurisdicional é o juízo valorativo da utilidade pública.

2. A verificação da ocorrência de *suposto desvio de finalidade em desapropriação para fins de utilidade pública* implica o reexame do conjunto fático-probatório constante dos autos, o que, em sede recurso especial, é vedado (Súmula n. 7/STJ).

3. Não tendo sido apreciada, no acórdão impugnado, a questão referente à possibilidade de impetração do *mandamus* contra decisão passível de recurso, mesmo após a oposição de embargos declaratórios, caberia à parte recorrente, quando da interposição do recurso especial, apontar o art. 535, inciso II, do CPC como violado ou com vigência negada.

4. Recurso especial não conhecido.

Acórdão – Vistos, relatados e discutidos os autos em que são partes as acima indicadas: Acordam os Ministros da 2ª Turma do Superior Tribunal de Justiça, por unanimidade, não conhecer do recurso, nos termos do voto do Sr. Ministro Relator. Os Srs. Mins. Castro Meira, Francisco Peçanha Martins e Eliana Calmon votaram com o Sr. Ministro Relator. Ausente, justificadamente, o Sr. Min. Franciulli Netto. Presidiu o julgamento o Sr. Min. João Otávio de Noronha.

***10.16** STJ – REsp 21.156-SP – Processo 1992/0009144-0 –
1ª Turma – rel. Min. Milton Luiz Pereira – j. 19.9.1994 – DJU
10.10.1994, p. 27.106 – RSTJ 73/191:*

Ementa oficial: Administrativo – Remuneração de vereadores – Desvio de poder – Art. 37 da CF – Leis Complementares ns. 25/1975, 38/1979, 45/1983 e 50/1985.

1. O desvio de poder pode ser aferido pela ilegalidade explícita (frontal ofensa ao texto de lei) ou por censurável comportamento do agente, valendo-se de competência própria para atingir finalidade alheia àquela abonada pelo interesse público, em seu maior grau de compreensão e amplitude. A análise da motivação do ato administrativo, revelando um mau uso da competência e finalidade despojada de superior interesse público, defluindo o vício constitutivo, o ato aflige a moralidade administrativa, merecendo inafastável desfazimento.

2. No caso, embora guardando a aparência de regularidade, ressaltado o desvio de finalidade, revestindo-se de ilegalidade, deve ser anulada a resolução concessiva do aumento da remuneração.

3. Recurso improvido.

Acórdão – Por unanimidade, negar provimento ao recurso.

10.17 STF – RE 186.088-DF – Tribunal Pleno – rel. Min. Néri da Silveira – j. 30.11.1994 – DJU 24.2.1995, p. 3.696 – Ement. 1.776-06/1.149:

Ementa oficial: Recurso extraordinário – Matéria eleitoral – Candidato ao Senado Federal – Registro – Cassação – Inelegibilidade – Propaganda eleitoral – Abuso do poder de autoridade – Lei Complementar n. 64/1990, art. 22, XIV.

2. Decisão do TSE que afastou alegação do ora recorrente de intempestividade do recurso ordinário interposto pelo Ministério Público Eleitoral contra acórdão de TRE, ao julgar improcedente a representação – Intimação do Ministério Público – Forma – Lei Orgânica do Ministério Público (Lei n. 8.625, de 12.2.1993), art. 41, IV – Intimação pessoal – Inocorrência da intimação, para os efeitos legais, com a mera assinatura do órgão do Ministério Público aposta no acórdão – Matéria decidida pelo TSE, com base na interpretação dada à legislação infraconstitucional e à vista dos fatos – Não cabe reapreciar esse ponto em recurso extraordinário, por não se configurar questão constitucional – Constituição, art. 102, inciso III – Súmula n. 279 – Alegação de ofensa à coisa julgada que não é, desse modo, suscetível de acolhida – A ofensa à Constituição, para servir de base ao recurso extraordinário, há de ser direta e frontal, e não verificável por via oblíqua – Precedentes do STF.

3. Calendários de 1994, com fotografia do candidato, impressos na gráfica do Senado Federal, em grande volume, e distribuídos ao eleitorado do Estado onde o parlamentar e candidato à vaga de senador – Decisão TSE

que afirmou configurar-se, no caso concreto, abuso de poder de autoridade e uso indevido de recursos públicos, criando-se, também, situação de desigualdade com os demais candidatos – Propaganda eleitoral vedada – Não cabe, em recurso extraordinário, reexaminar os fatos e as provas considerados nas decisões dos Tribunais Eleitorais – Discussão em torno da caracterização do abuso de autoridade e de propaganda eleitoral ilícita que se realizou nas instâncias ordinárias, à vista dos fatos, provas e da legislação infraconstitucional – Inviabilidade de reapreciação da matéria em recurso extraordinário – Constituição, art. 102, inciso III, e Súmula n. 279.

4. Alegação de cerceamento de defesa insuscetível de acolhimento.

5. Não se caracteriza, na hipótese, a alegada interferência indevida do Poder Judiciário em matéria *interna corporis* do Poder Legislativo – O acórdão não anula sequer ato algum do Senado Federal referente a organização e funcionamento da gráfica, nem quanto às denominadas quotas anuais utilizáveis pelos parlamentares, de acordo com normas internas da Casa Legislativa – No caso, o TSE julgou a ação do recorrente, ao distribuir ao eleitorado calendários com fotografias, impressos na gráfica do Senado Federal, concluindo que ocorreu *abuso do poder* de autoridade e propaganda vedada, tendo como aplicável à hipótese o art. 22, XIV, da Lei Complementar n. 64/1990 – A Justiça Eleitoral, no exercício de sua competência, reconheceu, diante dos fatos, que o recorrente descumpriu a lei específica – Direitos políticos, legislação eleitoral – Normalidade e legitimidade das eleições – Constituição, art. 14, § 9º – Não cabe, na espécie, a alegação de ofensa ao art. 2º da Constituição.

6. Recurso extraordinário não conhecido.

10.18 STF – RE 55.001-SP – Tribunal Pleno – rel. Min. Antônio Villas Boas – j. 15.6.1964 – DJU 17.9.1964, p. 725 – Ement. 589-03/765:

Ementa oficial:

Os pressupostos constitucionais do mandado de segurança, mesmo em caso de aplicação de Direito local, devem ficar plenamente demonstrados, sob pena de cassação do *writ* na instância extraordinária – Recurso conhecido e provido, porque não se caracterizou a ilegalidade ou *abuso de poder*, nem se confirmou liquidez da pretensão do impetrante, que apenas enunciara que, com a *anulação do ato* impugnado, poderia auferir a vantagem conseqüente, sem certeza do resultado, e isso não basta para configurar o interesse de agir ou a *legitimatio ad causam*.

10.19 STF – *MS 9.887-SC* – *Tribunal Pleno* – *rel. Min. Antônio Villas Boas* – *j. 30.7.1962* – *DJU 6.9.1962* – *Ement. 515-01/247:*

Ementa oficial: Recurso provido, para a concessão do *writ* impetrado – Investidura em cargo inicial de carreira, mediante concurso escoimado de faltas, não podia ser anulada.

10.20 STF – *Recl. 2.577-2-SC* – *reclamante: Município de Dionísio Cerqueira (adv.: Paulo César Gnoatto)* – *reclamado: TJSC* – *intdo.: Adalberto Bissani* – *Despacho do Relator, Min. Celso de Mello* – *31.5.2005* – *DJU 6.6.2005, p. 59:*

Despacho:

Decisão – O eminente Sr. Desembargador Presidente do egrégio TJSC, ao prestar informações a esta Suprema Corte (fls. 27-34), esclareceu que: "Levado a julgamento, pela egrégia 3ª Câmara de Direito Público, à unanimidade, foi negado provimento ao recurso, ao fundamento de que, na hipótese, houve *desvio de finalidade do ato administrativo anulado*, (...), decisão proferida em 5.12.2003 e que transitou em julgado no dia 2.3.2004" (fls. 28-29 – grifei). A ocorrência do fenômeno da *res judicata* – expressamente reconhecida pelo próprio órgão judiciário ora reclamado (fls. 28-29) e posta igualmente em destaque pelo eminente Procurador-Geral da República (fls. 252-256) – assume indiscutível relevo de ordem formal no exame dos pressupostos de constituição e de desenvolvimento da relação processual decorrente da instauração da via reclamatória. É que a jurisprudência do STF, embora reconhecendo cabível a reclamação contra decisões judiciais, tem ressaltado revelar-se necessário, para esse específico efeito, que o ato decisório impugnado ainda não haja transitado em julgado. Isso significa, considerado o trânsito em julgado da decisão que constitui objeto de impugnação na presente sede, que se revela inviável o prosseguimento desta causa, eis que, como se sabe, não cabe reclamação contra decisão já transitada em julgado. Essa é a razão pela qual se tem acentuado, na linha da orientação jurisprudencial firmada pelo STF, que o cabimento da reclamação contra decisões judiciais pressupõe que o ato decisório por ela impugnado ainda não tenha transitado em julgado, eis que a situação de plena recorribilidade qualifica-se, em tal contexto, como exigência inafastável e necessária à própria admissibilidade da via reclamatória (*RTJ* 132/620, rel. Min. Sepúlveda

Pertence; *RTJ* 142/385, rel. Min. Moreira Alves): "A existência de coisa julgada impede a utilização da via reclamatória. Não cabe reclamação quando a decisão por ela impugnada já transitou em julgado, eis que esse meio de preservação da competência e de garantia da autoridade decisória dos pronunciamentos do STF – embora revestido de natureza constitucional (CF, art. 102, I, 'e') – não se qualifica como sucedâneo processual da ação rescisória. A inocorrência do trânsito em julgado da decisão impugnada em sede reclamatória constitui pressuposto negativo de admissibilidade da própria reclamação, eis que este instrumento processual – consideradas as notas que o caracterizam – não pode ser utilizado contra ato judicial que se tornou irrecorrível. Precedentes" (*RTJ* 181/925, rel. Min. Celso de Mello, Pleno). Vê-se, portanto, considerada a diretriz jurisprudencial prevalecente nesta Corte, que: "A reclamação não pode ser utilizada como sucedâneo de recurso ou de ação rescisória" (*RTJ* 168/718, rel. Min. Carlos Velloso – grifei). Sendo assim, pelas razões expostas, e considerando, notadamente, a Súmula n. 734/STF ("Não cabe reclamação quando já houver transitado em julgado o ato judicial que se alega tenha desrespeitado decisão do STF"), não conheço, por incabível, da presente reclamação.

Arquivem-se os presentes autos.

Publique-se.

Brasília, 31 de maio de 2005

CELSO DE MELLO, Relator.

10.21 STF – AI 343.174-RJ – agravante: Datajur do Brasil Planejamento Estratégico de Informação e Engenharia Ltda. (advs.: Jorge Vacite Filho e outro) – agravada: Heloneida Studart Soares Orban (advs.: Glória Regina Félix Dutra e outros) – Despacho do Relator, Min. Néri da Silveira – 26.6.2001 – DJU 1.10.2001, p. 40:

Despacho: Vistos. Trata-se de agravo de instrumento interposto contra despacho do Sr. Desembargador 3º Vice-Presidente do TJRJ que negou seguimento a recurso extraordinário interposto com fundamento no art. 102, III, "a", da CF contra acórdão confirmatório de decisão monocrática de ação popular, objetivando *anulação de ato administrativo* em processo de licitação alegada fraudulenta e com *desvio de finalidade.*

2. Na espécie, o v. acórdão teve em conta o que destacou, às fls. 21-30, acerca da matéria. Recebeu esta ementa, fls. 21: "Recurso de apelação –

Ação popular constitucional – Processo licitatório na forma de carta-convite – Não-observância dos dispositivos legais inerentes ao procedimento – Irregularidades praticadas pela autoridade administrativa passível de ressarcimento ao erário na forma prevista nos arts. 11 e 14, § 2º, da Lei n. 4.717/1965 – Desvio de finalidade".

3. Embargos de Declaração interpostos foram rejeitados.

4. Alega-se no apelo extremo ofensa ao art. 5º, inciso LXXIII, da Carta Magna.

5. Não houve regular prequestionamento da alegada matéria constitucional. Incidem as Súmulas ns. 282 e 356. De outra parte, na admissão da irresignação extrema, a ofensa à Constituição há de ser direta e imediata, e não por via reflexa. Se, para isso, for necessário prévio exame da contenda à luz da legislação ordinária, esta é que conta, não se satisfazendo, desse modo, a exigência indispensável ao enquadramento da espécie no art. 102, III, letra "a", da Lei Maior. Nesse passo, irretocável o despacho agravado de fls. 07-10, que inadmitiu a irresignação derradeira nos seguintes termos: "Improsperável a pretensão recursal, eis que ausente o prequestionamento do dispositivo constitucional apontado como malferido, eis que o acórdão atacado não emitiu sobre seu comando juízo explícito – Inafastável o óbice da Súmula 282 do STF. Ademais, a apreciação do apelo demandaria exame da matéria infraconstitucional. Ora, se ofensa tivesse havido, no caso, à Constituição, teria sido ela indireta e reflexa, o que não autoriza o trâmite recursal".

6. Do exposto, com base no art. 38 da Lei n. 8.038, de 28.5.1990, c/c o art. 21, § 1º, do RISTF, nego seguimento ao agravo.

Publique-se.

Brasília, 26 de junho de 2001

NÉRI DA SILVEIRA, Relator.

10.22 STF – RE 217.029-SC – *recorrente: Município de Joinville (advs.: Luiz Cláudio Gubert e outros) – recorrida: Comércio e Transportes Prudente Ltda. (advs.: Joaquim Cercal Netto e outros) – Despacho do Relator, Min. Marco Aurélio – 3.8.1998 – DJU 28.9.1998, p. 47:*

Decisão

Comércio – Licença – Distância mínima – Ato municipal – Inviabilidade – Precedente do Plenário – RE – Negativa de seguimento.[4]

---

4. Observa-se claramente a ocorrência de desvio de *finalidade*, que é *diversa* da objetivada pela regra de competência. Trata-se de caso extremamente semelhante ao precedente francês,

O Tribunal de Justiça de Santa Catarina negou acolhida a pedido formulado em apelação, mediante acórdão assim:

"Administrativo – Lei municipal que estabelece distância mínima entre postos de revenda de combustível – Ilegalidade configurada – Precedentes – Recurso e remessa desprovidos.

"1. A competência atribuída à Municipalidade no sentido de organizar seu espaço territorial (art. 30 da CF/1988), estabelecendo as áreas de ocupação residencial, comercial e industrial, não pode ser exercida em detrimento da abertura de um novo estabelecimento, porquanto impede livre concorrência (art. 170, inciso IV, da Carta Magna) e promove o domínio do mercado daqueles já fixados.

"2. Os princípios constitucionais da livre iniciativa e da repressão ao *abuso de poder* econômico repelem a pretensão à declaração de *nulidade de ato administrativo* que, baseado em legislação municipal, concede licença à instalação de posto de gasolina distanciado em raio de influência inferior a 500m de outro estabelecimento similar" (ACMS n. 37.651, de Joinville, rel. Des. Eder Graf) (fls. 244).

No extraordinário de fls. 249 a 261, interposto com alegada base na alínea "a" do permissivo constitucional, aponta-se a transgressão do princípio da autonomia municipal inserto no art. 30, incisos I e VIII, da Carta Política da República. Em síntese, sustenta-se a legitimidade do Município para determinar, em seu território urbano, as zonas de ocupação, sobretudo na hipótese, surgindo a necessidade de controle de distanciamento, sob pena de colocar em risco a segurança da população. De acordo com certidão de fls. 263, não foram apresentadas contra-razões. O juízo primeiro de admissibilidade entendeu demonstrada a contrariedade ao texto constitucional (fls. 269 e 270).

2. O que decidido pela Corte de origem está em harmonia com precedentes do Plenário, muito embora relativos a farmácias. Prevaleceu a conclusão sobre o caráter simplesmente indicativo para o setor privado, tal como previsto no art. 174 da CF: "Art. 174. Como agente normativo e regulador da atividade econômica, o Estado exercerá, na forma da lei, as funções de fiscalização, incentivo e planejamento, sendo este determinante para o setor público e indicativo para o setor privado".

Confira-se com o que decidido no RE n. 199.517-3.

Destarte, não se pode ter como infringida a autonomia municipal no que a Corte de origem glosou a proibição do Município relativamente à aber-

---

pioneiro, bem como àquele tratado no acórdão de Seabra Fagundes (TJRN) – fixação inadequada de linhas e horários de ônibus.

tura de novo estabelecimento comercial similar ou existente dentro de uma distância de 500m. O ato do Município acabou por criar uma verdadeira reserva de mercado, conflitando com princípios contidos na Carta da República, especialmente o da livre concorrência, no que apenas beneficia os cidadãos.

3. Pelas razões *supra*, nego seguimento a este recurso extraordinário.

4. Publique-se.

Brasília, 3 de agosto de 1998 – MARCO AURÉLIO, Relator.

10.23 *STF – RMS 1.648-PA – Tribunal Pleno – rel. Min. Afrânio Costa (convocado) – j. 19.9.1952 – DJU 18.12.1952 – Ement. 113-01/43, ADJ 19.1.1953, p. 189:*

Ementa oficial: Lei inconstitucional – Abuso de poder. Não é lícito a uma Assembléia Estadual anular sumariamente e de "pleno direito" lei anteriormente sancionada e publicada, sem atender às conseqüências normais dela decorrentes, visando ostensivamente a excluir da apreciação do Poder Judiciário a legitimidade do ato, atentatório de direitos adquiridos.

II
DESVIO DE PODER POR OMISSÃO

11
DOUTRINA

11.1 Hely Lopes Meirelles

11.1.1 Cumpre lembrar, a essa altura, que os direitos individuais podem ser lesados por ação ou omissão, sobre a qual (omissão) leciona Hely Lopes Meirelles (*Direito Administrativo Brasileiro*, 32ª ed., São Paulo, Malheiros Editores, 2006, pp. 114-115):

4.2.3 *Omissão da Administração* – A *omissão da Administração* pode representar aprovação ou rejeição da pretensão do administrado, tudo dependendo do que dispuser a norma pertinente. Não há, em doutrina, um critério conclusivo sobre a conduta omissiva da autoridade.[94] Quando a norma estabelece que, ultrapassado tal prazo, o silêncio importa aprovação ou denegação do pedido do postulante, assim se deve entender, menos pela omissão administrativa do que pela determinação legal do efeito do silêncio. Quando a norma limita-se a fixar prazo para a prática do ato, sem indicar as conseqüências da omissão administrativa, há que se perquirir, em cada caso, os efeitos do silêncio. O certo, entretanto, é que o administrado jamais perderá seu direito subjetivo enquanto perdurar a omissão da Administração no pronunciamento que lhe compete.[95]

[94. Jean Rivero, *Droit Administratif*, Paris, 1975; Guido Zanobini, *Corso di Diritto Amministrativo*, Milão, 1950, I/229; Enrique Sayagués Laso, *Tratado de Derecho Administrativo*, Montevidéu, 1953, I/435; Pedro Guillermo Altamira, *Curso de Derecho Administrativo*, Buenos Aires, 1971, p. 369; Themístocles Brandão Cavalcanti, *Tratado de Direito Administrativo*, Rio, 1943; José Cretella Jr., *Direito Administrativo do Brasil*, São Paulo, 1961, III/156 e ss.; Carlos S. de Barros Jr., "O silêncio como manifestação da vontade da Administração", *RPGE* 2/93.]

[95. STF, *RTJ* 126/433, *RDA* 173/188.]

Quando não houver prazo legal, regulamentar ou regimental para a decisão, deve-se aguardar por um *tempo razoável* a manifestação da autoridade ou do órgão competente, ultrapassado o qual o silêncio da Administração converte-se em *abuso de poder*, corrigível pela via judicial adequada, que tanto poder ser ação ordinária, medida cautelar, mandado de injunção ou mandado de segurança.[96] Em tal hipótese não cabe ao Judiciário praticar o ato omitido pela Administração mas, sim, impor sua prática, ou desde logo suprir seus efeitos, para restaurar ou amparar o direito do postulante, violado pelo silêncio administrativo.

[96. A jurisprudência é pacífica no admitir mandado de segurança contra conduta omissiva: STF, Súmula 429, e mais: *RTJ* 50/154, 53/637; *RDA* 70/19; *RT* 497/247; TFR, *RDPG* 3/241, *RTFR* 31/93; TJPR, *RT* 272/670, 277/773; TJSP, *RT* 278/409, 333/120, 390/124, 447/55; *JSTJ*-Lex 5/88.]

O silêncio não é ato administrativo; é conduta omissiva da Administração que, quando ofende direito individual ou coletivo dos administrados ou de seus servidores, sujeita-se a correção judicial e a reparação decorrente de sua inércia. No direito privado o silêncio é normalmente interpretado como concordância da parte silente em relação à pretensão da outra parte; no direito público, nem sempre, pois pode valer como aceitação ou rejeição do pedido.

A inércia da Administração, retardando ato ou fato que deva praticar, caracteriza, também, *abuso de poder*, que enseja correção judicial e indenização ao prejudicado.[97]

[97. Cf. Caio Tácito, *O Abuso de Poder Administrativo no Brasil*, Ed. DASP, 1959, p. 11; Seabra Fagundes, "Responsabilidade do Estado – Indenização por retardada decisão administrativa", *RDP* 57-58/7; Pierre Montané de la Roque, *L'Inértie des Pouvoirs Publics*, Paris, 1950, pp. 323 e ss.; e Giorghio Alessandro Tomelin, "Silêncio-inadimplemento no processo administrativo", *RDA* 226/281.]

A propósito, o TJSP, em mandado de segurança, chegou a fixar o prazo de trinta dias para que o Executivo decidisse o processo administrativo do impetrante.[98]

[98. TJSP, *RT* 559/67.]

11.1.2 E, ao dissertar sobre *atos discricionários*, Hely Lopes Meirelles (*Direito Administrativo Brasileiro*, 32ª ed., São Paulo, Malheiros Editores, 2006) traz, ao final do trecho das pp. 168-171 de sua obra, importante lição no mesmo sentido:

3.4.2 *Atos discricionários – Atos discricionários* são os que a Administração pode praticar com liberdade de escolha de seu conteúdo, de seu destinatário, de sua conveniência, de sua oportunidade e do modo de sua realização.

A rigor, a discricionariedade não se manifesta no ato em si, mas sim no poder de a Administração praticá-lo pela maneira e nas condições que repute mais convenientes ao interesse público. Daí a justa observação de Nunes Leal de que só por tolerância se poderá falar em *ato discricionário*, pois o certo é falar-se em *poder discricionário* da Administração.[32] Com essa ressalva conceitual, continuaremos a nos referir a atos discricionários, porque, embora inadequada, a expressão está consagrada na doutrina e na jurisprudência.

[32. Víctor Nunes Leal, "Poder discricionário e ação arbitrária da Administração", *RDA* 14/53.]

Já temos acentuado, e insistimos mais uma vez, que *ato discricionário* não se confunde com *ato arbitrário*. Discrição e arbítrio são conceitos inteiramente diversos. Discrição é liberdade de ação dentro dos limites legais; arbítrio é ação contrária ou excedente da lei. Ato discricionário, portanto, quando permitido pelo Direito, é legal e válido; ato arbitrário é, sempre e sempre, ilegítimo e inválido.[33]

[33. A respeito, v. excelente julgado do STJ no MS 9.944-DF, relatado pelo Min. Teori Albino Zavascki.]

A discricionariedade administrativa encontra fundamento e justificativa na complexidade e variedade dos problemas que o Poder Público tem que solucionar a cada passo e para os quais a lei, por mais casuística que fosse, não poderia prever todas as soluções, ou, pelo menos, a mais vantajosa para cada caso ocorrente.

Por isso mesmo, disse mui acertadamente Fiorini que "a discricionariedade é a faculdade que adquire a Administração para assegurar em forma eficaz os meios realizadores do fim a que se propõe o Poder Público. A discricionariedade – prossegue o mesmo autor – adquire relevância jurídica quando a Administração quer custodiar em forma justa os interesses públicos entregues à sua tutela. É, então, a ferramenta jurídica que a ciência do Direito entrega ao administrador para que realize a gestão dos interesses sociais respondendo às necessidades de cada momento. Não é um instrumento legal que se concede ao administrador para fazer o que imponha o seu capricho; nem tampouco para criar normas de caráter legislativo; menos ainda para que intervenha ante uma contenda normativa, como acontece com a jurisdição. É, unicamente, uma autorização limitada a um fim determinado, para que o Poder Público aprecie as condições presentes quando administre o interesse social especificado pela norma legislativa. É uma forma de atuar da Administração Pública para poder realizar uma reta administração dos diversificados interesses da coletividade.[34]

[34. Bartolomé A. Fiorini, *La Discrecionalidad en la Administración Pública*, Buenos Aires, 1948, p. 38.]

Por isso mesmo, quando se justifica a competência discricionária, a faculdade discricionária, o poder discricionário da Administração, não se está justificando qualquer ação arbitrária, realizada ao arrepio da lei. A atividade discricionária não dispensa a lei, nem se exerce sem ela, senão com observância e sujeição a ela.

Para o cometimento de um ato discricionário, indispensável é que o Direito, nos seus lineamentos gerais, ou a legislação administrativa confira explícita ou implicitamente tal poder ao administrador e lhe assinale os limites de sua liberdade de opção na escolha dos critérios postos à sua disposição para a prática do ato.

A discricionariedade está – doutrina Fleiner – em permitir o legislador que a autoridade administrativa escolha, "entre as várias possibilidades de solução, aquela que melhor corresponda, no caso concreto, ao desejo da lei".[35] Mas deverá sempre estrita observância à lei, porque a exorbitância do poder discricionário constitui ato ilícito, como toda a ação voluntária carente de direito.

[35. Fritz Fleiner, *Instituciones de Derecho Administrativo*, 1ª ed., Madrid, p. 117.]

A esse propósito escreveu Goodnow que o poder discricionário não autoriza nem legitima "medidas arbitrárias, caprichosas, inquisitórias ou opressivas",[36] o que corresponde à afirmativa deVíctor Nunes Leal: "Se a Administração, no uso de seu poder discricionário, não atende ao *fim legal*, a que está obrigada, entende-se que *abusou* do poder" ("Comentário", *RDA* 14/66).

[36. Frank J. Goodnow, *The Principles of Administrative Law of the United States*, 1905, p. 383.]

Qual será, entretanto, o *fim* legal a que o jurista pátrio se refere? Bielsa e Bonnard nos respondem, quase com as mesmas palavras: o fim legal é o que vem expresso ou subentendido na lei.[37] E, na realidade, assim é. A lei administrativa é sempre finalística: almeja um objetivo a ser atingido pela Administração, através de ato ou atos jurídicos que constituem meios para a consecução de tais fins. A atividade do administrador público – vinculada ou discricionária – há de estar sempre dirigida para o fim legal, que, em última análise, colima o bem comum.

[37. Rafael Bielsa, *Derecho Administrativo*, 1938, I/122; Roger Bonnard, *Précis de Droit Administratif*, 1940, p. 34.]

Discricionários, portanto, só podem ser os meios e modos de administrar; nunca os fins a atingir. Em tema de fins – a lição é de Bonnard – não existe jamais, para a Administração, um *poder discricionário*. Porque não lhe é nunca deixado poder de livre apreciação quanto ao fim a alcançar. O fim é sempre imposto pelas leis e regulamentos, seja explícita, seja implicitamente.[38]

[38. Roger Bonnard, *Précis de Droit Administratif*, 1940, p. 228.]

Em memorável acórdão do TJRN, o então Desembargador Seabra Fagundes resumiu lapidarmente a questão da discricionariedade administrativa, nestes termos: "A competência discricionária não se exerce acima ou além da lei, senão, como toda e qualquer atividade executória, com sujeição a ela. O que a distingue da competência vinculada é a maior mobilidade que a lei enseja ao executor no exercício, e não na liberação da lei. Enquanto ao praticar o ato administrativo vinculado a autoridade está presa à lei em todos os seus elementos (competência, motivo, objeto, finalidade e forma), no praticar o ato discricionário é livre (dentro de opções que a própria lei prevê) quanto à escolha dos motivos (oportunidades e conveniência) e do objeto (conteúdo). Entre praticar o ato ou dele se abster, entre praticá-lo com este ou aquele conteúdo (por exemplo.: advertir apenas, ou proibir), ela é discricionária. Porém, no que concerne à competência, à finalidade e à forma, o ato discricionário está tão sujeito aos textos legais como qualquer outro".[39]

[39. TJRN, *RDA* 14/52. No mesmo sentido o Relator do acórdão, com mais doutrina, no seu *O Controle dos Atos Administrativos pelo Poder Judiciário*, 2ª ed., pp. 88 e ss.]

O que a doutrina assinala é que o ato, embora resultante de poder discricionário da Administração, não pode prescindir de certos requisitos, tais como a *competência* legal de quem o pratica, a *forma prescrita* em lei ou regulamento e o *fim* indicado no texto legal em que o administrador se apóia. Exemplifiquemos: se determinada lei prevê diversas penalidades administrativas para uma infração, o poder discricionário da Administração manifesta-se na escolha da penalidade que entender adequada ao caso ocorrente, dentre as enumeradas no texto. Mas, se a lei indica o processo de apuração dessas infrações, não pode a autoridade usar de outro meio de verificação, nem modificar o que está indicado. Na aplicação de penalidade sua faculdade é discricionária; no procedimento para a verificação da infração sua atividade é vinculada ou regrada.

Esses atos discricionários são, com já vimos, absolutamente necessários ao normal desempenho das funções administrativas. Praticados nos limites legais, e em defesa do bem-estar geral, que há de constituir, sempre e sempre, o objetivo da Administração, nada têm de arbítrio ou ilegítimo, nem deve o administrador abster-se de utilizá-los em benefício da coletividade.

A responsabilidade pelos atos discricionários não é maior nem menor que a decorrente dos atos vinculados. Ambos representam facetas da atividade administrativa, que todo homem público, que toda autoridade, há de perlustrar. *A timidez da autoridade é tão prejudicial quanto o abuso do poder. Ambos são deficiências do administrador, que sempre redundam em prejuízo para a Administração. O tímido falha, no administrar os negócios públicos, por lhe falecer fortaleza de espírito para obrar com firmeza e justiça nas decisões que contrariem os interesses particulares; o prepotente não tem moderação para usar do poder nos justos limites que a lei lhe confere. Um peca por omissão; outro, por demasia no exercício do poder* [grifamos] (sobre poder discricionário v. o cap. III, item 3, e sobre *controle dos atos administrativos em geral* consulte-se o cap. XI).

Ou seja, se não pode haver ato arbitrário, tampouco pode haver omissão arbitrária.

11.1.3 Ainda Hely Lopes Meirelles (*Mandado de Segurança*, 29ª ed., atualizada por Arnoldo Wald e Gilmar Ferreira Mendes, com a colaboração de Rodrigo Garcia da Fonseca, São Paulo, Malheiros Editores, 2006, pp. 21-35) ensina quanto ao mandado de segurança, um dos instrumentos destinados a resguardar o direito contra *ação* ou *omissão arbitrária*:

1.3.1 Conceito e legitimidade

Mandado de segurança[1] é o meio constitucional posto à disposição de toda pessoa física ou jurídica, órgão com capacidade processual, ou universalidade reconhecida por lei, para a proteção de direito individual ou coletivo, líquido e certo, não amparado por *habeas corpus* ou *habeas data*, lesado ou ameaçado de lesão, por ato de autoridade, seja de que categoria for e sejam quais forem as funções que exerça (CF, art. 5º, LXIX e LXX; Lei 1.533/1951, art. 1º).

[1. Sobre mandado de segurança consultem-se os seguintes autores pátrios: Castro Nunes, *Do Mandado de Segurança*, 1946; Luís Eulálio de Bueno Vidigal, *Do Mandado de Segurança*, 1953; Themístocles Brandão Cavalcanti, *Do Mandado de Segurança*, 1957; Arnoldo Wald, *Do Mandado de Segurança na Prática Judiciária*, 1968 (4ª ed., revista e atualizada com a colaboração de Ana Maria Goffi Flaquer Scartezzini, 2003); Ary Florêncio Guimarães, *O Ministério Público no Mandado de Segurança*, 1959; Othon Sidou, *Do Mandado de Segurança*, 1959; Celso Agrícola Barbi, *Do Mandado de Segurança*, 1960; Carlos Alberto Menezes Direito, *Manual do Mandado de Segurança*, 1991; Víctor Nunes Leal, "Questões pertinentes ao mandado de segurança", *RDA* 11/73; Alcides de Mendonça Lima, "Efeitos do agravo de petição no despacho concessivo de medida liminar no mandado de segurança", *RT* 272/22; Alfredo Buzaid, *Do Mandado de Segurança*, Saraiva, 1989, e *RT* 258/35; Seabra Fagundes, *O Controle dos Atos Administrativos pelo Poder Judiciário*, 1957, pp. 293 e ss., e também "A nova Constituição e o mandado de segurança", *RDA* 89/1; Caio Tácito, "O mandado de segurança e o poder normativo da Administração", *RDA* 46/246; Hamilton de Moraes e Barros, *As Liminares do Mandado de Segurança*, 1963; José Carlos Barbosa Moreira, *Mandado de Segurança – Ação Popular – Ação Direta de Declaração de Inconstitucionalidade (Indicações de Doutrina e Jurisprudência)*, 1964, e também "Mandado de segurança e condenação em honorários de advogado", *RDPG* 23/50; Jorge Salomão, *Execução de Sentença em Mandado de Segurança*, 1965; Luiz Rodolfo de Araújo Jr., *Do Litisconsórcio Passivo em Mandado de Segurança*, 1965; José Manoel de Arruda Alvim Neto, "Mandado de segurança e sua aplicabilidade ao direito tributário", *RDP* 5/41; Clenício da Silva Duarte, "Execução de sentença em mandado de segurança", *RDP* 8/115; Sérgio de Andréa Ferreira, "A natureza mandamental-condenatória do mandado de segurança", *RDP* 22/49, e também "O mandado de segurança e o ato legislativo", *RDPG* 24/38; Ulderico Pires dos Santos, *O Mandado de Segurança na Doutrina e na Jurisprudência*, Forense, 1973; Celso Ribeiro Bastos, *Do Mandado de Segurança*, Saraiva, 1978; Carlos Mário da Silva Velloso, "Do mandado de segurança", *RDP* 55-56/333; Kazuo Watanabe, *Controle Jurisdicional e Mandado de Segurança Contra Atos Judiciais*, Ed. RT, 1980; José Cretella Jr., *Comentários às Leis do Mandado de Segurança*, Saraiva, 1980, e também *Do Mandado de Segurança*, Forense, 1980; Milton Flaks, *Mandado de Segurança – Pressupostos da Impetração*, Forense, 1980; Nilson Ramos, *Do Mandado de Segurança*, Curitiba, 1980; Celso Ribeiro Bastos, *Do Mandado de Segurança*, Saraiva, 1982; Associação Paulista do Ministério Público, *Curadoria de Mandados de Segurança*, ed. APM, 1984; Pinto Ferreira, *Teoria e Prática do Mandado de Segurança*, Saraiva, 1985; Celso Antônio Bandeira de Mello, Adilson de Abreu Dallari, Sérgio Ferraz, Lúcia Valle Figueiredo e Carlos Mário da Silva Velloso, *Curso de Mandado de Segurança*, Ed. RT, 1986, e Lúcia Valle Figueiredo, *Mandado de Segurança*, 4ª ed., São Paulo, Malheiros Editores, 2002; Cármen Lúcia Antunes Rocha, "Do mandado de segurança", *Revista de Informação Legislativa*, 1986, pp. 131 e ss.; J. J. Calmon de Passos, *Mandado de Segurança Coletivo, Mandado de Injunção e "Habeas Data" – Constituição e Processo*, Forense, 1989; Michel Temer, "Algumas notas sobre o mandado de segurança coletivo, o mandado de injunção e o *habeas data*", *RPGE-SP* 30/11; Carlos Ari Sundfeld, "Anotação sobre o mandado de segurança coletivo", *RPGE-SP* 29/163; Lúcia Valle Figueiredo, "Mandado de segurança na Constituição de 1988", *RDP* 87/81 e "Breves reflexões sobre o mandado de segurança no novo texto constitucional", *RT* 635/24; Celso Agrícola Barbi, "Mandado de segurança na Constituição de 1988", *RT* 635/19; Alfredo Buzaid, "Mandado de segurança, *injunctions* e *mandamus*", *RePro* 53/7; Vicente Greco Filho, *Tutela Constitucional das Liberdades*, São Paulo, 1989, e *Mandados de Segurança e de Injunção – Estudos de Direito Processual Constitucional em Memória de Ronaldo Cunha Campos*, sob a coordenação do Min. Sálvio de Figueiredo Teixeira, São Paulo, Saraiva, 1990.]

Não só as pessoas *físicas* e *jurídicas* podem utilizar-se e ser passíveis de mandado de segurança, como também os *órgãos públicos desper-*

sonalizados, mas dotados de capacidade processual, como as Chefias dos Executivos, as Presidências das Mesas dos Legislativos, os Fundos Financeiros, as Comissões Autônomas, as Superintendências de Serviços e demais órgãos da Administração centralizada ou descentralizada que tenham prerrogativas ou direitos próprios a defender.[2]

[2. Nosso *mandado de segurança* inspirou-se no *juicio de amparo* do Direito Mexicano, que vigora desde 1841, para a defesa de direito individual, líquido e certo, contra atos de autoridade.]

Respondem também em mandado de segurança as autoridades judiciárias, quando pratiquem atos administrativos ou profiram decisões judiciais que lesem direito individual ou coletivo, líquido e certo, do impetrante.

Na ordem privada podem impetrar segurança, além das *pessoas e entes personificados*, as *universalidades reconhecidas por lei*, como o espólio, a massa falida, o condomínio de apartamentos. Isto porque a *personalidade jurídica* é independente da *personalidade judiciária*, ou seja, da capacidade para ser parte em juízo; esta é um *minus* em relação àquela. Toda pessoa física ou jurídica tem, necessariamente, capacidade processual, mas para postular em juízo nem sempre é exigida personalidade jurídica; basta a personalidade judiciária, isto é, a possibilidade de ser parte para defesa de direitos próprios ou coletivos.[3]

[3. James Goldschmidt, *Derecho Procesal Civil*, 1936, p. 162; José Alberto dos Reis, *Comentários ao Código de Processo Civil Português*, I/123, 1944; Lopes da Costa, *Direito Processual Brasileiro*, I/286, 1941; Víctor Nunes Leal, "Personalidade judiciária das Câmaras Municipais", *RDA* 15/46, e STF, *RTJ* 69/475.]

O essencial para a impetração é que o impetrante – pessoa física ou jurídica, órgão público ou universalidade legal – tenha prerrogativa ou direito próprio ou coletivo a defender e que esse direito se apresente líquido e certo ante o ato impugnado.

Quanto aos *órgãos públicos*, despersonalizados mas com prerrogativas próprias (Mesas de Câmaras Legislativas, Presidências de Tribunais, Chefias de Executivo e de Ministério Público, Presidências de Comissões Autônomas etc.), a jurisprudência é uniforme no reconhecimento de sua legitimidade ativa e passiva para *mandado de segurança* (não para ações comuns), restrito à atuação funcional e em defesa de suas atribuições institucionais.[4]

[4. STF, *RDA* 45/319, *RTJ* 69/475; TJRS, *RDA* 15/46, 56/269; TJPR, *RT* 301/590, 321/529; TJRJ, *RT* 478/181; TASP, *RDA* 54/166, 72/267, 73/287, *RT* 337/373, 339/370; TJSP, *RDA* 98/202, 108/308, *RT* 371/120.]

Quanto aos *agentes políticos* que detenham prerrogativas funcionais específicas do cargo ou do mandato (Governadores, Prefeitos, Magistrados, Parlamentares, Membros do Ministério Público e dos Tribunais de Contas, Ministros e Secretários de Estado e outros), também podem impetrar mandado de segurança contra ato de autoridade que tolher o desempenho de suas atribuições ou afrontar suas prerrogativas, sendo freqüentes as impetrações de membros de corporações contra a atuação de dirigentes que venham a cercear sua atividade individual no colegiado, ou, mesmo, a extinguir ou cassar seu mandato.[5]

[5. TJMT, *RT* 517/172; TJPR, *RDA* 111/313, *RT* 442/193; TASP, *RT* 320/479; TJSP, *RDP* 28/239, *RT* 247/284.]

1.3.2 Natureza processual

O *mandado de segurança*, como a lei regulamentar o considera,[1] é ação civil de rito sumário especial, destinada a afastar ofensa a direito subjetivo individual ou coletivo, privado ou público, através de ordem corretiva ou impeditiva da ilegalidade, ordem, esta, a ser cumprida especificamente pela autoridade coatora, em atendimento da notificação judicial. Sendo ação civil, como é, o mandado de segurança enquadra-se no conceito de causa, enunciado pela Constituição da República, para fins de fixação de foro e juízo competentes para seu julgamento quando for interessada a União (art. 109, I e VIII), e produz todos os efeitos próprios dos feitos contenciosos. Distingue-se das demais ações apenas pela especificidade de seu objeto e pela sumariedade de seu procedimento, que é próprio e só subsidiariamente aceita as regras do Código de Processo Civil. Visa, precipuamente, à invalidação de *atos de autoridade* ou à supressão de efeitos de *omissões administrativas* capazes de lesar *direito individual ou coletivo, líquido e certo*.

[1. O mandado de segurança está regulamentado pela Lei federal 1.533, de 31.12.1951.

Dispõem, ainda, sobre o mandado de segurança a Lei 2.270, de 4.5.1956, que veda liminares para a liberação de bens ou mercadorias de procedência estrangeira apreendidos em contrabando; a Lei 4.166, de 4.12.1962, que modificou a redação de dispositivos da Lei 1.533/1951; a Lei 4.348, de 26.6.1964, que estabelece novas normas processuais para o mandado de segurança; a Lei 4.862, de 29.11.1965, que, em seu art. 51, revogou o art. 39 da Lei 4.357, de 16.6.1964, que vedava medida liminar contra a Fazenda Nacional em decorrência da aplicação da própria Lei 4.357/1964; a Lei 5.021, de 9.6.1966, que dispõe sobre o pagamento de vencimentos e vantagens concedidos a servidor público em mandado de segurança; a Lei 6.014, de 27.12.1973, que adapta ao novo Código de Processo Civil as leis que menciona, inclusive a de mandado de segurança (arts. 12 e 13).]

Qualquer que seja a origem ou natureza do ato impugnado (administrativo, judicial, civil, penal, policial, militar, eleitoral, trabalhista etc.), o mandado de segurança será sempre processado e julgado como *ação civil*, no juízo competente.[2]

[2. Assim já decidiu o STF: "Mandado de segurança é ação civil, ainda quando impetrado contra ato de juiz criminal, praticado em processo penal. Aplica-se, em conseqüência, ao recurso extraordinário interposto da decisão que o julga, o prazo estabelecido no Código de Processo Civil" (*RTJ* 83/255).]

1.3.3 Ato de autoridade

Ato de autoridade é toda manifestação ou omissão do Poder Público ou de seus delegados, no desempenho de suas funções ou a pretexto de exercê-las. Por *autoridade* entende-se a pessoa física investida de poder de decisão dentro da esfera de competência que lhe é atribuída pela norma legal.[1]

[1. V. também, adiante (cap. 8), o tópico referente ao *impetrado*.]

Deve-se distinguir *autoridade pública* do simples *agente público*. Aquela detém, na ordem hierárquica, *poder de decisão* e é competente para praticar *atos administrativos decisórios*, os quais, se ilegais ou abusivos, são suscetíveis de impugnação por mandado de segurança quando ferem direito líquido e certo; este não pratica atos decisórios, mas simples *atos executórios*, e, por isso, não responde a mandado de segurança, pois é apenas executor de ordem superior. Exemplificando: o porteiro é um agente público, mas não é autoridade; autoridade é o seu superior hierárquico, que decide naquela repartição pública. O simples *executor* não é coator em sentido legal; coator é sempre aquele que *decide*, embora muitas vezes também execute sua própria decisão, que rende ensejo à segurança. *Atos de autoridade*, portanto, são os que trazem em si uma decisão, e não apenas execução.

Para fins de mandado de segurança, contudo, consideram-se *atos de autoridade* não só os emanados das autoridades públicas propriamente ditas como, também, os praticados por *administradores* ou *representantes de autarquias e de entidades paraestatais* e, ainda, os de pessoas naturais ou jurídicas com funções delegadas, como são os *concessionários de serviços de utilidade pública*, no que concerne a essas funções (art. 1º, § 1º).[2] Não se consideram atos de autoridade, passíveis de mandado de segurança, os praticados por pessoas ou instituições particulares cuja atividade seja apenas *autorizada* pelo Poder Público, como são as organizações hospitalares, os estabelecimentos bancários e as instituições de ensino, salvo quando desempenham atividade *delegada* (STF, Súmula 510).

[2. No STJ, admitindo a impetração contra ato ilegal e abusivo de dirigente de sociedade de economia mista concessionária de serviços de energia elétrica que cortou o fornecimento de energia para locais cujos pagamentos estavam em dia: REsp 174.085-GO, rel. Min. José Delgado, *DJU* 21.9.1998, p. 96.]

Equiparam-se a *atos de autoridade* as *omissões administrativas* das quais possa resultar lesão a direito subjetivo da parte, ensejando mandado de segurança para compelir a Administração a pronunciar-se sobre o requerido pelo impetrante, e durante a inércia da autoridade pública não corre o prazo de decadência da impetração.[3]

[3. STF, *RTJ* 74/833.]

Atualmente é pacífico o entendimento de que os *atos judiciais* – acórdão, sentença ou despacho – configuram *atos de autoridade*, passíveis de mandado de segurança, desde que ofensivos de direito líquido e certo do impetrante, como também os *atos administrativos* praticados por magistrados no desempenho de funções de administração da justiça sujeitam-se a correção por via do *mandamus*.

O rigor da Súmula 267 do STF, que não admitia mandado de segurança contra ato judicial, está mitigado pela própria Corte, no teor deste acórdão: "O STF tem abrandado a rigidez do entendimento jurisprudencial inscrito na Súmula n. 267 para permitir o conhecimento de ação de segurança impugnadora de decisão jurisdicional que, impugnável por meio de recurso devolutivo, seja causadora de dano irreparável ao impetrante da medida".[4]

[4. STF, *DJU* 8.10.1988, e *RTJ* 95/339, 103/215.]

Os atos praticados por parlamentares na elaboração da lei, na votação de proposições ou na administração do Legislativo entram na categoria de *atos de autoridade* e expõem-se a mandado de segurança, desde que infrinjam a Constituição ou as normas regimentais da corporação e ofendam direitos ou prerrogativas do impetrante.[5] Só não se sujeitam à correção judicial a lei regularmente votada e promulgada bem como os atos *interna corporis* do Legislativo.[6]

[5. STF, *RTJ* 99/1.032, 139/783, 190/552, *RDA* 45/291, 74/267, 78/224, 133/144; TJSP, *RT* 258/251, 357/168.]

[6. Sobre atos *interna corporis*, v. nosso *Direito Administrativo Brasileiro*, 28ª ed., Malheiros Editores, 2003, cap. XI, item V.

No STF, sobre o descabimento de mandado de segurança contra ato *interna corporis* do Legislativo: MS 23.920-DF, rel. Min. Celso de Mello, *Informativo STF* 222/4.]

Atos *interna corporis* do Legislativo são aquelas deliberações do Plenário, das Comissões ou da Mesa que entendem direta e exclusivamente com as atribuições e prerrogativas da corporação. Daí não se conclua, entretanto, que todo e qualquer ato desses órgãos constitua *interna corporis* vedado à apreciação judicial. Não é assim, pois atos e deliberações do Legislativo existem regrados pela Constituição, pela lei e pelo Regimento, e nestes casos pode – e deve – o Judiciário decidir sobre sua legitimidade.

11.2 Alexandre Moraes

Sobre *omissão*, que *pode caracterizar abuso de direito e ensejar mandado de injunção*, assim disserta Alexandre de Moraes (*Constituição do Brasil Interpretada e Legislação Constitucional*, 3ª ed., São Paulo, Atlas, 2003, pp. 413-417):

5.116 Conceito de mandado de injunção

Alguns autores apontam a origem dessa ação constitucional no *writ of injunction* do Direito Norte-Americano, que consiste em remédio de uso freqüente, com base na chamada jurisdição de eqüidade, aplicando-se sempre quando a norma legal se mostra insuficiente ou incompleta para solucionar, com justiça, determinado caso concreto.

Outros autores apontam suas raízes nos instrumentos existentes no velho Direito Português, com a única finalidade de advertência do Poder competente omisso. Apesar das raízes históricas do Direito Anglo-Saxão, o conceito, estrutura e finalidades da *injunção* norte-americana ou dos antigos instrumentos lusitanos não correspondem à criação do mandado de injunção pelo legislador constituinte de 1988, cabendo, portanto, à doutrina e à jurisprudência pátrias a definição dos contornos e objetivos desse importante instrumento constitucional de combate à inefetividade das normas constitucionais que não possuam aplicabilidade imediata.

O art. 5º, LXXI, da CF prevê, de maneira inédita, que "conceder-se-á mandado de injunção sempre que a falta de norma regulamentadora torne inviável o exercício de direitos e liberdades constitucionais e das prerrogativas inerentes à nacionalidade, à soberania e à cidadania". O STF decidiu de forma unânime pela auto-aplicabilidade do mandado de injunção, independentemente de edição de lei regulamentando-o, em face do art. 5º, § 1º, da CF, que determina que "as normas definidoras dos direitos e garantias fundamentais têm aplicação imediata".

O *mandado de injunção* consiste em uma ação constitucional de caráter civil e de procedimento especial, *que visa a suprir uma omissão do Poder Público*, no intuito de viabilizar o exercício de um direito, uma liberdade ou uma prerrogativa prevista na Constituição Federal. Juntamente com a ação direta de inconstitucionalidade por omissão, visa ao combate à *síndrome de inefetividade* das normas constitucionais.

Como salienta Aricê Moacyr Amaral Santos, tanto o mandado de injunção quanto a ação direta de inconstitucionalidade por omissão "cuidam de um assunto comum: inércia de norma constitucional, decorrente de omissão normativa", concluindo mais adiante que "a questão da inércia constitucional não constitui fenômeno caboclo, pois atinge fronteiras as mais distantes".

Canotilho, ao discorrer sobre as perspectivas do mandado de injunção e da inconstitucionalidade por omissão no Direito Brasileiro, fez a seguinte observação: "Resta perguntar como o mandado de injunção ou a ação constitucional de defesa perante omissões normativas é um passo significativo no contexto da jurisdição constitucional das liberdades. Se um mandado de injunção puder, mesmo modestamente, limitar a arrogante discricionariedade dos órgãos normativos, que ficam calados quando a sua obrigação jurídico-constitucional era vazar em moldes normativos regras atuativas de direitos e liberdades constitucionais; se, por outro lado, através de uma vigilância judicial que não extravase da função judicial, se conseguir chegar a uma proteção jurídica sem lacunas; se, através de pressões jurídicas e políticas, se começar a destruir o 'rochedo de bronze' da incensurabilidade do silêncio, então o mandado de injunção logrará os seus objetivos".

5.117 Cabimento do mandado de injunção

Os requisitos para o mandado de injunção são: falta de norma reguladora de uma previsão constitucional (omissão do Poder Público); inviabilização do exercício dos direitos e liberdades constitucionais e das prerrogativas inerentes à nacionalidade, à soberania e à cidadania.

O mandado de injunção pressupõe, portanto, a existência de nexo de causalidade entre a omissão normativa do Poder Público e a inviabilidade do exercício do direito, liberdade ou prerrogativa.

As normas constitucionais que permitem o ajuizamento do mandado de injunção assemelham-se às da ação direta de inconstitucionalidade por omissão e não decorrem de todas as espécies de omissões do Poder Público, mas tão-só em relação às normas constitucionais de eficácia limitada de princípio institutivo e de caráter impositivo (por exemplo, art. 128, § 5º, que estabelece a necessidade de edição de lei complementar para estabelecer a organização, as atribuições e o estatuto de cada Ministério Público) e das normas programáticas vinculadas ao princípio da legalidade (por exemplo, o art. 7º,

XI, da CF prevê a participação dos empregados nos lucros ou resultados da empresa, conforme definido em lei, por dependerem de atuação normativa ulterior para garantir sua aplicabilidade).

Assim, sempre haverá a necessidade de lacunas na estrutura normativa que precisarão ser colmatadas por leis ou atos normativos (por exemplo: ausência de resolução do Senado Federal no caso de estabelecimento de alíquota às operações interestaduais – CF, art. 155, § 2º).

Não caberá, portanto, mandado de injunção para, sob a alegação de reclamar a edição de norma regulamentadora de dispositivo constitucional, pretender-se a alteração de lei ou ato normativo, já existente, supostamente incompatível com a Constituição, ou para exigir-se uma certa interpretação à aplicação da legislação infraconstitucional, ou ainda para pleitear uma aplicação "mais justa" da lei existente.

Da mesma forma, não cabe mandado de injunção contra norma constitucional auto-aplicável.

O mandado de injunção somente se refere à omissão de regulamentação de *norma constitucional*, jamais de textos normativos internacionais, devidamente incorporados, leis editadas pelo legislador ordinário ou, mesmo, de decretos publicados no exercício do poder regulamentador do chefe do Executivo.

Como afirmado por Carlos Augusto Alcântara Machado, "preferimos acolher a tese defendida por aqueles que sustentam que os direitos tutelados pela injunção são todos os enunciados na Constituição que reclamam a interposição *legislatoris* como condição de fruição do direito ou da liberdade agasalhada".

Pressupostos ou requisitos do mandado de injunção: STF – "Constitui pressuposto do mandado de injunção a existência de um direito ou liberdade constitucional, ou de prerrogativa inerente à nacionalidade, à soberania e à cidadania, cujo exercício esteja inviabilizado pela ausência da norma infraconstitucional reguladora (CF, art. 5º, LXXI). Com esse entendimento, o Tribunal negou provimento a agravo regimental contra decisão que negara seguimento a mandado de injunção que se fundava na omissão do STF na atualização de seu Regimento Interno e na edição de súmulas em geral. Considerou-se, ainda, que é constitucional a atribuição conferida ao relator para arquivar ou negar seguimento a pedido ou recurso desde que, mediante recurso, possam as decisões ser submetidas ao controle do colegiado (RISTF, art. 21, § 1º, Lei 8.038/1990, art. 38, e CPC, art. 557, na redação da Lei 9.756/98)" (STF, Pleno, MI/AgRg 595-MA, rel. Min. Carlos Velloso, j. 17.3.1999, *Informativo STF* 142). *No mesmo sentido:* STF – "Premissa básica do mandado de injunção a inexistência de lei viabilizadora do exercício do direito, liberdade e prerrogativas inerentes à nacionalidade, à soberania e à cidadania" (STF, Pleno, MI 575-3-DF, rel. Min. Marco Aurélio, *DJU*, Seção I, 18.6.1998, p. 22). *Conferir, ainda: RTJ* 139/53.

Não cabimento de mandado de injunção quando inexistir obrigação constitucional de regulamentação: STJ – "Administrativo. Inexiste obrigação de natureza constitucional ou legal no sentido de que, regulamentada uma profissão, as entidades públicas criem em seus quadros e tabelas cargos e empregos a elas correspondentes" (STJ, Corte Especial, MI 18-DF, rel. Min. Armando Rolemberg, *DJU*, Seção I, 26.3.1990, p. 2.177).

Existência de lei regulamentando a matéria e impossibilidade de mandado de injunção: STF – "Mandado de injunção – Regulamentação do art. 153, § 2º, inciso I, da CF – Agravo regimental não conhecido – Omissão legislativa inexistente (...). Existindo lei disciplinando a matéria constitucional (redução de imposto de renda a aposentados e pensionistas com mais de 65 anos e renda constituída exclusivamente dos frutos do trabalho), não se justifica o ajuizamento de mandado de injunção, ação que pressupõe a ausência de norma que impeça o gozo de direitos ou prerrogativas instituídas pela Lei Maior" (STF, Pleno, AgRg em MI 152-9-DF, rel. Min. Célio Borja, *DJU*, Seção I, 20.4.1990, p. 3.047). *No mesmo sentido:* STJ – "Mandado de injunção – Pressupostos – Competência. I – Mandado de injunção, no instituto criado pela Carta Constitucional, destina-se a *suprir*, via judicial, *lacunas legislativas* na estrutura normativa. II – Se, a omissão do legislador, por própria versão dos impetrantes, inexiste, o caso não é de injunção, mas sim de mandado de segurança" (STJ, Corte Esp., MI 15-DF, rel. Min. Pedro Acioli, *DJU*, Seção I, 14.9.1989, p. 14.029). *Conferir, ainda:* STJ – "Consoante dimana do art. 5º, inciso LXXI, da CF de 1988, 'conceder-se-á mandado de injunção sempre que a falta de norma regulamentadora torne viável o exercício dos direitos e liberdades constitucionais e das prerrogativas inerentes à nacionalidade, à soberania e à cidadania'. II – *In casu*, não se conhece do *mandamus*, uma vez que há legislação pertinente à matéria, aliás, referida fartamente pelo impetrante na exordial. Portanto, se o próprio impetrante afirma que o pagamento das vantagens pleiteadas deve ser feito em consonância com a legislação em vigor, dispensando a matéria qualquer outro disciplinamento, claro está não haver espaço para o presente mandado" (STJ, Corte Esp., MI 3-RJ, rel. Min. Geraldo Sobral, *DJU*, Seção I, 28.8.1989, p. 13.671). Conforme ressaltou o Ministro Relator, "como o próprio texto constitucional explicita, concede-se o mandado de injunção para suprir a lacuna de norma regulamentadora não emitida, o que não é o caso dos autos, posto que há, consoante se afere das informações prestadas pela digna Autoridade reputada como coatora, legislação pertinente à matéria, aliás, referida fartamente pelo impetrante na exordial. Assim, dessome-se falecer a possibilidade da tutela jurisdicional, *in casu*, por ser manifestamente incabível". *Não-cabimento de mandado de injunção para suprir omissão de Tratados Internacionais:* STF – "Ação injuncional com a finalidade de compelir o Congresso Nacional a colmatar omissões normativas alegadamente existentes na Convenção Americana sobre Direitos Humanos, em ordem a viabilizar a instituição de um sistema articulado de recursos judiciais, destinado a dar concreção ao que prescreve o art. 25 do Pacto de S. José da Costa Rica" (STF, MS 22.483-5-DF, rel. Min. Celso de Mello, *DJU*, Seção I, 9.4.1996).

Não-cabimento do mandado de injunção para suprir lacuna administrativa: STF – "O mandado de injunção não é o meio próprio a ver-se declarada inconstitucionalidade por omissão, considerado ato administrativo do Presidente da República criando determinado conselho e deixando de contemplar participação possivelmente assegurada, a entidade sindical, pelo texto constitucional" (STF, Pleno, MI 498-6-DF, rel. Min. Marco Aurélio, *DJU*, Seção I, 4.4.1997).

Ausência de omissão e não-cabimento do mandado de injunção: STJ – "Mandado de Injunção – Falta de norma regulamentadora – Aposentadoria proporcional a ser concedida pelo INPS – O benefício da aposentadoria proporcional, criado pelo art. 202, inciso III, I, da CF, só pode ser concedido pela autarquia quando o Congresso Nacional criar lei regulamentadora – Se a Previdência Social já encaminhou ao Poder Legislativo os projetos indicados pelo art. 59 do ADCT, não pode ser apontada como responsável pela inexistência da norma regulamentadora, sendo parte ilegítima *ad causam* para figurar no pólio passivo da relação processual – Hipótese em que a ação dever ser promovida contra o Congresso Nacional junto ao STF (art. 102, I, 'q', da CF)" (STJ, Corte Esp., MI 27-RJ, rel. Min. José Cândido, *DJU*, Seção I, p. 1.929).

5.118 Legitimidade ativa

O mandado de injunção poderá ser ajuizado por qualquer pessoa cujo exercício de um direito, liberdade ou prerrogativa constitucional esteja sendo inviabilizado, em virtude da falta de norma reguladora da Constituição Federal.

Notemos que, apesar da ausência de previsão expressa da Constituição Federal, é plenamente possível o *mandado de injunção coletivo*, tendo sido reconhecida a legitimidade para as associações de classe devidamente constituídas, nos mesmos termos exigidos para o mandado de segurança coletivo.

III
CONCLUSÃO

Isto posto, em modesta contribuição ao estudo da matéria, e arrematando de forma concisa o que também sucintamente se assinalou na "Introdução", cabe consignar que o *desvio de poder*, estudado principalmente no âmbito do direito administrativo, constitui-se, na verdade, em uma das mais eficazes concepções para assegurar os direitos constitucionais e o êxito dos remédios processuais que a Constituição consagra para sua defesa.

O estudo do *desvio de finalidade* é o conhecimento da sutileza do controle democrático, em contraposição a formas subreptícias de arbítrio.

GRÁFICA PAYM
Tel. (011) 4392-3344
paym@terra.com.br

1268